JN121136

DCプランナー
（企業年金総合プランナー）

合格対策問題集 2級

年金問題研究会 編著

はじめに

本書は、DC プランナー認定試験２級の受験者のために、基礎問題演習と実践演習による実力養成を目的としてまとめられた演習用問題集である。

DC プランナー（企業年金総合プランナー）とは、わが国の確定拠出年金制度導入に伴って誕生した年金と老後資産づくりに関する総合的な資格である。日本商工会議所と一般社団法人金融財政事情研究会が共催している。資格は１級と２級があり、なかでも、２級はDC プランナーの基本となる知識を要求されるレベルであり、受験者数が最も多い。試験は2021（令3）年９月６日からはコンピューターによる通年実施で行われている。

資格試験に共通する王道は、テキストで知識を整理して覚えると同時に問題演習を徹底的に繰り返すことによって、知識を頭に定着させることである。本書では、主催者から公表されている認定試験のガイドライン（出題範囲）構成に沿って問題が作成されており、知識の確認を出題範囲全体にわたって行うことができる。さらに、本番の試験形式に合わせた実践模試を解答と解説付きで掲載しているので、実践トレーニングとしても活用できる。また、巻末には、最近の法制度改正や重要な必須事項を中心とした演習問題も解答・解説付きで掲載しているので参考として活用してほしい。

演習問題は、年金問題研究会のメンバーを中心に試験問題を独自に分析し、できるだけ実際の試験に合わせた内容となっている。また、問題の形式も実際の試験問題と同じにしているので、実際の問題を解く訓練としても有効である。問題演習は１回だけでなく何回も繰り返して行うことによって学習効果が上がるものである。本書を十二分に活用されて、一人でも多くの方が合格の栄冠を手にすることを願ってやまない。

なお、よりいっそうの効果をあげるために、本書とともに姉妹書（テキスト）である『DC プランナー２級合格対策テキスト』で基本知識の学習を行うことをお勧めする。

2024年６月　　年金問題研究会

本書の使い方

本書は、Part 1からPart 4までの4部構成になっており、DCプランナー認定試験の概要と出題分析、演習問題、実践演習模試という内容になっている。演習問題は、基本的に実際の試験と同じ形式(四答択一、設例問題)となっており、実践訓練としても活用してほしい。また、問題ごとにチェック欄を設けたので、回数や苦手問題の確認などに活用していただきたい。

なお、演習問題、実践模試とも簡単な解説が付いているが、より深く理解するためには、本書のテキストとして発刊された姉妹書である『DCプランナー２級合格対策テキスト』の解説と併せて活用すると効果的である。

《Part 1》DCプランナー認定試験の概要と出題分析・学習のポイント

２級の受験案内は、受験手続きの確認に利用いただきたい。過去の試験データは制度変更前の会場一斉試験のときのものも併せて掲載しているが、受験状況の傾向を知るのに役立つ。学習のポイントは、出題傾向を分野別に分析して示したもので、問題演習の理解度チェックの重点に反映させるとよい。

《Part 2》四答択一式に対応した問題演習

本番の試験と同じ四答択一形式の演習問題を分野別に、ほぼ認定試験ガイドラインの出題範囲の構成順に掲載している。1問ごとに解答・解説がついているので、問題を解くごとにチェックできるのが特徴である。

使い方は、自分なりにいろいろ工夫してほしい。例えば、姉妹書のテキストで学習をした部分の理解の確認として問題を解きながら学習を進めていく方法がある。この場合、分野単位では長すぎるので、テーマ単位くらいで区切っていくとよいだろう。また、ひととおりテキストを読み終えてから、問題集で理解度の確認と弱点克服をしていくという方法もある。

いずれにしても、内容を完全にマスターするためには、最低3回以上繰り返していただきたい。再受験者であれば、逆に問題集の問題を解くことから始めて、弱点を重点的に克服するという使い方も効果的である。

《Part 3》総合問題に対応した問題演習

本番試験の総合問題と同じ形式で、文章による設例問題に小問が数問付くという構成になっている。試験問題を独自に分析したうえで、各分野をバランスよく組み合わせた複合問題で８題の設例問題を精選して掲載した。なお、実際の試験では小問２問が基本となっているが、本書の設例問題は理解を深めるために小問３問としている。

設例ごとに解答・解説の冒頭には、「設例のねらいと解答のポイント」が掲載されており、学習上の重点や組み合わされている分野の確認ができるようになっている。答え合わせの際や再学習の参考として活用してほしい。

《Part 4》実践演習模試と解答・解説、法制度改正・重要事項確認演習

本番の試験形式と問題数で構成した模擬試験問題（2回分）である。本番の実力チェックと受験対策の指針として活用していただきたい。問題が公開されていた会場試験各年度の試験問題の傾向や通年試験になってからの制度改正などを独自に分析して、実際に出題される可能性の高い問題構成となっている。また、後半は最近の法制度改正や重要事項を中心とした演習問題となっている。出題頻度の高い法制度改正と必須と思われる重要事項の知識確認に活用していただきたい。

◆本書で用いた法令名等の略称表記

本書では、主な法令名等を以下のように略称表記している。

法………………確定拠出年金法
施行令…………確定拠出年金法施行令　施行規則………確定拠出年金法施行規則
主務省令………確定拠出年金運営管理機関に関する命令
確給法…………確定給付企業年金法
国年法…………国民年金法　厚年法…………厚生年金保険法
法令解釈………厚生労働省通達平成13年8月21日年発第213号
Q＆A…………確定拠出年金Q＆A

◆目　次◆

Part4 総合編（実践演習） 221

係数表

Part

1

DCプランナー
認定試験２級の概要

1. DCプランナー認定試験の実施要領

■試験は１級、２級とも通年実施で受験日の３カ月前から予約できる

DCプランナー認定試験の受験要項は、次ページの図表1-1のとおりである。2021（令和3）年度から従来の年１回の会場一斉試験からCBT方式と呼ばれる試験会場でパソコンを使用して行う通年試験に変更になった。

CBT方式とは、受験者自身が希望する受験日時と試験会場を指定（申込み）し、試験会場に設置されたパソコンを操作して解答する試験である。試験結果は終了後すぐに通知される。通年実施の試験なので不合格の場合、約１週間後から（受験日の翌日起算で６日目以降）すぐに再受験も可能となっている。

２級は特に受験資格に制限がないので誰でも受験可能だが、１級は２級合格者（旧制度合格者含む）だけに受験資格がある。受験申込み（予約）は、受験者自身が金財（金融財政事情研究会）のホームページから手続きする。郵送による申込みはできない。受験料は２級の場合、7,700円となっている。

予約は受験日の属する月の３カ月前の月初から受験日の３日前までの好きな時期にできる。３日前までであれば予約（日時、会場）の変更やキャンセルもできる。ただし、キャンセルの場合は受験料は返金されるがキャンセル料（1,100円）がかかる。また、受験可能期間が設けられており、受験可能期間は、「受験申込日の３日後から、当初受験申込日の１年後まで」となっている。受験日の変更・キャンセルも受験可能期間内に限られる。なお、団体申込みの場合は、団体専用の申込みページから申し込むことで（団体申込み用の「とりまとめID」と「申込用パスワード」が必要）、人事担当等が職員の受験状況等を管理できる。

■試験は四答択一問題と総合問題をパソコン画面で解答

受験会場は、全国の都道府県に350カ所超が用意されているので自分の受け

図表 1-1　DC プランナー認定試験の受験要領

	2級	1級
試験実施時期	通年	
受験資格	特に制限なし(年齢・学歴などに関係なく誰でも受験可)	2級合格者 ※資格登録の有無は問わない
受験申込方法	金財ホームページにアクセスし、CBT試験のマイページを作成して受験者登録し、受験申込みを行う。マイページ作成後の手順は以下のとおり ①受験者自身が「受験希望日時」「受験会場(テストセンター)」を予約 ＊予約できる期間は受験日の月の３カ月前の月初から受験日の３日前まで(例:10月10日の受験希望の場合、7月1日から10月7日) ②受験料の支払方法を選択(団体申込みは団体一括支払いの方法もある) ＊支払方法は2つ(「クレジットカード」「コンビニエンスストアまたは銀行ATM〈Pay-easy〉」) ＊支払いは、クレジットカードは予約画面で可能、その他は指定の期日までに支払う ③登録Eメールアドレスに予約完了通知 ＊通知内容(申込内容、支払手続き、試験会場等) ＊予約確認、変更、キャンセルはマイページの予約画面から可能(変更、キャンセルは受験日３日前まで可能) ※団体申込みは、団体登録、団体管理画面の作成等が前提	
受験料(税込)	7,700円	1分野につき5,500円
受験会場	全国350超の会場から選択可能 ※テストセンター(受験会場)はマイページの予約画面で確認できる	
試験実施方法	予約した日時に受験会場に行き、指定されたパソコンブースでパソコン画面上の問題をキーボードとマウスを操作して解答 ※パソコンブースへの荷物持ち込みは原則禁止(ロッカー等へ預ける) ※メモ用紙、筆記用具は貸し出し、電卓は画面上に表示のものを使用	
	全分野(A分野、B分野、C分野)を１回の試験で実施	分野別(A分野、B分野、C分野)に受験し、分野別に合否判定
出題形式と試験時間	四答択一式問題30問、総合問題10題 試験時間120分	四答択一式問題10問、総合問題４題 試験時間90分 ※各分野共通
出題範囲	ガイドラインの項目(p.13図表1-2参照)	
合格基準	100点満点で70点以上	100点満点で70点以上 ※各分野共通
合格発表	試験終了後、その場で合否判定のスコアレポートが渡される	
	合格証書は試験日翌日以降にマイページからPDF形式で出力できる	3種目すべて合格後に1級合格となり、最終試験日翌日以降にマイページからPDF形式で合格証書が出力できる
認定試験に関する問い合わせ先	①申込み・受験について 受験サポートセンター(03-5209-0553)※受付時間 9:30〜17:30 年末年始を除く ②試験内容について 一般社団法人金融財政事情研究会　検定センター 03-3358-0771※土日祝日および年末年始を除く、平日の9:00〜17:00	
参照ホームページ	日商　https://www.kentei.ne.jp/planner 金財　https://www.kinzai.or.jp/dc	

※ CBT 試験の画面イメージや操作方法は、「受験の流れ」（https://cbt-s.com/examinee/examination/d20.html）にある試験についての紹介動画「試験エンジン」という項目で動画により確認できる

やすい場所を選択できる。自分で予約した受験日時に試験会場に行き、試験室に入室したら指定されたブース（席）に着席し、試験を受ける。

試験は、画面に表示された問題にマウス操作で解答を選択していく。次の問題や前の問題、見直したい問題をマウス操作で自由に表示できるので自分のペースで解答ができる。パソコンのスキルは簡単な入力とマウス操作ができれば問題ない。操作方法で困った場合は、試験監督者に聞くことができる。

試験会場で筆記用具とメモ用紙が貸し出されるので、必要に応じてメモを取ることができる（メモの持ち帰りは禁止）。計算問題の場合、画面上に表示される電卓（標準電卓と関数電卓が切替えによって利用できる。関数電卓の操作マニュアルは金財のホームページに掲載）を利用できる。

試験画面に残り時間が常に表示されているので、ペース配分を調整しながら解答を進めることができる。すべてに解答を終えたら試験終了ボタンをクリックすれば終了となる。試験の制限時間が来れば途中でも終了となる。

なお、CBT試験のパソコン画面のイメージは、受験手続きを案内するホームページ上に「試験エンジン」という動画で紹介されているので、特に初めての受験者はあらかじめ確認しておくとよい（図表1-1の注釈参照）。

試験は、A分野（年金・退職給付制度等）、B分野（確定拠出年金制度）、C分野（老後資産形成マネジメント）の３分野構成となっている。２級は全分野、１級は分野別に試験が行われる。

■７割以上できれば誰でも合格になる

２級試験の試験時間は120分である。出題形式は、四答択一式問題30問と総合問題10題となっている。四答択一式問題は、変更前のペーパー試験のマークシート解答がそのまま画面上のマウス操作になっただけと考えればよい。総合問題も変更前の応用編の事例問題と基本的に同じだが、事例が10題（変更前５題）となっている。ただし、１題の小問は変更前の３問（３問×５題＝15問）から２問（２問×10題＝20問）の構成に変わっている。また、総合問題では、単純な四答択一式ではなく「適切なものをすべて選びなさい」といった複数選択の小問も出題される。

図表 1-2　DC プランナー認定試験２級の出題範囲（ガイドライン）

※金財ホームページ「日商・金財DCプランナー認定試験ガイドライン（1・2級共通）」より

■A 分野（年金・退職給付制度等）

《出題の内容と狙い》

確定拠出年金制度を理解するためには、まず、年金・退職給付制度の全体像を把握し、各制度の内容を理解する必要があります。確定拠出年金が公的年金に上乗せされる制度であるという観点からは、公的年金に関する知識、私的年金の一つであるという観点からは、他の私的年金制度等に関する知識が求められます。確定拠出年金の企業型年金には企業年金としての側面があるため、企業年金およびその起源となる退職一時金との関係、これらの退職給付制度に係る会計上の取扱いである退職給付会計などに関する知識も必要となります。また、確定拠出年金を含めた老後の生活設計を考えるにあたり、各種の社会保険制度の理解も欠かすことはできません。

DCプランナーは、公正・中立な視点から、年金・退職給付制度等に関する総合的な知識を正確に理解することが求められます。

1．公的年金	(1) 公的年金の概要 (2) 国民年金の仕組み (3) 厚生年金保険の仕組み (4) 被保険者 (5) 保険料 (6) 給付 (7) 税制上の措置
2．企業年金と個人年金	(1) 企業年金の概要 (2) 確定給付企業年金 (3) 中小企業退職金共済 (4) 特定退職金共済 (5) 小規模企業共済 (6) 国民年金基金 (7) 財形年金 (8) 各種個人年金
3．退職給付制度	(1) 企業年金と退職金 (2) 税制上の措置 (3) 退職給付会計
4．中高齢期における社会保険	(1) 健康保険 (2) 雇用保険
5．年金・退職給付制度等の最新の動向	年金・退職給付制度等に関する最新の動向

■B分野（確定拠出年金制度）

《出題の内容と狙い》

確定拠出年金は他の確定給付型の年金制度とは大きく異なる制度です。まず、加入者や加入を検討する個人、実施企業や導入を検討する企業等に、確定拠出年金の仕組みを説明できる知識が必要です。これに加え、企業型年金の導入を検討する企業等に対しては、既存の退職給付制度からの移行を含む制度設計、導入時および導入後の諸手続等、個人型年金への加入を検討する個人等に対しては、加入時および加入後の諸手続等に関する知識が求められます。また、確定拠出年金制度の運営に関わる運営管理機関、資産管理機関、企業型年金を実施する企業や個人型年金における国民年金基金連合会の役割や行為準則等の知識も不可欠です。

DCプランナーは、公正・中立な視点から、確定拠出年金制度に関する幅広い知識を正確に理解することが求められます。

1．確定拠出年金の仕組み	(1) 確定拠出年金の概要 (2) 企業型年金の仕組み (3) 個人型年金の仕組み (4) 加入者・運用指図者 (5) 掛金と拠出限度額 (6) 運用 (7) 給付 (8) 離転職時等の資産の移換 (9) 税制上の措置
2．企業型年金の導入および運営	(1) 企業型年金規約 (2) 運営管理機関、資産管理機関の役割と業務 (3) 制度導入および制度設計に係る財務、人事労務面の検討 (4) 導入および運営に係る諸手続 (5) 投資教育・継続教育 (6) 既存の退職給付制度からの移行
3．個人型年金に係る手続等	(1) 国民年金基金連合会の役割と業務 (2) 個人型年金加入者に係る諸手続と実務
4．コンプライアンス	(1) 事業主の責務と行為準則 (2) 運営管理機関・資産管理機関の行為準則 (3) 投資情報提供・運用商品説明上の留意点 (4) 受託者責任
5．確定拠出年金制度の最新の動向	確定拠出年金制度に関する最新の動向

■C分野（老後資産形成マネジメント）

《出題の内容と狙い》

確定拠出年金を活用して老後資産を形成するためには、加入者のライフプランにあった運用の方法、モニタリング、対応策を適切に理解する必要があり、そのための専門的知識が必要となります。

また、確定拠出年金を活用するうえで必要になる投資教育を行うには、個々の加入者等のニーズや投資経験、知識レベル等を考慮したうえで、専門的知識を適切にわかりやすく伝える説明能力も求められます。さらに、確定拠出年金制度を含めた老後の生活設計に係る知識にも精通していることが不可欠となります。

DCプランナーは、公正・中立な視点から、いわゆる投資教育等に関する専門的な知識を正確に理解することが求められます。

1．金融商品の仕組みと特徴	預貯金、信託商品、投資信託、債券、株式、保険商品等の金融商品についての次の事項 (1) 種類・性格または特徴 (2) 価格に影響を与える要因等 (3) 金融商品に関係する法令
2．資産運用の基礎知識・理論	(1) 資産の運用を行うに当たっての留意点 (2) 算術平均と幾何平均 (3) リスクとリターン (4) 長期運用の考え方とその効果 (5) 分散投資の考え方とその効果 (6) ドルコスト平均法 (7) アセットアロケーション (8) 相関係数 (9) 有効フロンティアの考え方
3．運用状況の把握と対応策	(1) 投資指標・投資分析情報 (2) ベンチマーク (3) 格付け・投資信託の評価 (4) パフォーマンス評価 (5) モニタリングと対応策
4．確定拠出年金制度を含めた老後の生活設計	(1) 資産形成に取り組むことの必要性 (2) 老後資産形成の計画や運用目標の考え方 (3) 運用リスクの度合いに応じた資産配分 (4) 老後に必要となる資産の計算
5．老後資産形成マネジメントの最新の動向	老後資産形成マネジメントに関する最新の動向

なお、変更前は45問（四択30問、応用15問）で試験時間150分だったが、50問（四択30問、総合20問）で120分となったので、時間的余裕は少し厳しくなったと意識してペース配分したほうがよい。

試験の出題範囲は、図表1-2のように主催者側からガイドラインとして公表されている。変更前は１級と２級の範囲が区別されていたが、変更後は共通となった。また、変更前の４分野から３分野に再編された。変更前のD分野（ライフプランニングとリタイアメントプランニング）はA分野とC分野に振り分けられている。

なお、法令については、特に断りのない限り、試験実施日の年度の7月1日現在施行の法令等に基づくことになっている（2024年度の場合、2024年7月1日）。ただし、非常に重要な改正や大改正の場合は出題されることもあるので、未施行でも成立した法令の概要は押さえておきたい。なお、試験の法令基準日が７月１日であるため、問題の入れ替えも７月に行われる。年金額等の改正は４月に行われるが、問題に反映されるのは７月の受験からであり、４月～６月に受験する場合は注意してほしい。

認定試験の合格基準は、7割以上正解で合格とされている。合格者数の調整などの操作は一切行わないので、7割以上の得点をした人は全員合格となる。

〈スキルアップに活用できる合格後の再受験〉

DCプランナー認定試験に合格してDCプランナーとなっても、制度改正に対応したり、スキルの維持・向上が求められる。資格登録者は２年ごとの資格更新時には通信教育などの更新研修が義務づけられているが、再受験もスキルアップに活用しやすくなった。通年試験でいつでも受けられるようになったからだ。再受験で不合格になっても一度合格していれば、資格を失うことはない。たとえ１級合格者が２級試験で不合格になっても１級合格の資格はそのまま維持できる。１級の場合は分野別試験なので、苦手分野の強化にも利用できる。なお、再受験で合格しても登録者の資格更新研修が免除されることはない。

２級の場合は、100点満点中70点以上で２級合格となる。

合格発表は、試験終了後にその場ですぐに通知される。合否にかかわらず試験のスコアレポートを受け取って帰宅する。スコアレポートは、総合点と合否判定のほか分野ごと（２級）やテーマごと（１級；ガイドラインの大項目区分）の得点が示されている。さらに、全問の正誤と問題ごとのテーマ（国民年金の任意加入被保険者、運営管理機関の行為準則、投資信託の交付目論見書など）が一覧表で示されるので、自分の実力確認の参考にできる。合格者は、試験日（１級の場合は最後の分野の試験日）の翌日以降に、マイページから合格証書がPDF形式で出力できる。

不合格（１級の分野不合格も含む）になった場合は、約１週間後から（試験日の翌日起算で６日目以降）再受験ができる。予約手続きは初回と同じだが、初回に作成したマイページにログインして行うことができ、新たなマイページを作成する必要はない。

２級合格者が１級の受験予約をしたり、１級の分野別受験者（合格者または不合格者）が他の分野の受験予約をする場合は１週間の待機は不要で、初回と同じルール（受験日の属する月の３カ月前の月初から受験日の３日前までの希望する時期）で既存のマイページから予約できる。

2. 認定試験２級の出題分析と学習のポイント

■認定試験２級の受験者平均点は６割以上、合格率は 40%前後

認定試験２級の実施状況は図表 1- ３のようになっている。2020（令２）年度（第 26 回）までは、年１回の会場ペーパー試験だった。2021（令３）年度からは通年試験に変わりデータ比較はできなくなったが、難易度や合格の目安としては参考になるだろう。主催者も、変更前の試験難易度と同等になるように調整するとしている。

最後の会場試験の第 26 回から第 17 回まで過去 10 回の実績では、受験者数の平均は 2,138 人、平均点は 67.6 点、平均合格率は 50.7%となっている。毎回のばらつきを考慮すれば、平均点は 65 点前後、合格率は 40%前後とみてよい。

2021 年度からは通年試験となった。過去３年間（2021 年度は７カ月）のデータでは、受験者数は再受験者も含まれるなど単純比較はできないが、会場試験のときとあまり変わらないように見える。ただ、受験時期、受験回数などが柔軟になったことで、今後、受験者の増加は期待できる。

図表 1-3　２級の受験者数と合格者の状況（過去８回）

		第22回			第23回			第24回		
		団体	個人	合計	団体	個人	合計	団体	個人	合計
申込者数		1,293	1,708	3,001	1,307	2,073	3,380	1,169	1,753	2,922
受験者数		1,128	1,371	2,499	1,126	1,677	2,803	1,002	1,436	2,438
（受験率）		(87.2)	(80.3)	(83.3)	(86.2)	(80.9)	(82.9)	(85.7)	(81.9)	(83.4)
合格者数		358	603	961	420	831	1,251	373	634	1,007
（合格率）		(31.7)	(44.0)	(38.5)	(37.3)	(49.6)	(44.6)	(37.2)	(44.2)	(41.3)
平均点		59.6点	64.8点	62.5点	62.3点	67.0点	65.0点	63.7点	65.5点	64.7点
分野別平均点	分野A	14.0点	15.8点	15.0点	14.6点	16.3点	15.6点	16.9点	17.7点	17.3点
	（配点）	（29点）			（29点）			（31点）		
	分野B	18.1点	19.2点	18.7点	24.6点	26.5点	25.7点	20.0点	20.8点	20.5点
	（配点）	（27点）			（37点）			（34点）		
	分野C	13.3点	14.3点	13.9点	16.6点	17.1点	16.9点	16.9点	17.1点	17.0点
	（配点）	（24点）			（24点）			（24点）		
	分野D	14.2点	15.4点	14.9点	6.4点	7.0点	6.8点	9.8点	9.9点	9.9点
	（配点）	（20点）			（10点）			（11点）		

（注）１．団体は金融機関（銀行、保険会社、証券会社）による団体申込者数
　　　２　個人には金融機関以外の団体申込者数を含む

合格基準が正答率７割以上であるのに対し、会場試験の受験者の平均点はほぼ毎回６割以上の水準が続いており非常に高い。これは、もう少し頑張れば合格できる受験者が多いということである。通年試験でも同様の傾向になると思われる。

合格率は通年試験３年間の実績では約36%とかなり下がった印象があるが、過去の会場試験でも30%を切ったことがある。平均的には40%前後くらいの合格率レベルと考えておけばよいだろう。

分野別の配点は会場試験のときは、毎回変動しており一定ではないが、分野Ｂ（確定拠出年金）の配点が最も高いことが多かった。次に分野Ａ（公的年金、私的年金）と分野Ｃ（投資）が高く、分野Ｄ（リタイアメントプラン）が低いという傾向がある。分野再編後の通年試験では、旧分野Ｄの項目はＡ分野とＣ分野に配置されたので、Ａ、Ｂ、Ｃの分野別配分は同程度になった。100点満点の内訳は四答択一式問題（Ａ分野20点、Ｂ分野20点、Ｃ分野20点）、総合問題40点となっている。

会場試験の平均点からみると分野Ｃと分野Ｄが比較的好成績である。これに対し、分野Ａと分野Ｂは得点しにくい傾向がある。分野Ｄは、配点が低くても得点源になりやすい。特に分野再編後のＣ分野では、旧分野Ｄの項目はしっかりと押さえておきたい。分野Ｃは、比較的パターン化された計算問題

（人数の単位：人／率：％）

第25回			第26回		
団体	個人	合計	団体	個人	合計
978	1,796	2,774	845	1,565	2,410
811 (82.9)	1,468 (81.7)	2,279 (82.2)	745 (88.2)	1,283 (82.0)	2,028 (84.1)
407 (50.2)	794 (54.1)	1,201 (52.7)	349 (46.8)	720 (56.1)	1,069 (52.7)
67.5点	68.6点	68.2点	66.4点	69.2点	68.1点
16.2点	17.0点	16.7点	13.5点	14.8点	14.3点
(29点)			(26点)		
25.0点	25.4点	25.3点	24.8点	25.9点	25.5点
(34点)			(37点)		
16.6点	16.5点	16.5点	17.3点	17.4点	17.4点
(24点)			(24点)		
9.7点	9.7点	9.7点	10.8点	11.0点	11.0点
(13点)			(13点)		

	2021年度	2022年度
申込者数	2,683	2,971
受験者数 (受験率)	2,339 (87.2)	2,586 (87.0)
合格者数 (合格率)	802 (34.3)	927 (35.8)

	2023年度
申込者数	2,746
受験者数 (受験率)	2,338 (85.1)
合格者数 (合格率)	900 (38.5)

※2021年度は2021年９月～2022年３月（CBT方式の試験実績）
（出所）　日商ホームページのデータより作成

が出るので、投資が苦手な人でもそれなりに得点できるようだ。

分野Bは確定拠出年金の政省令などが細かくなるに従って出題範囲が広がり、分野Aは公的年金が対象となるため、もともと出題範囲が最も広い。分野Aと分野Bは、いかに重点を絞るかと、出ない部分を捨ててどう効率よく学習するかがポイントとなる。再編後のA分野とB分野も同様である。

■受験者数が多く合格率も高い社会保険労務士とFP

次に、会場試験のときの受験者を職種別にみるとかなりはっきりした傾向が出ている（図表1-4）。

特に注目されるのは、社会保険労務士とFP（ファイナンシャル・プランナー）の2つの職種で受験者数が多く、しかも合格率が高いことである。DCプランナーの領域の半分が、これら既存資格と重なっていることが大きく影響しているからだろう。社会保険労務士は投資、FPは年金制度というように自分たちの領域外の部分を補強すればよいので、勉強の効率面からいっても有利である。合格率も5割～9割と非常に高くなっている。

なお、金融機関職員が多いのは、団体受験のほとんどが金融機関によるものとなっているためである。また、受験者の裾野を広げるためにも一般事業会社の総務・人事部門や学生への資格のアピールも重要かと思われる。

図表1-4　〔参考〕2級受験者の職種別状況（会場試験過去3回）　（単位：人）

職種	第24回		第25回		第26回	
	受験者数	合格者数(合格率)	受験者数	合格者数(合格率)	受験者数	合格者数(合格率)
会社員（金融機関）	1,546	631(40.8%)	1,366	715(52.3%)	1,313	679(51.7%)
会社員(一般事業会社)	311	133(42.8%)	307	162(52.8%)	233	133(57.1%)
税理士・公認会計士	4	2(50.0%)	4	2(50.0%)	4	1(25.0%)
社会保険労務士	31	24(77.4%)	21	19(90.5%)	23	16(69.6%)
FP(ファイナンシャル・プランナー)	54	27(50.0%)	75	49(65.3%)	48	24(50.0%)
年金基金職員	23	13(56.5%)	38	30(78.9%)	11	6(54.5%)
学生	14	4(28.6%)	11	6(54.5%)	14	8(57.1%)
その他・未回答	455	173(38.0%)	457	218(47.7%)	382	202(52.9%)

（注）　複数回答あり　　（出所）　日商ホームページのデータより作成

■DC プランナー認定試験は３つの分野から出題

DC プランナー認定試験は各級とも、

A 分野　年金・退職給付制度等

B 分野　確定拠出年金制度

C 分野　老後資産形成マネジメント

の３つの分野から出題されることになっており、具体的な出題範囲の項目は金財のガイドライン（p.13 図表 1-2 参照）に示されている。

２級で出題される問題は、主に四答択一（４つの選択肢から１つを選んで解答する）である。制度変更後は、四答択一式 30 問、総合問題 10 題（各小問２問）の構成となっている。総合問題の小問は、四答択一式と「適切（不適切）なものをすべて選びなさい」という形式が交じっている。四答択一式は旧制度の基礎編（30 問）、総合問題は応用編（事例５題）に相当する。応用編では各事例３問の小問（四答択一式）という形式だった。

四答択一式と旧基礎編は 30 問で同じだが、総合問題は旧応用編（５題× 3 問= 15 問）に比べて 10 題（10 題× 2 問= 20 問）となっている。旧制度の試験時間は 150 分だったのに対し、新制度 120 分と短くなっている。そのため、時間的には少し余裕がなくなったと考えられる。

また、旧２級の試験では、各分野の出題ウエイトが毎回変動しており、分野別に比率が固定されていなかった。新制度のガイドラインでは各分野が５テーマにそろえられ、四答択一式は各分野 20 点となった。総合問題では分野別の比率は多少変動すると考えておいたほうがよいだろう。

■２級の試験対策は基本をマスターすれば十分合格可能

新制度は難易度のレベルを旧制度に合わせて調整されることになっているので、旧制度の過去の傾向から試験対策の検討をしてみる。

出題内容は、基本を問う素直な問題がほとんどである。なかには難解な問題やひねったような問題もあるが、各種受験向けテキストや問題集で基本をマスターすれば十分合格可能である。なお、新制度では１級と２級の出題範囲が共通となったが、旧１級の出題項目（退職給付会計など）は２級では基本だけを押さえておけば十分である。

学習の進め方としては、分野別に出題範囲の基本をひととおりテキストで勉強し、練習問題や過去問を繰り返して覚え込むとよい。毎回類題が多いので、過去問の学習が特に有効なのがDCプランナー試験の特徴である。新制度になっても旧制度の過去問学習は引き続き極めて有効だと思われる。ただし、法制度改正は最新のものを確認しておく必要がある。

分野別に学習のポイントを示すと以下のようになる。

〈A分野は改正動向をしっかり押さえる〉

A分野（年金・退職給付制度等）の柱は公的年金になるが、内容的には非常に膨大な量となるので、すべてを細かく覚えようとしても無理がある。

まず、公的年金の基本的な仕組みをしっかり頭に入れることが最も重要である。そのうえで、2004（平16）年以降の改正事項を重点的に確認していくのが学習としては効率的だろう。

公的年金の改正動向は毎回出題され、しかも比較的細かい知識が要求される。特に直近１年に施行された改正と試験年度４月１日の数字（年金額など）の改定の確認は必須である。2024年４月の年金額改定では、在職老齢年金の停止基準額が48万円から50万円に変更されたので注意したい。その他、重要な改正として2004（平16）年の大改正、2011（平23）年（年金確保支援法）、2012年（年金機能強化法）の改正がある。共済年金は新制度では出題範囲から外されたが、2015（平27）年10月施行の被用者年金一元化は、厚生年金と共済年金の比較で改正部分を押さえておいてほしい。

最近の改正事項として特に重要なのは、2020（令2）年６月５日公布の年金制度改正法である。在職老齢年金（65歳前後の支給停止基準共通化、在職定時改定導入）、繰上げ（減額率の緩和）・繰下げ（上限75歳まで拡大）は引き続き出題可能性が高い。短時間労働者への厚生年金保険（社会保険）適用拡大は2016（平28）年10月（500人超）から段階的に進んでおり、2022（令4）年10月（従業員100人超）、2024（令6）年10月（50人超）までの時系列で頭に入れておきたい。また、2023（令5）年４月からの繰下げみなし増額制度の導入も内容をよく確認しておきたい。

その他、公的年金の年金額改定ルールは、賃金変動と物価変動の関係、マクロ経済スライド未調整分のキャリーオーバーなどと合わせて整理しておいてほしい。特に、2023 年度は初めて新規裁定者（67 歳以下）と既裁定者（68歳以上）の年金額が異なることになったので、仕組みをよく確認してほしい。なお、2024 年度の既裁定者のうち 68 歳については、新規裁定者と年金額が同じなので注意したい。

私的年金では、国民年金基金の海外居住者の加入、中小企業退職金共済の2016（平 28）年 4 月の改正、小規模企業共済の 2016 年 4 月の改正などが重要である。国民年金基金と確定給付企業年金は基本的なルールだけでよいので押さえておきたい。

２級の退職給付会計は、基本的な仕組み（退職給付債務、退職給付費用など）を確認しておけばよい。健康保険と雇用保険は旧分野Ｄの１級で主に出題されていたが、２級でも出題範囲になったことで必須となった。基本的な仕組みと改正事項を押さえておけばよい。最近の改正事項として、2022（令 4）年1 月からの健康保険（傷病手当金の支給期間の通算化、任意継続被保険者制度の変更）の改正がある。また、2017（平 29）年 1 月からの 65 歳以上の従業員に適用された雇用保険の仕組みを整理しておきたい。

〈B 分野は基本チェックと条文の確認〉

B 分野（確定拠出年金制度）は、確定拠出年金制度の導入から給付までの流れに沿って、必要な事項を学習していくとよい。解説の根拠を確定拠出年金法の条文で確認することも大切である。出題は本法だけでなく政省令や通達レベルからも出されるので、主要な項目については、政省令にもあたる必要がある。また、厚生労働省ホームページの「法令解釈」や「確定拠出年金Q&A」などの指針も確認してほしい。

改正については、「確定拠出年金改正法」（2016〈平 28〉年 6 月 3 日公布）、「年金制度改正法」（2020〈令 2〉年 6 月 5 日公布）の２つを重点的に確認しておく必要がある。特に、DC の加入要件、掛金拠出限度額などのように短期間で制度変更があり、従来不可能だったものが可能になったり、可能だったものが不可能になったりしているものがいくつかあるので注意が必要である。2つの改正を時系列で整理することで理解しやすくなるだろう。

例えば、企業型年金と個人型年金の同時加入は、2016（平28）年12月以前は認められていなかったが、企業型年金規約に定めることにより可能になった。さらに、2022（令4）年10月からは、企業型年金規約の定めも不要となった。また、掛金のルールも短期間でさまざまに変更されている。

上記の企業型年金と個人型年金の同時加入緩和の内容はよく確認しておきたい。同時加入のための企業型年金規約の定めが不要になったことと企業型年金の掛金を減額する必要がなくなったことがポイントである。また、マッチング拠出制度のある企業型年金加入者が個人型年金とマッチング拠出を選択できるようになったことも大きな変更点である。これらにより、基本的に企業型年金加入者は任意に個人型年金の同時加入ができるようになった。

〈C分野は基本パターンを問題演習で徹底的に繰り返す〉

C分野（老後資産形成マネジメント）は、投資になじみのない受験者にとっては、とっつきにくい分野であろう。しかし、基本をいくつかに絞ることと計算を問題演習の繰り返しで覚え込むことで学習効果が上がる。コツは、特に計算問題はあれもこれもやろうとせず、割り切って絞り込んだ問題を何度も繰り返すことである。

計算問題は、一見難しそうだが毎回の出題は基本的な計算の類題が出ているだけなので、いくつかの計算問題のパターンを覚え込んでおけば十分対応できるレベルである。過去問の演習は、計算問題では特に有効である。押さえておきたい計算としては、リスクとリターンの計算、ポートフォリオのリスク計算（2資産間）、シャープ・レシオとインフォメーション・レシオの計算、終価・現価・年金終価・年金現価を使った計算などが必須である。

計算問題以外では、リスクとリターンの定義や正規分布の性質、分散投資、投資商品、アセットアロケーションなど項目別にポイントを押さえておく。あまり細部の知識まで深入りせず、ポイントだけをしっかり理解しておくことが大切である。

旧分野Ｄのライフプランや受給額計算など大部分は新制度のＣ分野に移行された。もともと学習範囲の量も少なく、学習しておけば比較的得点に結びつきやすいので確実に身につけておきたい項目である。

ここでのポイントは、キャッシュフロー表や資金目標額、年金受取額などを自分で数字を入れながらシミュレーションしてみることである。テキストの事例や問題集などを利用して実際に作業してみるとよい。

計算問題では、目標積立額、毎年の積立額、退職後の不足資金額、受け取る年金額、税額計算など必要な計算方法を個別にマスターするとともに、これらを組み合わせて手順に沿って解けるようにしておくことが大切である。

計算に必要な４つの係数（終価係数、現価係数、年金終価係数、年金現価係数）を使った公式、退職所得控除額の計算式などは自在に使いこなせるように問題演習で訓練しておく必要がある。

また、公的年金関係の税制改正（扶養親族等申告書の提出の有無にかかわらず５％源泉徴収）、所得控除の変更（公的年金等控除 120 万円→ 110 万円、基礎控除 38 万円→ 48 万円など）も確認しておきたい。さらに、2024（令 6）年１月の相続税関連の改正（相続時精算課税制度に年間 110 万円の基礎控除新設、暦年贈与の相続税算入が死亡前３年から７年に拡大等）も参考程度に押さえておきたい。

その他、「簡易生命表」（厚生労働省）、「家計の金融行動に関する世論調査」（金融広報中央委員会）、「ゆとりある老後生活費」（生命保険文化センター）などの調査資料から出題されることもある。さらに、老後資金 2,000 万円問題が注目されたように、話題になった調査資料もざっと目を通しておくとよい。

2022（令 4）年 4 月からの東京証券取引所の市場再編は概要を確認しておけばよいが、特に TOPIX の変更はしっかり押さえておきたい

Part 2

基礎編
（四答択一式問題）

※解答にあたって必要な場合は、352・353ページの係数表を使用すること

A分野　年金・退職給付制度等

《問1》 わが国の公的年金制度に関する次の記述のうち、不適切なものはどれか。

チェック欄 □□□

1) 国民年金の考え方に基づき、日本に住む20歳以上60歳未満の人は、原則としてすべて公的年金（国民年金）の強制加入者とされている。
2) 公的年金の保険料は、厚生年金保険は本人と事業主の折半負担、国民年金は2分の1を国が負担している。
3) 公的年金は一人一年金の原則により、原則として支給事由の異なる年金は併給されない。
4) 年金額は、通常の場合、1人当たりの賃金や物価の伸びに応じて増えていくが、年金額の調整を行っている期間は、年金を支える力の減少や平均余命の延びを年金額の改定に反映させ、その伸びを1人当たりの賃金や物価の伸びよりも抑えることとされている。

■ 解答・解説

1) 適切（国年法7条）
2) 不適切。国民年金の保険料は全額本人負担である（国年法87条）。老齢基礎年金の支給額については2分の1が国庫負担となる。
3) 適切。支給事由とは「老齢、障害、死亡」であり、老齢基礎年金と老齢厚生年金は支給事由が同じなので併給（どちらも支給）される。
4) 適切。このような給付抑制の仕組みをマクロ経済スライドという。(国年法16条の2)

正解 ⇨ 2

《問 2》 国民年金の被保険者に関する次の記述のうち、適切なものはどれか。

チェック欄 ☐☐☐

1) 第 1 号被保険者のみの場合、20 歳の誕生日の前日に国民年金の資格を取得し、60 歳の誕生日に資格を喪失する。
2) 退職して国民年金の第 1 号被保険者に該当することになったときは、原則として 20 日以内に市区町村長に届け出なければならない。
3) 第 3 号被保険者である日本の専業主婦が、夫の海外赴任に伴い住所を外国に移した場合でも、引き続き第 3 号被保険者である。
4) 20 歳未満の厚生年金保険の被保険者は、国民年金の第 2 号被保険者にはならない。

■ 解答・解説

1) 不適切。60 歳の誕生日の前日に資格を喪失する。法律上の年齢に達する日は誕生日の前日である。（国年法 8 条、9 条）
2) 不適切。被保険者の種別変更の届出は「20 日以内」ではなく 14 日以内である。（国年法 12 条、同施行規則 6 条の 2）
3) 適切。第 3 号被保険者には国内居住要件がなかったが、外国人労働者受け入れに伴う法改正により、2020（令 2）年 4 月 1 日から国内居住要件が追加された。ただし、夫の海外赴任に同行する移住や留学による移住などは、例外として第 3 号被保険者となる。（国年法 7 条 1 項 3 号）
4) 不適切。厚生年金保険の被保険者は、20 歳未満や 60 歳以上であっても国民年金の第 2 号被保険者となる。ただし、65 歳以上で、老齢または退職を支給事由とする年金給付の受給権を有する人は、第 2 号被保険者とならない。（国年法 7 条、国年法附則 3 条）。また、20 歳未満や 60 歳以上の第 2 号被保険者期間は老齢基礎年金の計算期間からは除かれる。しかし、老齢基礎年金が満額（480 カ月）に達していなければ、厚生年金の定額部分の経過的加算として支給されるので年金額としては確保される（定額部分のない者でも経過的加算になる）。

正解 ⇨ 3

《問3》 国民年金の任意加入に関する次の記述のうち、適切なものはどれか。

チェック欄 □□□

1） 20 歳未満の自営業者は申し出ることにより国民年金に任意加入することができる。
2） 国内に住所を有し、国民年金の受給資格期間を満たしていない人は、60 歳以上 75 歳未満の間であれば、受給資格期間を満たすまで国民年金に任意加入することができる。
3） 60 歳以降の任意加入で保険料を納められなかった場合、年金額には計算されないが受給資格期間のカラ期間にはなる。
4） 65 歳以降の任意加入では、付加保険料の納付はできない。

■ 解答・解説

1） 不適切。20 歳前に任意加入することはできない。（国年法附則 5 条）
2） 不適切。「60 歳以上 75 歳未満の間」ではなく「60 歳以上 70 歳未満の間」で、受給資格期間を満たすまで任意加入することができる。（平 6 年改正法附則 11 条、平 16 年改正法附則 23 条）
3） 不適切。海外在住者や 1986（昭 61）年 3 月以前のサラリーマンの妻などは、国民年金の任意加入被保険者でなければカラ期間の扱いだが、国民年金の任意加入被保険者となって保険料を納めなかった場合、未納扱いとなっていた。しかし、法改正により 2014（平 26）年 4 月からはカラ期間の扱いとなった。ただし、60 歳以上の任意加入被保険者は対象外なので未納期間をカラ期間として受給資格期間に算入することはできない。（国年法平 24 改正法附則 11 条）
4） 適切。64 歳までの任意加入では増額目的の付加保険料の納付ができるが、65 歳以降は受給資格獲得のための措置であるため付加保険料の納付はできない。

正解 ⇨ 4

《問４》 国民年金の保険料に関する次の記述のうち、適切なものはどれか。

チェック欄 □□□

1)　第１号被保険者の保険料は16,980円（2024年度）であるが、専業主婦などの第３号被保険者は半額の8,490円である。

2)　国民年金の付加保険料は、国民年金保険料と同様に「納期限から過去２年間」遡って納付できる。

3)　国民年金の保険料は翌月末が納期限だが、最大１年まで前納ができ、前納には保険料の割引が適用される。

4)　第２号被保険者の国民年金保険料は厚生年金保険料に含まれており、本人の毎月の厚生年金保険料から第１号被保険者の月額国民年金保険料を差し引いたものが本人の厚生年金保険料分に当てられる。

■ 解答・解説

1)　不適切。第３号被保険者の保険料は配偶者が加入している厚生年金保険から拠出されるため、自分で保険料を納めることはない。

2)　適切。年金機能強化法による改正により、2014（平26）年４月から２年間（納期限は翌月末なので最大２年１カ月前まで）の遡及納付が可能になった。従来は、国民年金保険料本体は２年間遡及できるが、付加保険料は納期限（翌月末）を過ぎると納めることができなかった。

3)　不適切。「最大１年」ではなく最大２年である。保険料の前納には当月末振替(早割)、６カ月前納、１年前納、２年前納の４種類があり、２年前納の割引率が最も大きい。

4)　不適切。第２号被保険者（サラリーマン）の国民年金保険料は第３号被保険者分も含めて厚生年金保険被保険者全体の人数分を厚生年金保険から国民年金に拠出している。そのため、第１号被保険者の定額保険料額が第２号被保険者個人の厚生年金保険料に含まれているわけではない。

正解 ⇨ 2

《問５》 国民年金の保険料の免除に関する次の記述のうち、適切なものはどれか。

チェック欄 □□□

1) 国民年金の保険料免除・猶予制度のうち学生納付特例と納付猶予制度は老齢基礎年金の年金額にまったく反映されない。
2) 国民年金保険料の通常の申請免除では本人、世帯主、配偶者の前年所得等が審査対象になるが、全額免除だけは、本人所得のみが対象である。
3) ３級の障害厚生年金の受給権者は、国民年金保険料の法定免除を受けることができる。
4) 国民年金保険料の免除は直近７月（学生納付特例は４月）に遡って適用される。

■ 解答・解説

1) 適切。ただし、受給資格期間としては反映され、遺族基礎年金や障害基礎年金は満額支給となる。なお、10年以内に追納すれば通常の保険料納付済期間に復帰する。追納は３年目以降は追納加算額が上乗せされる。(国年法27条、90条の3)
2) 不適切。全額免除、一部免除（４分の３、半額、４分の１）とも本人、世帯主、配偶者の前年所得（１月から６月までの申請の場合は前々年所得）が審査対象になる。なお、納付猶予制度は本人と配偶者、学生納付特例は本人の所得のみが審査対象である。
3) 不適切。１級、２級に該当する障害基礎（厚生）年金の受給権者については、国民年金保険料は法定免除となるが、３級の障害厚生年金の場合は、法定免除には該当しない。(国年法89条、国年法施行令６条の5)
4) 不適切。年金機能強化法による改正により、2014（平26）年４月から申請時から２年間(納期限は翌月末なので最大２年１カ月前まで)遡って適用されるようになった。従来は、問題文のとおり直近７月までの最大１年間の遡及だった。

正解 ⇨ 1

《問６》 老齢基礎年金の受給資格期間に関する次の記述のうち、適切なものはどれか。

チェック欄

1)　原則として保険料納付済期間・免除期間・合算対象期間の合計が10年以上ある場合に受給資格期間を満たし老齢基礎年金を受給できる。
2)　第２号被保険者の夫が退職して自営業になった第３号被保険者の妻は、夫の退職後の期間は保険料を納めなくても合算対象期間になる。
3)　60歳以上65歳未満の厚生年金保険被保険者期間は国民年金の保険料納付済期間として受給資格期間に算入される。
4)　国民年金保険料の半額免除期間（2009〈平21〉年４月以降）は４分の３が老齢基礎年金の受給資格期間として算入される。

■ 解答・解説

1)　適切。受給資格期間は従来25年だったが、2017（平29）年８月１日から10年とする法改正が行われた。(国年法26条)
2)　不適切。夫が第１号被保険者になれば、妻も市区町村に種別変更届を提出し第１号被保険者となる。保険料を納めないと単なる未納期間となる。(国年法12条、５条２項・３項、国年法附則７条)
3)　不適切。20歳未満と60歳以上65歳未満の厚生年金保険被保険者期間は、国民年金(老齢基礎年金)の受給資格期間としては合算対象期間(カラ期間)の扱いとなる。(昭60改正法附則８条４項)
4)　不適切。保険料免除期間は免除の種類や段階(全額免除、４分の３免除、半額免除、４分の１免除)には関係なく全部の期間が受給資格期間として算入される。年金額への反映(全額免除は２分の１、半額免除は４分の３など)と混同しないようにする。(国年法26条)

正解 ⇨ 1

《問 7》 老齢基礎年金の年金額等に関する次の記述のうち、最も適切なものはどれか。

チェック欄

1) 年金額は、賃金変動率と物価変動率によって改定されるが、変動率(上昇率)が有利なほうに合わせて改定される。

2) 老齢基礎年金の年金額計算の結果、年額 721,592.5 円になった場合、1 円未満を四捨五入して 721,593 円が年金額となる。

3) 老齢基礎年金は、40 年に満たなければ 60 歳以降の任意加入期間や 20 歳未満・60 歳以上の国民年金第 2 号被保険者期間も含めて年金額を計算する。

4) 老齢基礎年金は、毎年 1 月、3 月、5 月、7 月、9 月及び 11 月の 6 期に、それぞれの前月までの分が支給される。

■ 解答・解説

1) 不適切。年金額は原則として新規裁定者(67 歳以下)は賃金、既裁定者(68 歳以上)は物価によって改定される。ただし、賃金が物価の変動率を下回る場合などは例外的な改定が行われる。2024（令 6)年度は賃金変動率が 3.1％増、物価変動率が 3.2％増だったため賃金変動率が基準となり、マクロ経済スライドの調整率 0.4％を差し引いて、新規裁定者・既裁定者とも 2.7％の増額改定となった。

2) 最も適切。被用者年金一元化法施行後は、年金額が 1 円未満四捨五入に変更された。なお、満額の老齢基礎年金など従来どおり 100 円単位のものもある。(国年法 17 条、厚年法 35 条)

3) 不適切。60 歳以降の任意加入期間は含めて計算されるが、第 2 号被保険者(サラリーマン)期間は 20 歳以上 60 歳未満の期間だけが計算対象である。なお、20 歳前と 60 歳以降の期間は老齢基礎年金の計算対象ではないが、定額部分または経過的加算として厚生年金に上乗せされる。

4) 不適切。支給月は、2 月、4 月、6 月、8 月、10 月、12 月の偶数月である。それぞれ、前月と前々月の 2 カ月分ずつ支給される。(国年法 18 条)

正解 ⇨ 2

《問８》 国民年金の第１号被保険者に対する独自給付に関する次の記述のうち、最も適切なものはどれか。

チェック欄 □□□

1） 付加年金の年金額は、400円に付加年金保険料納付済期間の月数を乗じて算出された金額である。

2） 寡婦年金は、第１号被保険者として25年以上の保険料納付済期間（保険料免除期間含む）がある夫の死亡当時夫によって生計を維持し、かつ夫との婚姻関係が10年以上あるなどの要件を満たした65歳未満の妻が支給対象である。

3） 寡婦年金の金額は、亡くなった夫が受給できるはずであった老齢基礎年金（第１号被保険者期間部分）の４分の３に相当する額で、妻が60歳から65歳になるまでの有期年金である。

4） 死亡一時金は第１号被保険者としての保険料納付済期間（一部免除期間は免除期間に応じて換算）が５年以上ある人が死亡して一定の要件を満たす場合に該当する遺族が受給できる。

■ 解答・解説

1） 不適切。付加年金の年金額は、400円ではなく、200円に付加年金保険料納付済期間の月数を乗じて算出された金額である（国年法44条）。400円は付加保険料額である。

2） 不適切。保険料納付済期間は「25年以上」ではなく10年以上である。遺族年金の受給資格25年要件と混同しないようにする。（国年法49条）

3） 最も適切（国年法49条、50条）

4） 不適切。「５年以上」ではなく3年（36カ月）以上である。死亡一時金は死亡した人が何も給付を受けず、遺族が遺族基礎年金を受けられないときの給付である。一部免除期間については、半額免除期間は１カ月につき２分の１カ月など保険料納付率に応じた月数に換算する。なお、寡婦年金の受給権があるときは死亡一時金との選択になる。（国年法52条の2）

正解 ⇨ 3

《問 9》厚生年金保険の被保険者に関する次の記述のうち、適切なものはどれか。

チェック欄 ☐☐☐

1)　従業員５人以下の法人は厚生年金保険の加入は任意である。

2)　70 歳に達すると厚生年金保険から脱退となるが、老齢給付の受給資格期間を満たしていない場合は、受給資格期間を満たすまで厚生年金保険に任意加入でき、事業主は保険料の半分を負担する必要がある。

3)　厚生年金保険の適用事業所以外で働く 70 歳未満の者は、事業主の同意を得れば個人で厚生年金保険の被保険者となれる。保険料は全額自己負担しなければならない。

4)　月末に退職すると退職した月まで厚生年金保険の被保険者となり、退職月は厚生年金保険の加入期間となる。

■ 解答・解説

1)　不適切。法人は１人以上で厚生年金保険に加入しなければならない。代表者(社長)も被保険者となる。個人事業所は一部を除き従業員５人未満であれば厚生年金保険への加入は任意である。なお、任意加入した場合でも個人事業主自身は厚生年金保険の被保険者にはなれない。(厚年法 6 条)

2)　不適切。このような者を高齢任意加入被保険者という。事業主の同意を得れば保険料を折半負担にできるが、同意が得られなければ全額自己負担となる。(厚年法附則 4 条の 3)

3)　不適切。このような者を任意単独被保険者といい、事業主の同意が条件である。事業主は保険料の半分を負担しなければならない。(厚年法 10 条)

4)　適切。厚生年金保険は入社した日に資格を取得し、退職日の翌日に資格を喪失する。被保険者期間(加入期間)は資格を取得した月から資格を喪失した前月までである。(厚年法 13 条、16 条、19 条)　　正解 ⇨ 4

《問 10》厚生年金保険の保険料に関する次の記述のうち、適切なものはどれか。

チェック欄 □□□

1) 厚生年金保険料の標準報酬月額下限は第 1 等級 98,000 円である。

2) 厚生年金保険料は標準報酬月額にも標準賞与額にも同率の保険料率を乗じるが、標準賞与額は 1 回につき 200 万円が上限となる。

3) 育児介護休業法に基づく介護休業をしている被保険者の事業主が所定の申出をしたときは、被保険者負担分の厚生年金保険料は免除されるが、事業主負担分は免除されない。

4) 育児休業を理由とする厚生年金保険料免除期間は、育児休業等を開始した日の属する月から、育児休業等が終了する日の翌日の属する月の前月までである。

■ 解答・解説

1) 不適切。短時間労働者への社会保険適用拡大に伴う法改正により、2016（平 28）年 10 月以降は標準報酬月額の下限が 98,000 円から引き下げられ第 1 等級は 88,000 円（報酬月額 93,000 円未満）となった。等級区分も 30 等級から 31 等級となったが、第 2 等級から第 31 等級は従来の第 1 等級～第 30 等級がそのままスライドした。その後、2020（令 2）年 9 月からは第 32 等級 65 万円が追加された。（厚年法 20 条）

2) 不適切。標準賞与額の上限は「200 万円」ではなく 150 万円（1 カ月に 2 回以上支給の場合は合算して 1 回とする）である。また、標準賞与額は 1,000 円未満切捨てで計算する。なお、支給が年間 4 回以上の賞与は標準報酬月額の対象となる。（厚年法 3 条 3 項、4 項、24 条の 4）

3) 不適切。介護休業の場合には、被保険者および事業主とも厚生年金保険料は免除されない。なお、育児休業等期間中と産前産後休業期間中については、被保険者・事業主とも厚生年金保険料が免除される。（厚年法 81 条の 2、2 の 2）

4) 適切。なお、育児休業は最長 2 歳までだが、保険料免除は子が 3 歳に達する休業まで可能である。（厚年法 81 条の 2）

正解 ⇨ 4

《問 11》 特別支給の老齢厚生年金に関する次の記述のうち、適切なものはどれか。

チェック欄 □□□

1) 1960（昭 35）年 4 月 1 日生まれの男性の特別支給の老齢厚生年金の報酬比例部分の支給開始年齢は 63 歳からになる。
2) 特別支給の老齢厚生年金は老齢基礎年金の受給資格期間を満たしていれば受給できる。
3) 加給年金は 65 歳以降の老齢厚生年金に加算されるが、特別支給の老齢厚生年金でも定額部分があれば加算される。
4) 厚生年金保険被保険者期間 44 年以上の者や障害等級 3 級以上の者は、在職して厚生年金保険被保険者であれば特別支給の老齢厚生年金の報酬比例部分受給開始年齢から定額部分も併せて受給できる。

■ 解答・解説

1) 不適切。生年月日が昭和 34 年 4 月 2 日～昭和 36 年 4 月 1 日の男性の支給開始は「64 歳」である。(厚年法附則 8 条の 2)
2) 不適切。特別支給の老齢厚生年金(65 歳前の老齢厚生年金)を受給するためには、老齢基礎年金の受給資格を満たしたうえで 1 年以上の厚生年金保険被保険者期間が必要である。1 カ月以上 1 年未満の場合は 65 歳から老齢厚生年金の支給となる。(厚年法附則 8 条)
3) 適切。定額部分を受給できる場合には、加給年金の要件を満たしていれば定額部分の支給開始時から加算される。
4) 不適切。厚生年金保険被保険者期間 44 年(共済年金期間とは合算できない)以上の者は長期加入者の特例、障害等級 3 級以上の者は障害者の特例により、生年月日にかかわらず受給開始年齢から報酬比例部分と定額部分、要件を満たせば加給年金を受給できる。ただし退職(厚生年金保険被保険者でなくなる)が要件で、厚生年金保険被保険者として在職中は適用されない。(厚年法附則 9 条の 2、9 条の 3)

正解 ⇨ 3

《問 12》 老齢厚生年金に関する次の記述のうち、不適切なものはどれか。

チェック欄 □□□

1)　65 歳前に定額部分がなく報酬比例部分のみだった場合でも老齢厚生年金に経過的加算が発生することがある。

2)　雇用保険の高年齢求職者給付金を受給しても老齢厚生年金との併給調整はない。

3)　65 歳以降は障害基礎年金と老齢厚生年金の併給を受けることができる。

4)　配偶者が年上の場合は受給者に加給年金は支給されないが、配偶者が 65 歳になった時点から配偶者に振替加算が支給される。

■ 解答・解説

1)　適切。特別支給の老齢厚生年金（65 歳前の老齢厚生年金）で定額部分が支給されなくても、計算上の定額部分との差額がある場合は 65 歳からの老齢厚生年金に経過的加算として支給される。また、20 歳前や 60 歳以降の老齢基礎年金に反映されない期間も経過的加算の対象となる。

2)　適切。65 歳以降の雇用保険と老齢厚生年金の併給調整は行われないので、高年齢求職者給付金（65 歳以上の求職者に対する雇用保険の一時金）と老齢厚生年金はともに全額受給できる。

3)　適切。1 人 1 年金の原則により、原則として事由（老齢、障害、遺族）の異なる年金は併給されない。例えば、65 歳前は「障害基礎年金と特別支給の老齢厚生年金」「遺族厚生年金と特別支給の老齢厚生年金」などはどちらかの選択になる。しかし、65 歳以降は併給調整の例外がいくつかあり障害基礎年金受給者の場合、「障害基礎年金＋老齢厚生年金」「障害基礎年金＋遺族厚生年金」などの併給が可能になる。

4)　不適切。「配偶者」ではなく<u>受給者</u>が 65 歳になった時点から配偶者に振替加算が支給開始となる。なお、1966（昭 41）年 4 月 2 日生まれ以降の配偶者には振替加算は支給されない。

正解 ⇨ 4

《問 13》 繰上げ支給に関する次の記述のうち、最も適切なものはどれか。

チェック欄 □□□

1) 1962（昭 37）年 4 月 10 日生まれの人の老齢基礎年金の繰上げ支給の減額率は、1 カ月につき 0.5％刻みである。

2) 老齢基礎年金の繰上げ支給を受けた場合、原則として障害年金が受給できなくなる。

3) 特別支給の老齢厚生年金の支給開始が 61 歳以降になる者は、老齢厚生年金単独での繰り上げをすることができる。

4) 老齢基礎年金や老齢厚生年金の繰上げ支給では、付加年金や加給年金が加算される場合は本体と同率で減額されて支給開始になる。

■ 解答・解説

1) 不適切。1 カ月につき 0.5％刻みではなく、0.4％刻みで年金額が減額される。法改正により 2022（令 4）年 4 月からは減額率が 0.4％刻みに緩和された。同年 4 月 2 日以降に 60 歳となる 1962（昭 37）年 4 月 2 日生まれ以降の人から適用される。（国年法附則 9 条の 2 等）

2) 最も適切。老齢基礎年金の繰上げ支給には減額以外にもさまざまなデメリットがある（他に任意加入ができなくなる、寡婦年金が受給できなくなるなど）。（国年法附則 9 条の 2）

3) 不適切。老齢厚生年金と一緒に老齢基礎年金も繰り上げなければならない。その場合、老齢厚生年金は報酬比例部分支給開始年齢からの減額率だが、老齢基礎年金は 65 歳からの減額率になる。なお、報酬比例部分の支給開始年齢以降の場合は、老齢基礎年金の繰上げは任意の時期から請求可能である。（国年法附則 9 条の 2 の 2）

4) 不適切。繰上げ支給や繰下げ支給では、付加年金は老齢基礎年金と同率で減額・増額されて支給開始になる。一方、加給年金や振替加算は本来の支給開始時期から支給開始（繰下げ支給では受給開始時期まで支給停止）となり減額・増額はない。（国年法 46 条、附則 9 条の 2）

正解 ⇨ 2

《問 14》 繰下げ支給に関する次の記述のうち、不適切なものはどれか。

チェック欄 □□□

1) 1959（昭 34）年 9 月 10 日生まれの者が 68 歳 2 カ月で老齢基礎年金の繰下げ支給を請求した場合、増額率は 26.6％である。
2) 老齢厚生年金と老齢基礎年金は別々に繰り下げることができ、両方繰り下げる場合でも支給開始を別々とすることが可能である。
3) 老齢厚生年金の繰下げ支給の場合、支給開始前の待機期間中は加給年金は支給停止になる。
4) 繰下げ支給の支給開始前の待機期間中に遺族厚生年金の受給権が発生した場合は、本来の支給開始時期にさかのぼって増額がなくなる。

■ 解答・解説

1) 適切。繰下げ支給の増額率は老齢基礎年金・老齢厚生年金とも共通で、1 カ月につき 0.7％である。68 歳 2 カ月（38 カ月）では、「0.7％ × 38 カ月 = 26.6％」の増額となる。（国年法 28 条、施行令 4 条の 5）
2) 適切。繰上げ請求は同時に行うことが必要だが、繰下げ請求は切り離して行うことができる。したがって、老齢厚生年金は 68 歳、老齢基礎年金は 70 歳で支給開始というように支給開始時期をずらすことも可能である。
3) 適切。繰下げ支給の支給前の待機期間中とは、受給権発生時（一般的には 65 歳）から繰下げ請求時までの期間である。なお、老齢基礎年金のみ繰下げ待機している場合は、老齢厚生年金の加給年金は支給停止にならない。
4) 不適切。他の年金の受給権があるときは繰下げ支給を請求できない。他の年金の受給権が発生した場合は繰下げ待機は終了になるが、その時点までの増額開始はできる。他の年金とは、老齢給付（老齢基礎年金など）を除く障害厚生年金や遺族厚生年金などである。ただし、障害基礎年金の場合は老齢基礎年金の繰下げ請求はできないが、老齢厚生年金の繰下げ請求はできる。（国年法 28 条、厚年法 44 条の 3）

正解 ⇨ 4

《問 15》 65 歳前の在職老齢年金（2024〈令 6〉年度）に関する次の記述のうち、不適切なものはどれか。

チェック欄

1) 65 歳前の在職老齢年金について、年金月額と総報酬月額相当額を足して 50 万円以内の場合、年金はカットなしに支給される。
2) 65 歳前の在職老齢年金について、年金月額 10 万円、総報酬月額相当額 46 万円の場合、年金は 7 万円支給される。
3) 高年齢雇用継続給付は最大で賃金月額の 15％の支給だが、同時支給の在職老齢年金は最大で標準報酬月額の 5 ％が減額される。
4) 65 歳前の在職老齢年金の年金額は在職中は改定されないが、退職しなくても 65 歳に達すると改定される。

■ 解答・解説

1) 適切。50 万円（2024 年度額）は「支給停止調整額」と呼ばれる。総報酬月額相当額は、標準報酬月額に当月以前の直近 1 年間の標準賞与額（1 回につき上限 150 万円）の 12 分の 1 を加えた額である。つまり、賞与も加えた月額給与という考え方である。なお、支給停止調整額は 2022（令 4）年 4 月より 65 歳以降と同じ（28 万円が 47 万円）に緩和された。
2) 適切。在職老齢年金の計算では、年金月額と総報酬月額相当額の合計額が 50 万円を超えた場合、超えた額の年金額の半額が年金よりカットされる。設問の場合、「（10 万円＋ 46 万円）－ 50 万円＝ 6 万円」。よって 6 万円の半額の 3 万円が年金月額 10 万円よりカットされ、年金は月額 7 万円の支給となる。
3) 不適切。在職老齢年金は最大 6 ％の減額となる。なお、高年齢雇用継続給付は賃金を基準にするのに対し、在職老齢年金の減額基準は標準報酬月額であることに注意。（厚年法附則 11 条の 6）
4) 適切。65 歳前の在職老齢年金には 65 歳以降のような在職定時改定はない。（厚年法附則 9 条）

正解 ⇨ 3

《問 16》 65 歳以降の在職老齢年金に関する次の記述のうち、最も不適切なものはどれか。

チェック欄 □□□

1) 65 歳以降の在職老齢年金の年金月額に算入されるのは、老齢厚生年金の報酬比例部分の額だけである。
2) 在職老齢年金が全額支給停止でなければ加給年金は支給される。
3) 在職老齢年金で支給停止がある場合、繰下げ支給による増額をすることはできない。
4) 70 歳に達すると在職していても厚生年金保険被保険者の資格を喪失するので厚生年金保険料の徴収はなくなる。ただし、支給停止の仕組みはそのまま継続する。

■ 解答・解説

1) 適切。65 歳以降の在職老齢年金は老齢厚生年金額の報酬比例部分（経過的加算と加給年金を除いた額）だけで支給停止の判定を行うので、老齢基礎年金額も年金月額（基本月額）には算入されない。（厚年法 46 条）
2) 適切。年金が若干でも支給されれば加給年金は全額支給される。（厚年法 46 条）
3) 最も不適切。在職老齢年金の支給部分（支給停止額を差し引いた額）は繰下げ支給で受給することができる。例えば、老齢厚生年金額が月額 12 万円で支給停止額が 8 万円の場合、支給される 4 万円部分のみ増額となる。（厚年法 44 条の 3、46 条）
4) 適切。70 歳以降は保険料の徴収がなくなるので 70 歳以降の在職分に対する年金額の増加はない。在職中の支給停止は 70 歳前の在職老齢年金と同じ仕組みである。（厚年法 46 条）

正解 ⇨ 3

《問 17》 離婚による年金分割に関する次の記述のうち、不適切なものはどれか。

チェック欄 □□□

1) 離婚時の年金分割の対象は、国民年金および厚生年金である。
2) 分割を受けた納付記録にかかる被保険者期間は、65 歳前の老齢厚生年金の支給要件である被保険者期間にはならない。
3) 合意分割の分割割合は第1号改定者(分割する側)を第2号改定者より少なくすることはできない。
4) 3号分割では、国民年金第3号被保険者または被保険者であった人の請求のみで分割が可能である。

■ 解答・解説

1) 不適切。分割対象は厚生年金（報酬比例部分）のみである。(厚年法 78 条の 13)
2) 適切。受給資格要件には反映されないので、分割を受けた被保険者期間のみが1年以上あっても、65 歳前の老齢厚生年金は支給されない。(厚年法附則 17 条の 12)
3) 適切。分割する側(年金額が多い側で、多くは夫)を「第1号改定者」、分割を受ける側(多くは妻)を「第2号改定者」という。合意分割の分割割合は合計の最大2分の1で、第2号改定者に2分の1を超えた分割をすることはできない。また、第2号改定者の元の額以下にすることはできないので、分割割合の範囲は、第2号改定者の元の額を超え合計額の2分の1以下ということになる。(厚年法 78 条の 2、3)
4) 適切。3号分割の請求には、配偶者(相手となる第2号被保険者)の同意は不要で、分割割合は2分の1のみである。対象期間は 2008（平 20）年4月以降の第3号被保険者期間のみであり、2008 年3月以前の第3号被保険者期間は合意分割の対象となる。(厚年法 78 条の 14)

正解 ⇨ 1

《問 18》 障害基礎年金に関する次の記述のうち、適切なものはどれか。

チェック欄

1) 障害認定日（初診日から1年6カ月を経過した日または1年6カ月以内に治った場合はその日）において、1級、2級または3級の障害状態であれば、障害基礎年金を受給できる（他の条件はすべて満たしているものとする）。
2) 20歳前に初診日がある場合の障害基礎年金は、受給権者が外国に住所を有している間でも、支給される。
3) 初診日の前日において、初診日の属する月の前々月までに被保険者期間があり、保険料納付済期間と保険料免除期間とを合算した期間が、当該被保険者期間の3分の2以上ある場合は、障害基礎年金を受給できる（他の条件はすべて満たしているものとする）。
4) 障害基礎年金の受給権を取得した当時、その人によって生計を維持されている配偶者および一定要件を満たす子がある場合には、所定の加算が行われる。

■ 解答・解説

1) 不適切。障害等級1級または2級の場合に障害基礎年金を受給できる。3級の障害状態では受給できない。なお、障害厚生年金では障害等級3級も年金の支給対象である。（国年法30条）
2) 不適切。20歳前（国民年金加入前）に初診日がある場合にも、障害等級1級または2級であれば障害基礎年金が支給される。しかし、日本国内に住所を有していない間は、支給停止となる。（国年法36条の2）
3) 適切（国年法30条）
4) 不適切。配偶者は障害基礎年金の加算の対象にはならない（国年法33条の2）。また、受給権発生後に子を有することになった場合にも加算される（平22法律第27号〈国年法等の一部を改正する法律〉）。なお、障害厚生年金では配偶者を対象とした加算が行われる。

正解 ⇨ 3

《問 19》 障害厚生年金に関する次の記述のうち、適切なものはどれか。

チェック欄 □□□

1) 障害厚生年金を受給している人の障害の程度が増進しても、必ず1年以上経過しなければ、年金額の改定の請求はできない。

2) 1級または2級の障害厚生年金の受給権者が受給権を取得した当時、生計を維持していた配偶者については、加給年金額の加算対象となる。

3) 厚生年金保険の被保険者月数が120カ月未満のときは120カ月とみなして障害厚生年金の年金額を計算する。

4) 65歳の在職中に初診日のある厚生年金保険被保険者が2級の障害となった場合は障害基礎年金と障害厚生年金を受けられる。

■ 解答・解説

1) 不適切。障害の程度の増進（悪化）が明らかである場合（省令で定められた22のケースに限る）は、1年の待機期間を待たずに即時額改定が請求できる。

2) 適切。また、受給権発生後に結婚して配偶者を有することになった場合にも加算される（平22法律第27号〈国年法等の一部を改正する法律〉）。なお、1級と2級では障害基礎年金も同時受給できるので一定要件を満たす子も加算対象になる。

3) 不適切。「120カ月(10年)」ではなく<u>300カ月(25年)</u>である。2017(平29)年8月の受給資格期間10年への改正後も変更されていない。

4) 不適切。65歳以降の厚生年金保険被保険者は国民年金第2号被保険者ではなくなるので障害基礎年金は受けられない。障害厚生年金のみの受給になる。なお、初診日が65歳前であれば、障害認定日が65歳を過ぎていても障害認定日に2級認定されれば障害基礎年金も併せて受給できる。(国年法30条)

正解 ⇨ 2

《問 20》　遺族基礎年金に関する次の記述のうち、不適切なものはどれか。

チェック欄 □□□

1)　遺族基礎年金を受給できる遺族とは、死亡した被保険者の子のある配偶者（内縁関係を含む）および子である。

2)　父親の死亡により遺族基礎年金を受給できる子とは、①父親の死亡当時、父親によって生計を維持され、② 18 歳到達年度末までに達してない、または 20 歳未満で障害等級の 1 級もしくは 2 級に該当して、③現に結婚をしていないの 3 つの要件を満たす必要がある。

3)　夫の死亡により遺族基礎年金の受給権者となった妻が、夫の父と養子縁組をした場合は、当該遺族基礎年金の受給権は消滅しない。

4)　子が 1 人いる 28 歳の配偶者が受給する遺族基礎年金の 2024（令 6）年度の金額は、基本額 816,000 円に子の加算額 78,300 円を加えた 871,200 円である。

■ 解答・解説

1)　適切。従来は、子のある妻および子であった。年金機能強化法による改正により、2014（平 26）年 4 月から子のある夫も遺族の対象となった。なお、死亡した妻が第 3 号被保険者であっても、夫が年収 850 万円未満の生計維持要件を満たしていれば遺族基礎年金が受給できる。

2)　適切（国年法 37 条の 2）

3)　適切。夫の父は直系姻族との養子縁組となるため、受給権は消滅しない 。（国年法 40 条）

4)　不適切。子の加算額は、 2 人までは 1 人につき 234,800 円、 3 人目以降は 1 人につき 78,300 円である（2024 年度額）。したがって、子が 1 人いる配偶者の受給額は 1,050,800 円である。なお、配偶者（受給者）が 28 歳なので、年金額は新規裁定者（67 歳以下）の金額になる。（国年法 38 条、39 条等）

正解 ⇨ 4

《問21》 遺族厚生年金に関する次の記述のうち、適切なものはどれか。

チェック欄 ☐☐☐

1) 遺族厚生年金の受給対象者となる遺族とは、被保険者の死亡当時、その人によって生計を維持されていたなど一定の条件を満たす配偶者、子、父母、孫、祖父母または兄弟姉妹である。
2) 夫の死亡時に30歳未満で子を養育しない妻に対する遺族厚生年金は、10年間の有期年金となる。
3) 65歳以降に遺族厚生年金より自身の老齢厚生年金のほうが少ない場合は遺族厚生年金の選択を継続できる。
4) 遺族基礎年金と遺族厚生年金を受給中の10歳の子がいる32歳の妻は、遺族基礎年金の終了後、中高齢寡婦加算を受給できる。

■ 解答・解説

1) 不適切。兄弟姉妹は遺族厚生年金の受給対象者にはならない。(厚年法59条)
2) 不適切。10年間の有期年金ではなく、5年間の有期年金である。(厚年法63条)
3) 不適切。65歳前はどちらかの選択だが、65歳以降はまず自身の老齢厚生年金を受給し、遺族厚生年金のほうが多い場合は差額分だけが遺族厚生年金として支給される。(厚年法64条の2)
4) 適切。中高齢寡婦加算は夫の死亡時40歳以上65歳未満の妻で遺族基礎年金を受給できない場合に遺族厚生年金に加算される。しかし40歳未満の妻でも、遺族基礎年金の失権(終了)時点で40歳以上の場合は中高齢寡婦加算が受給できる。(厚年法62条)

正解 ⇨ 4

《問 22》 被用者年金一元化に関する次の記述のうち、不適切なものはどれか。

チェック欄 □□□

1) 国家公務員の女性は一元化後の在職部分(第２号厚年)も支給開始年齢は男性と同じで５年遅れにならない。
2) 元公務員が転職して民間会社に在職中に初診日(一元化後)がある場合の障害厚生年金は、２つの期間を合算して年金額を計算する。
3) 加給年金と振替加算はともに加入期間の合算対象である。
4) 私学共済(第４号厚年)の年金払い退職給付は、在職していれば70歳以降も加入となる。

■ 解答・解説

1) 適切。なお、再任用で短時間勤務(第１号厚年)となった期間については、通算１年以上(民間の厚生年金保険被保険者期間含む)あれば、一元化前の厚生年金の女性と同じ５年遅れが適用される。
2) 適切。一元化前は、初診日に加入していた制度の期間のみが障害厚生年金あるいは障害共済年金の計算期間だった。公務員５年、会社員10年とすると本問の場合、会社員10年だけで計算する(実際には300カ月で計算)。一元化後は公務員と会社員の期間それぞれで計算し合算したものが年金額となる(300カ月みなしの場合は合算額から計算)。遺族厚生年金の短期要件も基本的に同じ考え方となる。
3) 適切。厚生年金保険と共済年金の加入期間がある場合、受給資格判定の際に合算して判定する場合と合算されない場合がある。設問の他にも合算されるものとして特別支給の老齢厚生年金(１年以上)などがある。合算されないものとしては、長期加入の要件(44年以上)などがある。
4) 不適切。公務員共済(国共済と地共済)の年金払い退職給付は70歳以降も加入になるが、私学共済は70歳で資格喪失となる。

正解 ⇨ 4

《問 23》 公的年金関連の最近の改正に関する次の記述のうち、適切なものはどれか。

チェック欄 □□□

1) 第 1 号被保険者(女性)の国民年金保険料の産前産後免除期間中は付加保険料を納付している場合、付加保険料も免除になる。
2) 2022（令 4)年 10 月より短時間労働者への社会保険の適用は 101 人以上の企業に拡大され、雇用見込みは 6 カ月超に変更された。
3) 短期滞在の外国人に対する脱退一時金の支給上限は 5 年である。
4) 会社員の妻が死亡したとき 16 歳の子がいる 55 歳の夫は遺族基礎年金を受け取れるが遺族厚生年金は 60 歳になるまで支給停止となる。

■ 解答・解説

1) 不適切。付加保険料は免除にはならないが納付は可能。第 1 号被保険者の産前産後免除は 2019(平 31)年 4 月より導入された。出産予定日(出産後申請の場合は出産日)の前月から 4 カ月間(多胎妊娠の場合は 6 カ月間)免除される。年金額は全額反映され、追納の必要はない。
2) 不適切。短時間労働者の社会保険(健康保険、厚生年金保険)の 101 人以上の企業への適用要件は、「①週 20 時間以上の労働時間、②月額賃金 8.8 万円以上(年収 106 万円以上)、③ 2 カ月超(1 年以上から変更)の雇用見込み、④学生(昼間部)でない」のすべてを満たすことである。
3) 適切。出入国管理法の改正(2019〈平 31〉年 4 月施行)により在留資格における在留期間が 5 年に延長されたことなどにより、脱退一時金の支給上限が 2021（令 3)年 4 月から 5 年(従来は 3 年)に引き上げられた。
4) 不適切。夫が遺族厚生年金を受けられるのは、妻の死亡時に夫が 55 歳以上で生計維持要件(年収 850 万円未満)を満たす場合であるが、60 歳になるまでは支給停止である。ただし、夫が遺族基礎年金を受給中は遺族厚生年金も支給停止とならない。設問の場合、子が 18 歳年度末に達して遺族基礎年金が支給停止になるまで遺族厚生年金を受給し、いったん支給停止になった後、60 歳から再び受給できる。　正解 ⇨ 3

《問 24》 公的年金関連の最近の改正に関する次の記述のうち、最も適切なものはどれか。

チェック欄 ☐☐☐

1) 72 歳で繰下げ増額可能な者が、増額ではなく一時金選択をした場合、67 歳の増額率で一時金を受給し、本来額で受給開始となる。
2) 1961（昭 36）年 4 月 2 日生まれの人の場合、繰上げ受給の減額率は 1 カ月 0.5%、繰下げ請求は 75 歳まで可能となる。
3) 在職老齢年金は、在職中も毎年 1 回年金額が見直される。
4) 在職老齢年金の在職定時改定の基準日は毎年 4 月 1 日である。

■ 解答・解説

1) 不適切。繰下げ請求が 75 歳まで可能になったことで、一時金請求すると 5 年より前の分(設問では 65 歳と 66 歳の 2 年間分)が時効で受け取れなくなった。そのため、5 年前の時点で繰下げ請求をしたとみなした増額率で一時金受給し、その増額率で受給開始する「みなし増額制度」が 2023（令 5)年 4 月より導入された。設問の場合、67 歳の増額率 16.8%増の一時金を 5 年間分受け取り、16.8%増の年金額で受給開始する。

2) 最も適切。法改正による繰上げ減額率 0.4%が適用になるのは 1962 年 4 月 2 日生まれ以降の人、繰下げ請求が 75 歳まで可能となるのは 1952(昭 27)年 4 月 2 日生まれ以降の人からである。

3) 不適切。2022（令 4)年 4 月から、在職中に年金額が見直される(在職中の保険料納付実績が上積みされて増額される)在職定時改定が導入されたが、対象は 65 歳以降の在職老齢年金だけである。65 歳前の在職老齢年金は従来どおり退職時か 65 歳時の改定となる。

4) 不適切。在職定時改定では毎年 9 月 1 日を基準日とし前年 9 月から当年 8 月までの 1 年間の加入実績を追加して 10 月分(12 月支給)から改定される。標準報酬月額の定時決定(年 1 回の改定時期)が毎年 9 月であることに合わせたためである。

正解 ⇨ 2

《問 25》 私的年金に関する次の記述のうち、最も不適切なものはどれか。

チェック欄

1) 年金を受け取る際に 5 年、10 年といった一定の期間が決まっていて、年金を受け取る期間中に死亡した時点で年金の支払いが終わるのを有期年金という。

2) 厚生年金基金、確定給付企業年金、自社年金（社内年金）のうち、厚生年金基金、確定給付企業年金の企業の拠出金は全額損金扱いにできる。

3) 企業年金である厚生年金基金、確定給付企業年金の主務官庁は厚生労働省である。

4) 個人年金の保険型は 10 年以上の払込期間など一定の要件を満たすと一般の生命保険料控除とは別枠で最大 5 万円の個人年金保険料控除がある。ただし、契約は 2012（平 24)年 1 月以降とする。

■ 解答・解説

1) 適切。有期年金に対し 5 年、10 年といった一定の決まった期間を受給者の生死にかかわらず受け取る年金を確定年金という。

2) 適切。企業年金は、法令に基づいた税制優遇のあるものと税制優遇のないものがある。自社年金は企業の拠出する掛金が全額損金扱いになるといった税制優遇メリットはない。

3) 適切

4) 最も不適切。税制改正により、2012 年 1 月以降の契約から最大 4 万円に改定された。旧制度の契約はそのまま継続となる。

区分	旧制度控除限度額		新制度控除限度額	
	所得税	住民税	所得税	住民税
一般生命保険料	5 万円	35,000 円	4 万円	28,000 円
介護医療保険料	——	——	4 万円	28,000 円
個人年金保険料	5 万円	35,000 円	4 万円	28,000 円
計	10 万円	7 万円	12 万円	7 万円

（注）住民税の合計は 7 万円が限度額

正解 ⇨ 4

《問 26》　確定給付企業年金に関する次の記述のうち、適切なものはどれか。

チェック欄 □□□

1)　20 年を超える加入者期間を老齢給付金の支給要件としてはならず、年金給付は、原則として終身または５年以上にわたり、毎年１回以上定期的に支給するものでなければならない。

2)　確定給付企業年金（基金型・規約型）では従業員が掛金の一部を拠出することができるが、従業員が拠出した掛金には社会保険料控除が適用される。

3)　確定給付企業年金の規約型は加入者数 300 人以上の要件がある。

4)　確定給付企業年金の基金型は、母体企業と同じ法人格でなければならない。

■ 解答・解説

1)　適切。20 年以上の加入期間があれば老齢給付金(年金)を支給しなければならない。なお、脱退一時金を受ける要件として３年を超える加入者期間を定めることはできない(３年以上の加入期間があれば脱退一時金を支給しなければならない)ことも併せて覚えておきたい。(確給法 33 条、36 条 4 項、41 条 3 項)

2)　不適切。基金型・規約型とも従業員が掛金の一部を拠出できるが、控除は生命保険料控除が適用される。(確給法55条、所得税法76条5項4号)

3)　不適切。基金型には加入者数 300 人以上の要件があるが、規約型には加入者数の要件はない。(確給法施行令 6 条)

4)　不適切。確定給付企業年金の基金型は、母体企業と別の法人格を持った基金を設立しなければならない。

正解 ⇨ 1

《問27》 確定給付企業年金法に関する次の記述のうち、適切なものはどれか。

チェック欄

1) 規約型、基金型の確定給付企業年金では、掛金の事業主拠出分は全額損金に算入でき、加入者拠出分は年4万円を上限に社会保険料控除の対象になる。

2) 確定給付企業年金の掛金の一部を加入者が拠出する場合、掛金額の3分の1以下でなければならない。

3) 規約型は労使合意による年金規約を作成し、厚生労働大臣の承認を得る企業年金である。

4) 基金型は労使が基金設立に合意して規約を作成し、厚生労働大臣の認可を得る企業年金であり、厚生年金の代行部分を持つ。

■ 解答・解説

1) 不適切。社会保険料控除ではなく生命保険料控除である。

2) 不適切。規約に定めることにより、同意を得た加入者(従業員)に掛金を負担させること(拠出)ができるが、掛金額の2分の1を超えてはならない。なお、同意を得た加入者(掛金拠出)と同意を得なかった加入者(掛金非拠出)の給付額は拠出掛金額に相当する程度の差をつけなければならない。(確給法55条、同法施行令35条)。

3) 適切

4) 不適切。厚生年金基金との主な違いは、厚生年金の代行部分を持たないことである。

正解 ⇨ 3

《問 28》 確定給付企業年金に関する次の記述のうち、適切なものはどれか。

チェック欄 □□□

1) 確定給付企業年金の給付では遺族年金を年金または一時金で支給することもできる。
2) 老齢給付金の支給開始について退職要件ありとする場合、50 歳以上 60 歳未満で規約に定めることができる。
3) キャッシュバランスプランでは、通算利回りがマイナスになることもある。
4) リスク分担型企業年金のリスク対応掛金は、5 年～ 10 年で計画的に拠出する。

■ 解答・解説

1) 適切。確定給付企業年金の遺族給付金は一時金のほか年金で支給することもできる。確定拠出年金の遺族給付は死亡一時金しかない。

2) 不適切。50 歳以上 70 歳未満で規約に定めることができる。老齢給付金の支給開始要件には年齢要件(必須)と退職要件(規約に定めた場合)の２つがある。(確給法 36 条)

①年齢要件：60 歳以上 70 歳以下の規約で定める年齢に達したとき ②退職要件：50 歳以上 70 歳未満の規約で定める年齢以降に退職したとき

以前は退職要件が 50 歳以上 60 歳未満だったが、年齢要件の改正に合わせて 2011（平 23)年 8 月 10 日に 50 歳以上 65 歳未満、2020（令 2)年 6 月 5 日に 50 歳以上 70 歳未満に拡大された。雇用延長に伴う措置で、退職後に年齢要件の年齢まで待つことなく受給できるようになった。

3) 不適切。単年度・通算とも 0 以上であることが必要だったが、法改正により、加入者は単年度でマイナスでも通算で 0 以上であればよくなった(受給者は単年度も 0 以上)。

4) 不適切。5 年～ 10 年ではなく、「5 年～ 20 年」である。なお、リスク対応掛金は 20 年に 1 回の頻度で発生する損失に相当する額(財政悪化リスク相当額)である。財政悪化リスク相当額は、リスク分担型企業年金だけでなく、すべての確定給付企業年金に算定義務があり、リスク分担型企業年金を導入しない企業では拠出は任意である。

正解 ⇨ 1

《問29》 中小企業退職金共済の掛金に関する次の記述のうち、適切なものはどれか。

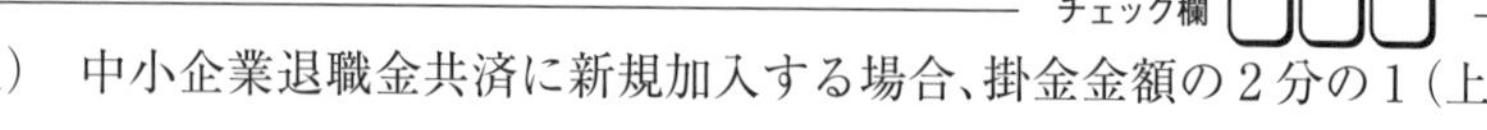

1) 中小企業退職金共済に新規加入する場合、掛金金額の2分の1（上限5,000円）を加入後6カ月目から1年間助成する。
2) 中小企業退職金共済の18,000円以下の掛金金額を増額する場合、事業主に増額分の4分の1を増額月から1年間助成する。
3) 中小企業退職金共済の掛金（パートなどの短時間労働者を除く）は5,000円から3万円までの16種類であり、1万円を超える掛金は2,000円刻みになっている。
4) 中小企業退職金共済のパートなどの短時間労働者の掛金は、2,000円、3,000円、4,000円、5,000円の4種類がある。

■ 解答・解説　※中小企業退職金共済法→「中退共法」と略

1) 不適切。上限5,000円で掛金金額の2分の1を加入後4カ月目から1年間助成する。（中退共法23条、同法施行規則45条）
2) 不適切。増額分の3分の1を増額月から1年間助成する。（中退共法施行規則46条）
3) 適切1万円までは1,000円刻み、1万円以上は2,000円刻みで掛金が設定されている。（中退共法4条）
4) 不適切。短時間労働者の掛金は、2,000円、3,000円、4,000円の3種類である。（中退共法4条）

正解 ⇨ 3

《問 30》 中小企業退職金共済に関する次の記述のうち、適切なものはどれか。

チェック欄 □□□

1) 中小企業退職金共済にサービス業が加入する場合、資本金 5,000 万円以下または従業員が 50 人以下である必要がある。
2) 中小企業退職金共済の掛金納付月数が 3 年未満の場合、退職金は支給されない。
3) 中小企業でなくなった場合、中小企業退職金共済から資産を移換して確定拠出年金の企業型年金に移行することができる。
4) 中小企業退職金共済の掛金は、事業主と従業員が折半する。

■ 解答・解説

1) 不適切。サービス業が加入する場合、資本金 5,000 万円以下または従業員が 100 人以下である。小売業の場合、資本金 5,000 万円以下または従業員 50 人以下である。製造業の場合、資本金 3 億円以下または従業員 300 人以下である。卸売業の場合、資本金 1 億円以下または従業員 100 人以下である。加入できる中小企業の資本金、従業員数を再確認すること。（中退共法 2 条）
2) 不適切。掛金納付月数が 1 年未満の場合、退職金は支給されない。（中退共法 10 条）
3) 適切。法改正により、2016（平 28）年 4 月 1 日から中小企業退職金共済の中小企業の要件を満たさなくなったとき（資本金や従業員の増加）は、従来の確定給付企業年金、特定退職金共済（特退共）に加え、確定拠出年金（新設または既設）への資産移換も可能になった。なお、2018（平 30）年 5 月からは合併等（合併や分割などの事業再編）の結果、加入者が異なる中退共と企業年金（確定給付企業年金または確定拠出年金）が併存した場合、どちらかに資産を移換して制度を一本化することも可能となった。
4) 不適切。掛金は事業主が全額負担して、従業員に負担させることはできない。

正解 ⇨ 3

《問31》 特定退職金共済に関する次の記述のうち、不適切なものはどれか。

チェック欄 □□□

1) 特定退職金共済の掛金は、1,000円から1,000円刻みで30,000円まで設定できる。

2) 特定退職金共済には大企業も加入できる。

3) 特定退職金共済は中小企業退職金共済と重複して加入することができる。

4) 特定退職金共済に加入させなくてもよい従業員は、満65歳以上の者、試用期間中の者、休職中の者、非常勤の者、パートタイマーのように労働時間の短い者などである。

■ 解答・解説

1) 適切。中小企業退職金共済の一般従業員の掛金が5,000円からなのに対し、低い金額の掛金が設定できる。

2) 適切。中小企業退職金共済のように資本金、従業員数の要件がない。

3) 適切

4) 不適切。加入できる従業員の年齢要件は、各実施団体の規約で定めることになっており、実施団体によって異なる。

正解 ⇨ 4

《問 32》　小規模企業共済に関する次の記述のうち、適切なものはどれか。

チェック欄 □□□

1)　小規模企業共済に加入できるのは、製造業の場合、常時使用する従業員数 30 人以下の個人事業主、小規模企業の役員等である。
2)　個人事業の場合、個人事業主本人のほか共同経営者は 1 人に限り小規模企業共済に加入できる。
3)　中小企業退職金共済に加入している会社の役員等は要件を満たしていても小規模企業共済に加入できない。
4)　小規模企業共済の共済金を分割で受け取る場合は、60 歳以上で受取金額が 300 万円以上などの要件がある。

■ 解答・解説　※小規模企業共済法→「小企法」と略

1)　不適切。従業員数「30 人以下」ではなく 20 人以下である。20 人以下が原則の人数要件であるが、商業・サービス業(宿泊業、娯楽業を除く)の場合は 5 人以下である。(小企法 2 条)
2)　不適切。共同経営者は 2 人まで加入できる。なお、共同経営者は親族でなくてもよい。また、配偶者などの事業専従者(家族従業員)は小規模企業共済に加入できないが、共同経営者の要件を満たしていれば加入できる。(小企法 2 条 1 項 4 号)
3)　不適切。中小企業退職金共済は従業員を対象とした退職金制度なので役員等は加入できない。したがって、中小企業退職金共済に加入していない役員等で小規模企業共済の要件を満たしている場合は、小規模企業共済に加入できる。
4)　適切。小規模企業共済の共済金の受取方法は一括(一時金)と分割(年金)、一括と分割の併用がある。分割は 10 年または 15 年であるが、60 歳以上で受取金額が 300 万円(併用の場合は 330 万円)以上であることなどが要件となっている。(小企法 9 条の 3)

正解 ⇨ 4

《問 33》 小規模企業共済に関する次の記述のうち、不適切なものはどれか。

チェック欄 □□□

1) 小規模企業共済の掛金は所得がないときなど、掛金を納めることが困難な場合は掛け止めができる。

2) 小規模企業共済の掛金は 1,000 円から 70,000 円までの範囲内で、500 円単位で自由に選択できる。

3) 小規模企業共済の掛金は全額が小規模企業共済等掛金控除として税額控除の対象となる。

4) 小規模企業共済を任意で解約したとき、掛金払込金額が 12 カ月以上の場合は解約手当金が支払われる。

■ 解答・解説

1) 適切

2) 適切

3) 不適切。全額が小規模企業共済等掛金控除されるが、税額控除ではなく所得控除である。

4) 適切。小規模企業共済の共済金(退職金)は請求事由によって、共済金 A、共済金 B、準共済金、解約手当金のうち該当するものが支払われる。掛金の納付月数が 12 カ月未満の場合は、解約手当金と準共済金は支払われない。さらに、納付月数が 6 カ月未満だと A 共済金と B 共済金も支払われない。

正解 ⇨ 3

《問34》　国民年金基金に関する次の記述のうち、適切なものはどれか。

チェック欄 □□□

1)　国民年金基金には、全国国民年金基金と職能型国民年金基金があり、同じ人が両方に加入することはできない。

2)　国民年金の第2号被保険者のうち、企業年金のない企業に勤めている者は、国民年金基金に加入することができる。

3)　国民年金の保険料を全額免除（産前産後免除を除く）されている者は国民年金基金に加入することができないが、一部免除されている者は国民年金基金に加入することができる。

4)　国民年金を繰り上げると65歳支給開始の国民年金基金も全額繰上げ支給となり国民年金と同率で減額されて支給開始となる。

■ 解答・解説

1)　適切。どちらか一方しか加入できない。なお、2019（平31）年4月から職能型3基金を除いて地域型・職能型の全基金が「全国国民年金基金」に統合された。

2)　不適切。第2号被保険者は加入できない。確定拠出年金の個人型年金は、企業従業員も加入できることと対比して覚えておくとよい。

3)　不適切。国民年金の保険料を全額免除（産前産後免除を除く）、一部免除（4分の3免除、半額免除、4分の1免除）されている者は国民年金基金に加入することはできない。なお、法改正により2014（平26）年4月より法定免除期間に保険料を納めることができるようになったため、法定免除該当者（障害基礎年金受給権者や生活保護など）の場合は保険料を納めていれば国民年金基金に加入できるようになった。

4)　不適切。国民年金基金は、繰上げができない。ただし、国民年金基金には国民年金の付加年金部分が含まれており、国民年金を繰り上げて受給すると基金の付加年金相当額のみ国民年金と同率で減額されて支給開始となる。本体部分は65歳支給開始となるが、「本体額＋減額のままの付加年金額」の支給となる。

正解 ⇨ 1

《問35》 国民年金基金に関する次の記述のうち、適切なものはどれか。

チェック欄

1) 国民年金基金の種類は終身年金A型、B型、確定年金のⅠ型、Ⅱ型、Ⅲ型、Ⅳ型、Ⅴ型があるが7種類とも65歳支給開始である。

2) 終身年金A型、B型、確定年金のⅠ型、Ⅱ型、Ⅲ型、Ⅳ型、Ⅴ型の掛金は男女ごと、年金の種類ごとに1歳刻みで設定されていて女性の掛金のほうが男性よりやや高くなっている。

3) 国民年金基金に加入する場合、最低1口からの加入で、1口目は終身年金A型かB型か、どちらかの選択である。

4) 国民年金基金は、年金額にかかわらず年6回に分けて支給される。

■ 解答・解説

1) 不適切。終身年金A型、B型、確定年金のⅠ型、Ⅱ型は65歳支給開始であるが、確定年金Ⅲ型、Ⅳ型、Ⅴ型は60歳支給開始である。

※2009（平21）年4月より、確定年金に以下のⅣ型とⅤ型が増えて、給付の種類は終身年金2種類、確定年金5種類の計7種類となった。

タイプ	種類	支給開始	支給期間	保証期間
確定年金	Ⅳ型	60歳	10年	10年
	Ⅴ型	60歳	5年	5年

2) 不適切。終身年金は長生きする女性の掛金のほうが男性よりやや高くなっている。しかし、確定年金の掛金は、加入時年齢による違いがあるだけで、男女とも同額である。

3) 適切。2口目以降は終身年金2種類、確定年金5種類の計7種類から選択できる。

4) 不適切。年金額が12万円以上の場合は年6回の支給だが、12万円未満の場合は年1回の支給となる。なお、60歳未満で加入資格を喪失し加入期間が15年未満の場合は、国民年金基金連合会から支給される。

正解 ⇨ 3

《問 36》 国民年金基金に関する次の記述のうち、適切なものはどれか。

チェック欄

1) 国民年金の障害基礎年金を受給したときは、国民年金基金からの障害年金も受けられる。
2) 60 歳以上 65 歳未満で国民年金基金に加入する場合、加入時年齢にかかわらず掛金月額は同額で、受給する年金額は加入時年齢（月単位）に応じて異なる。
3) 国民年金基金は掛金の全額が個人年金保険料控除の対象であり、給付される年金は公的年金等控除の対象である。
4) 国民年金保険料の産前産後免除期間中は保険料が全額免除となるため、国民年金基金に加入できない。

■ 解答・解説

1) 不適切。国民年金基金は老齢年金と遺族一時金のみで障害給付はない。
2) 適切。2013(平 25)年 4 月より、60 歳以上 65 歳未満の国民年金任意加入被保険者も国民年金基金に加入が可能になった。主なルールは 60 歳未満と同じだが、年金の種類は終身年金 A 型、B 型、確定年金 I 型の 3 種類のみである。掛金月額は、下表のように年金の種類や性別などにより差があるが、加入時年齢による差はない。年金額は、最大 5 年間(60 カ月)のとき年額 6 万円(1 口目)と年額 3 万円(2 口目以降)である。

掛　金（月額）	1 口目		2 口目以降		
	終身年金		終身年金		確定年金
	A 型	B 型	A 型	B 型	I 型
男　性	20,770 円	19,440 円	10,385 円	9,720 円	7,130 円
女　性	23,970 円	23,410 円	11,985 円	11,705 円	

3) 不適切。国民年金基金の掛金は、全額が社会保険料控除の対象である。個人年金保険料控除ではない。また、確定拠出年金の個人型年金の掛金は、小規模企業共済等掛金控除となるので注意したい。
4) 不適切。産前産後免除期間中でも、付加保険料の納付または国民年金基金への加入は可能である。

正解 ⇨ 2

《問 37》 財形年金に関する次の記述のうち、最も適切なものはどれか。

チェック欄 □□□

1) 財形年金は、財形住宅との合計で 600 万円（元利合計）までは非課税になる。
2) 毎月の積立方法は、給与天引きのみであり、自身が直接金融機関に振り込むことはできない。
3) 財形貯蓄を導入している会社の従業員であれば 60 歳になるまでいつでも新規加入することができる。
4) 財形年金は、満 60 歳以降に年金または一時金で受け取ることができる。

■ 解答・解説

1) 不適切。財形年金は、財形住宅との合計で 550 万円（元利合計）までは非課税になる。なお、事業主は従業員 1 人につき毎年 10 万円を上限に給付金（7 年経過ごとに支払い。事業主は損金算入、従業員は一時所得）を支援することができる（財形給付金制度）。
2) 最も適切。給与や賞与からの天引きになる。
3) 不適切。財形年金に新規加入できるのは 55 歳未満の勤労者である。
4) 不適切。財形年金の受け取りは満 60 歳以降（積立終了後、5 年以内の据置期間の設定も可。つまり、最大で 65 歳で受け取り開始が可能）に 5 年以上 20 年以内（保険商品の場合は終身も可）の年金で受け取る必要がある。一時金での受け取りは要件違反で解約扱い（残額含む全額）となり、非課税措置がなくなる。

正解 ⇨ 2

《問 38》 私的年金の最近の改正に関する次の記述のうち、適切なものはどれか。

チェック欄 □□□

1) 海外に居住している国民年金任意加入被保険者は国民年金基金や個人型確定拠出年金に加入することができない。
2) 中退共に加入していた従業員が転職した場合、転職先に中退共があれば、退職後２年以内に申し出れば中退共の通算ができる。
3) 小規模企業共済の分割共済金(年金)の支給回数は、年４回から公的年金と同じ年６回(偶数月)に変更された。
4) 国民年金基金の２口目以降の掛金の減口や増口は、年度内に何回でも可能である。

■ 解答・解説

1) 不適切。法改正により、2017（平 29）年１月からは海外に居住している 20 歳以上 65 歳未満の者で国民年金任意加入被保険者は国民年金基金に加入できるようになった。また、2022（令 4）年５月から、個人型確定拠出年金にも海外居住の国民年金任意加入被保険者が加入できるようになった。
2) 不適切。従来は中退共の通算申出は退職後２年以内だったが、2016（平 28）年４月１日から退職後３年以内に拡充された。
3) 不適切。2016 年度から年６回に変更されたが、奇数月の支給である。これにより公的年金と合わせて毎月の受給が可能になった。
4) 適切。従来は、増口に関しては年度内１回に限られていたが、2014（平 26）年４月からは減口同様に何回でも可能になった。

正解 ⇨ 4

《問39》 退職給付会計に関する次の記述のうち、適切なものはどれか。

チェック欄 □□□

1) 退職給付債務は、退職給付見込額のうち期首までに発生していると認められる額を現在価値で見積もったものである。

2) 個別財務諸表では、退職給付引当金と未認識債務が貸借対照表に計上される。

3) 退職給付費用は、「(勤務費用＋利息費用＋未認識債務償却費用)－期待運用収益」で計算できる。

4) 簡便法が使えるのは、原則として従業員100人以下の企業である。

■ 解答・解説

1) 不適切。「期首」ではなく期末である。退職給付見込額とは、企業が支払い義務を負った退職給付(退職一時金と企業年金)の額である。退職給付債務は、退職給付見込額のうち現時点(当期末)で発生している分を現在価値(割引計算による額)で見積もったものである。(退職給付に関する会計基準16項)

2) 不適切。個別財務諸表では、退職給付引当金だけが貸借対照表に計上される。連結財務諸表では、「退職給付引当金＋未認識債務」が退職給付に係る負債として貸借対照表に計上される。(退職給付に関する会計基準39項)

3) 適切。退職給付費用は、退職給付債務のうち当期発生分に対応する費用見積額であり、損益計算書に計上される。(退職給付に関する会計基準14項)

4) 不適切。原則として従業員300人未満の企業である。(退職給付に関する会計基準の適用指針47項)

正解 ⇨ 3

《問 40》　公的医療保険に関する次の記述のうち、適切なものはどれか。

チェック欄 □□□

1)　標準賞与額の上限額は賞与 1 回につき 573 万円である。
2)　60 歳で定年退職後、家族の健康保険の被扶養者となるには、年収 180 万円未満、かつ家族の年収の 2 分の 1 未満である必要がある。
3)　任意継続被保険者の申請手続きは退職日の翌日から 14 日以内に行う必要がある。
4)　傷病手当金は通算 1 年 6 カ月まで受給できるが、退職すると打ち切りになる。

■ 解答・解説

1)　不適切。賞与 1 回ではなく年間賞与額（4 月 1 日～翌年 3 月 31 日の年度累計額）573 万円が上限となる。厚生年金保険の標準賞与額が賞与 1 回につき 150 万円が上限となっていることと対比して覚えておくとよい。（健康保険法 45 条。以下「健保法」）
2)　適切。60 歳未満の場合は年収 130 万円未満だが、60 歳以上または障害者の場合は年収 180 万円未満となる。（昭 52.4.6 保発 9 号・庁発 9 号）
3)　不適切。「14 日以内」ではなく 20 日以内である。国民健康保険への加入手続きは原則 14 日以内である。（健保法 37 条、国民健康保険法施行規則 2 条）
4)　不適切。休職して受給中に退職しても、退職前に直近 1 年間の被保険者期間があれば、原則として通算 1 年 6 カ月に達するまで受給できる（従来は途中出勤日も支給期間に含めていたが 2022〈令 4〉年 1 月より「通算」に変更された）。ただし、退職日に出勤すると継続給付の要件から外れるので打ち切りになる。また、退職後に労務不能でなくなれば、その時点で打ち切りとなる。なお、老齢年金（老齢基礎年金、老齢厚生年金等）や障害年金（障害基礎年金、障害厚生年金等）が受給できるときは、年金日額（年額の 360 分の 1）が傷病手当金より低いときのみ差額が支給される。（健保法 104 条、108 条）

正解 ⇨ 2

《問 41》 雇用保険に関する次の記述のうち、適切なものはどれか。

チェック欄 □□□

1） 週 20 時間労働かつ２カ月超の雇用見込みで雇用保険加入となる。
2） 60 歳の定年退職者が基本手当の受給期間延長を希望する場合は、離職後２カ月以内に申請する必要がある。
3） 高年齢雇用継続基本給付金は原則 60 歳時点の標準報酬月額が 75％未満に低下したとき新標準報酬月額の最大 15％が支給される。
4） 雇用保険マルチジョブホルダー制度の適用対象者となる要件の一つは、複数の事業所に雇用される 60 歳以上の労働者である。

■ 解答・解説

1） 不適切。２カ月超ではなく「31 日以上」である。社会保険（健康保険、厚生年金保険）は労働時間・労働日数の４分の３要件等を満たしたうえで、「２カ月超」の雇用見込みとなっているので混同しないようにする。（雇用保険法６条。以下「雇用法」）

2） 適切。基本手当の受給期間は通常、離職日の翌日から１年間である。定年退職者（継続雇用後の退職含む）の場合、最大１年間（離職日の翌日から２年間まで）受給期間を延長できるが、離職後（離職日の翌日から）２カ月以内に申請する必要がある。（雇用法 20 条２項、同法施行規則 31 条の 3）

3） 不適切。「標準報酬月額」ではなく賃金である。ここでいう 60 歳時の賃金月額は、残業代や諸手当も含む 60 歳前６カ月の平均給与額で、賞与や退職金は除かれる。新賃金は、月ごとの賃金額である。（雇用法 17 条１項、61 条）

4） 不適切。複数の事業所で働く労働者が合計で雇用保険の要件（週所定労働時間合計20時間以上、それぞれの事業所で31日以上雇用見込み）を満たした場合に、申出により雇用保険に加入できる制度である。2022（令4）年1月1日から65歳以上を対象に５年後の検証を前提に試行実施された。働き方の多様化に対応する試みである。

正解 ⇨ 2

《問 42》 社会保険・労働保険の最近の改正に関する次の記述のうち、最も不適切なものはどれか。

チェック欄 □□□

1) 雇用保険で自己都合退職の場合の基本手当の給付制限期間は１カ月に緩和された。
2) 70 歳で就職して 71 歳で退職した場合、雇用保険の高年齢求職者給付金を受給できる。
3) 高年齢求職者給付金を受け取って再就職した場合、再就職先を離職したときには高年齢求職者給付金を再び受けられる。
4) 75 歳以上の後期高齢者医療制度の医療費の自己負担は原則１割だが、一定以上の所得があれば２割または３割となる。

■ 解答・解説

1) 最も不適切。従来は３カ月だったが、2020(令2)年10月から「２カ月」に緩和された。ただし、５年間のうち２回までで、３回目以降の離職では３カ月の給付制限期間となる。なお、2025（令 7)年４月から給付制限期間は「１カ月」に緩和される。さらに離職期間中や離職日前１年以内に自ら教育訓練を行った場合、給付制限は解除される。(雇用法 33 条)
2) 適切。高年齢求職者給付金は、離職日前１年間に６カ月以上の被保険者期間があれば年齢上限はない。65 歳以上は従来、65 歳前からの継続雇用者のみが雇用保険被保険者だったが、2017（平 29)年１月より、新たな採用者も雇用保険に加入できるようになり、離職すれば高年齢求職者給付金が受けられるようになった。(雇用法 37 条の 2、37 条の 3)
3) 適切。高年齢求職者給付金は回数に制限はなく、一度受給してから再就職と離職を何度繰り返しても受給できる。(雇用法 37 条の 3)
4) 適切。2022（令 4)年 10 月から２割負担が加わった。なお、70 歳以上 75 歳未満の医療保険では、2014（平 26)年４月から、原則２割負担(現役並み所得者は３割)となっている。(健保法 74 条、高齢者医療確保法 67 条)

正解 ⇨ 1

B分野　確定拠出年金制度

《問1》 確定拠出年金の概要について述べた次の記述のうち、不適切なものはどれか。

チェック欄 □□□

1) 確定拠出年金は将来の年金額が確定している確定給付型の年金とは異なり、最初に拠出額が確定し、受給額が積立期間中の運用結果によって変動する制度である。
2) 確定拠出年金は、一定の障害や死亡の場合を除き、60歳到達前に給付を受けることはできない。
3) 企業型年金の場合は、労使合意のうえ定められた拠出額を損金として計上していけば、積立不足が生じることはない。
4) 拠出された掛金が個人ごとに区分され、掛金とその運用収益との合計額をもとに給付額が決定する。

■ 解答・解説

1) 適切
2) 不適切。支給要件に該当すれば脱退一時金を受け取ることができる。なお、支給要件は、法改正により2022（令4）年5月からは、従来の国民年金保険料免除者（産前産後免除、障害事由除く）に加え、個人型年金に加入できない者が加わったため、短期滞在の外国人も帰国時に脱退一時金が受給可能になった。（法附則2条の2、3条）
3) 適切。運用責任は加入者（従業員）が負うので、企業側に積立不足は生じない。
4) 適切

正解 ⇨ 2

《問2》 確定拠出年金の概要について述べた次の記述のうち、最も不適切なものはどれか。

チェック欄 □□□

1)　資産管理機関は企業型年金のみにあり、個人型年金には設置されていない。
2)　加入対象者の年齢は20歳以上60歳未満の者だが、企業型年金の場合は規約に定めれば60歳以上70歳未満の者も加入できる。
3)　企業型年金加入者も個人型年金に同時加入できる。
4)　確定拠出年金は、加入者自らの年金資産（個人別管理資産）の運用を、自らの判断で決めるものである。

■ 解答・解説

1)　適切。企業型年金では、拠出された掛金を年金資産として企業財産から分離・保全を行うために制度上資産管理機関が設置されているが、個人型年金は、加入者が国民年金基金連合会に掛金を払い込む時点で加入者の財産から分離され資産が保全されるので、資産管理機関はない。

2)　最も不適切。加入可能な年齢は70歳未満だが、下表のように加入対象者の種類によって加入できる年齢は異なる。（法9条、62条）

加入対象者	企業型年金	個人型年金
企業従業員（第1号厚年）、私学共済（第4号厚年）	70歳未満（規約に定めれば60歳以上70歳未満で上限を設定することも可）	65歳未満（20歳未満含む）
公務員（第2号・第3号厚年）	加入不可	
自営業者等（第1号・任意国年）	加入不可	20歳以上65歳未満※
専業主婦（第3号国年）	加入不可	20歳以上60歳未満

※自営業者等の60歳以上65歳未満は国民年金任意加入被保険者に限られる

3)　適切。マッチング拠出をする企業型年金加入者を除いて原則可能である。同時加入は、2022（令4）年10月からは規約の定めが不要になり、マッチング拠出と個人型年金への加入も、加入者ごとに選択できるようになった。

4)　適切

正解 ⇨ 2

《問3》 企業型年金の加入資格に関する次の記述のうち、最も適切なものはどれか。

チェック欄 □□□

1) 会社の取締役（兼務役員ではない）であれば、厚生年金被保険者であっても、企業型年金に加入することはできない。
2) 企業型年金規約で資格喪失年齢を65歳に定めても、62歳で転職してきた中途入社の者は企業型年金に加入させることができない。
3) 事務職に属する従業員のみを加入者とすることは、他の職種の従業員に対して不当に差別的な取扱いとなるため認められない。
4) 企業型年金規約に基づく加入資格者のうち、希望者のみを加入者とすることができる。

■ 解答・解説

1) 不適切。厚生年金被保険者であれば加入できる。（法2条6項、8項）
2) 不適切。2014（平26）年1月の法改正で企業型年金規約に定めれば、60歳以上65歳未満の従業員を企業型年金の加入者にできるようになった。ただし、60歳時点での継続雇用者に限られ、60歳以上の中途入社の者は加入できなかった。法改正により2022（令4）年5月からは、60歳以上の転職者も加入できるようになった。また、加入上限は70歳未満まで引き上げられたが、企業型年金規約に定めれば資格喪失年齢を60歳以上70歳以下の一定年齢とすることができる。
3) 不適切。企業型年金規約に規定すれば、事務職など「一定の職種」に属する従業員のみを加入者とすることができる。ただし、就業規則等で給与等の労働条件が他の職種の従業員と別に規定されていることが必要である。（法3条3項6号、法令解釈第1-1(1)①）
4) 最も適切。規約で定めることができる一定の資格は「職種、勤続年数、年齢、希望する者」の4つとされている。この場合、加入者とならない者について不当に差別的な取扱いをしてはならない。（法令解釈第1-1）

正解 ⇨ 4

《問４》 個人型年金の加入資格に関する次の記述のうち、最も不適切なものはどれか。

チェック欄

1) 自営業者の妻でもサラリーマンの妻でも、専業主婦の者は、個人型年金に加入することができる。
2) 海外居住の国民年金の任意加入被保険者(20歳以上65歳未満)でも、個人型年金に加入できる。
3) 確定給付企業年金のある企業に勤める会社員は、個人型年金に加入することができない。
4) 障害基礎年金を受給中で、国民年金保険料が免除されている人は、個人型年金に加入することができる。

■ 解答・解説

1) 適切。2017（平29)年1月より、サラリーマンの妻(国民年金第3号被保険者)も個人型年金に加入できるようになった。
2) 適切。法改正により、2022（令4)年5月からは海外居住者も含めて国民年金の任意加入被保険者(20歳以上65歳未満)は個人型年金へ加入可能となった。
3) 最も不適切。従来、DB（厚生年金基金や確定給付企業年金)の加入者は個人型年金に加入できなかったが、2017年1月より加入できるようになった。
4) 適切。国民年金保険料を免除されている場合は、生活困窮による全額免除、一部（4分の3、半額、4分の1）免除、学生納付特例、納付猶予に該当する人を除いて個人型年金に加入することができる。そのため、障害を事由とした免除なら個人型年金加入は可能となる。また、産前産後免除者も個人型年金に加入できる。

正解 ⇨ 3

《問５》 個人型年金の加入資格に関する次の記述のうち、最も不適切なものはどれか。

チェック欄

1) 企業型年金を実施している企業では、企業型年金規約で定めることなく、個人型年金への同時加入ができる。
2) 確定給付企業年金のみを実施している企業では、企業年金規約で定めることなく、個人型年金への同時加入ができる。
3) 国民年金基金に加入する20歳以上65歳未満の自営業者は個人型年金に加入することができる。
4) 海外に居住する20歳以上65歳未満の国民年金任意加入被保険者は、国民年金基金に加入できるが個人型年金には加入できない。

■ 解答・解説

1) 適切。2022（令4)年10月からは同時加入に企業型年金規約の定めと事業主掛金の引き下げは不要になった。事業主掛金が法定拠出限度額（月額5万5,000円または2万7,500円）に達していなければ差額の範囲内の掛金（ただし上限2万円または1万2,000円）で個人型年金にも同時加入できる。なお2024（令6)年12月より、月額5万5,000円から各月の企業型事業主掛金と企業年金等他制度掛金相当額を控除した額の範囲内で、２万円を上限に加入することができるようになる。
2) 適切。企業年金規約に特に定める必要はない。
3) 適切。ただし、掛金の限度額が国民年金基金の掛金との合計なので、個人型年金の掛金を拠出できる余地（月額5,000円以上）が残っている必要がある。
4) 最も不適切。2017（平29)年1月より海外居住の国民年金任意加入被保険者（60歳以上65歳未満含む）も国民年金基金に加入できるようになった。さらに、2022（令4)年5月からは海外居住者の国民年金任意加入被保険者（20歳以上65歳未満）は個人型年金へ加入可能となった。

正解 ⇨ 4

《問６》　企業型年金加入者資格の取得及び喪失に関する次の記述のうち、最も不適切なものはどれか。

チェック欄

1)　企業型年金の加入者の資格を６月１日に取得し６月30日に喪失した場合は、６月については企業型年金に加入していなかったものとみなされる。
2)　日本にある本社が企業型年金を導入することになったので、厚生年金に加入している海外支社勤務の社員も企業型年金加入者となった。
3)　老齢給付金を年金で受給している間は企業型年金加入者の資格は失わない。
4)　企業型年金加入者が38歳で障害給付金の受給を開始したときは、在職中であれば加入者の資格を喪失しない。

■ 解答・解説

1)　適切。企業型年金加入者の資格を取得した月にその資格を喪失した者は、その資格を取得した日にさかのぼって、企業型年金加入者でなかった者とみなす(法12条)。なお、設問は「退職日」ではなく「喪失日」であることに注意。月末退職であれば喪失日は翌月１日となるので１カ月の加入期間となる。
2)　適切
3)　最も不適切。老齢給付金の受給権が発生すると企業型年金の加入者資格を喪失する。老齢給付金を年金で受け取る場合は企業型年金運用指図者となる。なお、受給権が発生しても裁定請求(一時金、年金)していなければ再就職等で企業型年金への再加入が可能である。(法11条6号)
4)　適切。60歳(企業型年金資格喪失年齢)未満で障害給付金の受給を開始しても退職しなければ加入者資格は喪失しないため、引き続き企業型年金加入者となる。したがって、在職中は企業型年金加入者なので、事業主は掛金を拠出しなければならない。(法11条、Q&A154)

正解 ⇨ 3

《問7》 確定拠出年金の加入者資格に関する次の記述のうち、最も不適切なものはどれか。

チェック欄

1) パートタイマーであって、第1号厚生年金被保険者であるAさんは、企業型年金に加入することができる。
2) 同時に2つの企業型年金の加入者となる資格を有するBさんは、自らがいずれか1つの加入する企業型年金を選択する。ただし、その選択をしないで、事業主掛金が異なる場合は、掛金の高い額の企業型年金に加入することになる。
3) 企業型年金の加入資格に選択制がある場合、企業型年金の選択をしても、加入後に任意に脱退することができる。
4) 試用期間中の従業員を加入者としない場合は、原則として企業型年金への事業主掛金拠出に代わる措置を講じなければならない。

■ 解答・解説

1) 適切（法3条)。第1号厚生年金被保険者とは民間企業の厚生年金保険被保険者である。国民年金は第2号被保険者となる。
2) 適切（法13条、施行令10条)。自ら選択しない場合、事業主掛金が異なるときは、最も高い事業主掛金の企業型年金を選択したものとみなされる。また、事業主掛金が同額である場合は、企業型年金加入者資格の取得日の早いほうの企業型年金に加入する。取得日も同時である場合は、厚生労働大臣の指定する企業型年金に加入する。
3) 最も不適切。選択制とは希望する者だけが企業型年金に加入できる制度だが、企業型年金加入を選択すると任意に脱退することはできない。選択しなかった場合は後から加入することも可能である。例えば、退職金前払制度との選択の場合、退職金前払制度から企業型年金への変更は可能だが、企業型年金から退職金前払制度への変更はできない。(法令解釈第1-1(1)④)
4) 適切（法令解釈第1-1(1)②、Q&A49)

正解 ⇨ 3

《問８》 確定拠出年金法において、個人型年金加入者が資格を喪失するケースとして、次の記述のうち最も不適切なものはどれか。

チェック欄 □□□

1） 老齢基礎年金を繰り上げて受給したとき。
2） 農業者年金の加入者となったとき。
3） 国民年金の保険料納付猶予者となったとき。
4） 国民年金保険料を滞納し、そのまま２年を経過したとき。

■ 解答・解説

1） 適切。下記4)⑧参照。（法62条4項8号）
2） 適切。下記4)⑤参照。（法62条4項5号）
3） 適切。下記4)④参照。（法62条4項8号）
4） 最も不適切。国民年金保険料を滞納している間は、個人型年金の掛金を納付することができないが、資格を喪失するわけではない。個人型年金の加入資格を喪失するケースとしては、次のものがあげられる。（法62条4項）

① 死亡したとき
② 国民年金の被保険者の資格を喪失したとき（死亡の場合を除く）
③ 企業型年金加入者であった者または個人型年金加入者が、国民年金基金連合会に申し出て個人型年金運用指図者となったとき
④ 国民年金保険料の免除を受けることになったとき（国民年金保険料全額免除〈障害事由、産前産後免除を除く〉、国民年金保険料一部免除、学生納付特例、納付猶予の該当者）
⑤ 農業者年金の被保険者となったとき
⑥ 企業型掛金拠出者等となったとき

※「企業型掛金拠出者等」とは、マッチング拠出者、事業主掛金が拠出限度額に達している場合、各月拠出（事業主掛金、個人型掛金）でない場合など

⑦ 個人型年金の老齢給付金の受給権を有する者となったとき
⑧ 老齢基礎年金や老齢厚生年金の繰上げ支給を受けたとき

正解 ⇨ 4

《問9》　確定拠出年金における運用指図者に関する次の記述のうち、適切なものはどれか。

チェック欄 □□□

1)　個人型年金の運用指図者であった者が死亡したため、遺族が引き続き個人型年金の運用指図者となった。
2)　企業型年金加入者で資格喪失年齢として定めた60歳に達したため加入資格を喪失した者は、個人型年金運用指図者となる。
3)　企業型年金加入者であった30歳の会社員が退職して専業主婦となり、退職した会社の企業型年金運用指図者となった。
4)　企業型年金運用指図者は掛金の拠出はできないので、個人別管理資産の運用指図のみを行うことになる。

■ 解答・解説

1)　不適切。遺族が引き続き運用指図者となることはできない。(法64条)
2)　不適切。個人型年金運用指図者ではなく、企業型年金運用指図者となる。企業型年金運用指図者となるのは、次に掲げる者である。(法15条)
　① 規約で資格喪失年齢を60歳以上70歳以下に定めた場合に、60歳以上で資格喪失年齢に達する前に退職によって企業型年金の資格を喪失した者。
　② 70歳(規約で60歳以上70歳以下の年齢を定めたときは当該年齢)に達したことにより、企業型年金の加入者の資格を喪失した者。
　③ 企業型年金の企業型年金加入者であった者であって、当該企業の年金たる障害給付金の受給権を有する者。
3)　不適切。60歳到達前に企業型年金加入者の資格を喪失しているので、企業型年金運用指図者にはならない（法15条)。この専業主婦の場合、個人型年金加入者となるか、個人型年金運用指図者となるかを選択する。
4)　適切

正解 ⇨ 4

《問 10》 確定拠出年金における加入者の資格等に関する次の記述のうち、不適切なものはどれか。

チェック欄 □□□

1)　企業型年金加入者であって障害給付金を受給している人が退職した場合、企業型年金運用指図者になることができる。

2)　個人型年金に加入する場合、国民年金基金連合会に加入の申出をした日が、個人型年金の資格取得日になる。

3)　国民年金保険料の半額免除を受けている人は、個人型年金加入者になることができる。

4)　企業型年金加入者であった18歳の人が、会社を辞めて18歳で個人事業主になった場合は、個人型年金運用指図者になることができる。

■ 解答・解説

1)　適切（法15条）

2)　適切。個人型年金の加入手続きはすべて受付金融機関で行い、金融機関経由で国民年金基金連合会に申し出ることになる。国民年金基金連合会が行う資格確認により加入が承認されたときは、受付金融機関での加入申出書の受付日が加入日（資格取得日）になる。

3)　不適切。国民年金保険料の全額免除（障害による免除、産前産後免除を除く）や一部免除を受けている人は、個人型年金加入者になることはできない。（法62条）

4)　適切（法64条）。個人事業主であれば、20歳からは個人型年金の加入者となることもできる。

正解 ⇨ 3

《問 11》 個人型年金の拠出限度額に関する次の記述のうち、最も不適切なものはどれか。

チェック欄 □□□

1) 国民年金基金に加入している場合の個人型年金の拠出限度額は、国民年金基金の掛金と個人型年金の掛金との合算額の範囲内である。
2) 国民年金の付加保険料を納付している場合は、個人型年金の拠出限度額は月額 67,000 円である。
3) 企業従業員（65 歳未満の厚生年金保険の被保険者）が、個人型年金に加入する場合、企業型年金や他の企業年金がなければ、掛金拠出限度額は月額 23,000 円である。
4) 現在国民年金基金に拠出限度額まで加入している自営業者等が個人型年金に加入するためには、国民年金基金の掛金を 1,000 円以上減額しなければならない。

■ 解答・解説

1) 適切。国民年金基金に加入している場合は、個人型年金加入者掛金との合算額が拠出限度額となる。（法 69 条、施行令 36 条）
2) 適切。国民年金の付加保険料（月額 400 円）を納付している場合も、個人型年金加入者掛金の拠出限度額から控除される。ただし、個人型年金の掛金の設定単位である 1,000 円の控除となる。
3) 適切
4) 最も不適切。国民年金基金の脱退は認められていないが、掛金の減額は認められているので、個人型年金に加入することは可能である。したがって、国民年金基金の掛金を減額し、個人型年金の掛金と合算して拠出限度額月額 68,000 円の範囲内で設定すればよい。ただし、個人型年金の掛金の設定は 5,000 円以上 1,000 円単位となっているので、最低でも 5,000 円以上の基金掛金の減額が必要である。

正解 ⇨ 4

《問 12》 個人型年金の掛金に関する次の記述のうち最も不適切なものはどれか。

チェック欄 □□□

1) 個人型年金の掛金は拠出限度額の範囲内であれば、1カ月当たり5,000円以上1,000円単位で加入者が任意に設定できる。なお掛金の変更は1年に1回可能である。
2) 個人型年金の企業従業員加入者については、掛金の納付を給与天引きにより事業主経由で行い、事業主は個人型年金加入者掛金を給与から控除することができる。
3) 国民年金基金連合会は、個人型年金掛金の納付を受けたときは、7営業日以内に各個人型年金加入者に係る個人型年金加入者掛金の額を、個人型記録関連運営管理機関に通知しなければならない。
4) 国民年金保険料を滞納した月については掛金を拠出できないが、翌月以降に追納することはできる。

■ 解答・解説

1) 適切。掛金の変更は1年（1月納付分から12月納付分までの間〈掛金拠出単位期間〉）に1回に限り変更可能である。（施行令29条）
2) 適切（法71条）
3) 適切（法70条、施行規則58条）
4) 最も不適切。国民年金保険料を滞納した月については掛金拠出することができず、また翌月以降に追納することもできない（施行令29条1項2号）。なお、2018（平30）年1月からは、確定拠出年金の掛金が月額単位の管理から年額単位に変更されるのに伴って、年間での掛金拠出配分ができるようになった。ただし、国民年金保険料を滞納した月が掛金納付月でない場合でも、年間掛金限度額が1カ月分少なくなり、通算加入者等期間（受給資格期間）や通算拠出期間（一時金受給の勤続年数）にも算入されない。

正解 ⇨ 4

《問 13》 確定拠出年金の掛金拠出限度額に関する次の記述のうち、適切なものはどれか。

チェック欄 □□□

1)　法定総枠の範囲内であれば企業型年金と個人型年金の拠出限度額を調整できる(例：企業型 3 万円＋個人型 2.5 万円＝ 5.5 万円)。
2)　企業型年金のみの企業の個人型年金拠出限度額は月額当たり 2 万 3,000 円である。
3)　中小企業退職金共済のみの企業の個人型年金拠出限度額は月額当たり 2 万 3,000 円である。
4)　公務員の個人型年金拠出限度額は月額当たり 2 万円である。

■ 解答・解説

1)　不適切。個人型年金の拠出限度額は法定総枠と企業型年金掛金との差額だが上限がある。設問の場合の個人型の拠出限度額は上限 2 万円。
2)　不適切。月額当たり 2 万円である。
3)　適切。中小企業退職金共済制度は企業年金等には含まれない。
4)　不適切。月額当たり 1 万 2,000 円である。

正解 ⇨ 3

《参考》確定拠出年金の掛金拠出限度額

<table>
<tr><th colspan="3" rowspan="3">加入者の種類</th><th colspan="4">掛金拠出限度額（月額）</th></tr>
<tr><th rowspan="2">総枠</th><th colspan="3">個別枠</th></tr>
<tr><th>企業型</th><th>個人型</th><th>個人型(2024.12以降)</th></tr>
<tr><td rowspan="2">企業型加入者</td><td colspan="2">企業型年金のみ</td><td>55,000 円</td><td>55,000 円</td><td>55,000円－企業型掛金（上限20,000円）</td><td>変更なし</td></tr>
<tr><td colspan="2">企業型年金+企業年金等(確定給付企業年金等)</td><td>27,500 円</td><td>27,500 円</td><td>27,500円－企業型掛金（上限12,000円）</td><td rowspan="2">55,000円から企業型年金と企業年金等他制度掛金相当額を控除した額の範囲内（上限20,000円）</td></tr>
<tr><td rowspan="4">個人型のみ</td><td rowspan="2">会社員等</td><td>企業年金等のみ、公務員</td><td>12,000 円</td><td>──</td><td>12,000円</td></tr>
<tr><td>企業型年金、企業年金等なし</td><td>23,000 円</td><td>──</td><td>23,000円</td><td rowspan="3">変更なし</td></tr>
<tr><td colspan="2">専業主婦</td><td>23,000 円</td><td>──</td><td>23,000円</td></tr>
<tr><td colspan="2">自営業者等</td><td>68,000 円</td><td>──</td><td>68,000円</td></tr>
</table>

(注) 2024(令 6)年 12 月以降、企業型年金と個人型年金の同時加入者のほか、企業年金等加入者(公務員含む）も各月拠出に限られるため、個人型掛金を年単位の累計限度額で拠出できるのは企業型年金や企業年金等に加入しない会社員等、専業主婦、自営業者等のみになる

《問 14》 企業型年金の掛金と拠出限度額等に関する次の記述のうち、最も不適切なものはどれか。

チェック欄 □□□

1) 企業型年金の掛金の算定方法には、①定額、②定率、③定額と定率の組み合わせがあるが、①の定額により算定する場合は、基本的には加入者について全員同一額としなければならない。
2) 事業主は掛金を企業型年金規約に定める日までに運営管理機関に納付し、加入者ごとの掛金額を資産管理機関に通知する。
3) 拠出限度額の管理は、企業が行う。
4) 企業は企業型年金規約に基づいて拠出限度額の範囲内で掛金を拠出し、その掛金は損金算入とする。

■ 解答・解説

1) 適切。事業主掛金について「定額」により算定する場合には、基本的には当該企業型年金加入者の全員が同額の事業主掛金となるようにしなければならない。(法令解釈第 1-2(1))
2) 最も不適切。事業主は掛金を企業型年金規約に定める日までに資産管理機関に納付し、加入者ごとの掛金額を運営管理機関（記録関連運営管理機関）に通知する。(法 21 条)
3) 適切
4) 適切（法 19 条、20 条）

正解 ⇨ 2

《問 15》 企業型年金のマッチング拠出の掛金に関する次の記述のうち、適切なものはどれか。

チェック欄 □□□

1） 確定給付企業年金のある企業で、事業主掛金が月額２万円の場合、加入者掛金の限度額は月額２万円となる。

2） 加入者掛金額は、最低2種類以上を定額で設定しなければならない。

3） 加入者掛金は従業員本人の給与から天引きされ、生命保険料控除の対象となる。

4） 運用損で事業主掛金返還額を下回った場合には、加入者への加入者掛金の返還がなくなる場合がある。

■ 解答・解説

1） 不適切。確定給付企業年金のある企業の事業主掛金の限度額は 27,500 円であるから、加入者掛金は差額の 7,500 円が限度額となる。掛金拠出限度額の次の２つのルールを同時に満たす必要がある。

① 事業主掛金と加入者掛金の合計は確定拠出年金の拠出限度額以内
② 加入者掛金は事業主掛金を超えることができない

※ 2024（令 6）年 12 月以降は事業主掛金に一律 27,500 円の限度額設定がなくなるため、確定給付企業年金掛金相当額が 27,500 円を下回る場合、マッチング拠出額も増えることになる。例えば、確定給付企業年金掛金相当額２万円の場合、「55,000 円－２万円＝ 35,000 円」が事業主掛金の限度額となる。事業主掛金が２万円の場合は 15,000 円まで加入者掛金が拠出可能となる

2） 適切。「5,000 円または１万円」「3,000 円、5,000 円、１万円」「1,000 円以上 1,000 円単位（上限まで）」「上限までの任意の額」など２種類以上であればよい。なお、加入者掛金は定額で設定しなければならず、定率設定は認められていない。

3） 不適切。加入者掛金は、個人型年金の掛金と同様に小規模企業共済等掛金控除の対象となる。

4） 不適切。加入者掛金の返還をゼロにして事業主掛金を返還させること

は不当に差別的な扱いとされる。事業主掛金と加入者掛金は一体となって運用されるからである。規約によって、運用損を企業掛金と加入者掛金で按分するなど企業掛金原資分の算定方法を定める必要がある。

正解 ⇨ 2

《問 16》 確定拠出年金の掛金の年単位化に関する次の記述のうち、適切なものはどれか。

チェック欄 □□□

1) 掛金の年間拠出限度額の範囲は1月納付から12月納付までの1年間である。
2) 4月から6月までを拠出区分期間とした場合、4月、5月、6月のいずれかの月に3カ月分の掛金を拠出できる。
3) 個人型年金の掛金を毎月1万円に設定した場合、国民年金保険料の未納があった場合、翌月に2万円拠出することができる。
4) 個人型年金の掛金を1回当たり8,000円に設定して、年6回の偶数月拠出とすることは可能である。

■ 解答・解説

1) 適切。掛金拠出限度額の管理単位を「掛金拠出単位期間」といい、12月分から翌年11月分の1年間となる。しかし、納付期限が翌月末になるため実際の拠出では1月から12月の納付で管理される。
2) 不適切。掛金は7月にしか拠出できない。掛金拠出単位期間は1区分(年1回拠出)から12区分(毎月拠出)まで月単位で任意に区分することができる。区分する期間や拠出額は均等でなくてもよい。区分した期間を「拠出区分期間」というが、掛金は拠出区分期間の最後の月の翌月に拠出する。個人型年金の場合は同じく拠出区分期間の最後の月の翌月の26日になる。
3) 不適切。国民年金の保険料が未納の月は拠出がなかったものとして扱われ、翌月以降に繰り越すことはできない(追納不可)。また、拠出区分期間と掛金額はあらかじめ設定しておく必要があり、状況に応じて事後的に自由に変更できるわけではない。なお、年に1回に限り、拠出区分期間と掛金額の変更ができる。

4)　不適切。個人型年金の掛金設定は5,000円以上1,000円単位だが、複数月の場合は1カ月当たりの額となる。設問の2カ月に1回の拠出であれば、最低1万円以上1,000円単位で設定する必要がある。

正解 ⇨ 1

《問17》 確定拠出年金の運用に関する次の記述のうち、不適切なものはどれか。

1)　加入者等から具体的な質問または照会を受けた場合には、運営管理機関は特定の運用方法に係る金融商品への運用指図を行うことを助言することは禁止されていない。

2)　企業型年金の運用指図は、加入者が直接、運営管理機関に対して行い、運用指図を運営管理機関に一任することはできない。

3)　運営管理機関は、加入者が選択できる運用商品を少なくとも3つ(簡易企業型年金では2つ)以上用意しなければならないが、自社株をそのうちの1つとして含めることはできない。

4)　企業型運用関連運営管理機関等は運用の方法について、これに関する利益の見込みおよび損失の可能性その他企業型年金加入者等が運用の指図を行うために必要な情報を提供しなければならない。

■ 解答・解説

1)　不適切。禁止されている。(法令解釈第9-2(4)②)

2)　適切(法25条2項)

3)　適切

4)　適切 (法24条)

正解 ⇨ 1

《問 18》 運営管理機関が、加入者等に提示する運用商品に関する記述のうち、不適切なものはどれか。

チェック欄 □□□

1）選定し、提示する運用商品は、収益の率、収益の変動の可能性等の収益の性質が類似したものとならないようにすること。
2）運用商品の提示を行う際には、個別商品ごとに選んだ理由を加入者等に示さなければならない。
3）加入者等に提示する運用商品は、個別社債を含めた3種類以上のリスク・リターン特性が異なるものとされ、そのうちの1つ以上は元本が確保されるものでなければならない。
4）政令で定められた元本確保型の主な運用商品には、預貯金、金融債、金銭信託（元本の補てん契約のあるもの）、国債、利率保証型積立生命保険、積立傷害保険（損保）等がある。

■ 解答・解説

1）適切（施行令 12 条）
2）適切（施行令 12 条）
3）不適切。個別社債や個別株式は提示が必要とされている商品の中には含まれていないので、これらとは別に3つ（簡易企業型年金の場合は2つ）以上選定しなければならない。なお、法改正により、2018（平 30）年5月からは元本確保型商品の提示義務は撤廃された。（法 23 条、施行令 15 条）
4）適切。（法 23 条、施行令 15 条）このほか元本確保型とされている商品には次のようなものがある。
・地方債、政府保証債、農林債券
・貸付信託（元本補てん契約のあるもの）

正解 ⇨ 3

《問19》 運営管理機関が運用方法（運用商品）について加入者等に対して提供しなければならない投資情報の内容について、適切なものはいくつあるか。

チェック欄 

ア） 利益の見込みおよび損失の可能性
イ） 加入者等に提示した運用商品の過去10年間における利益または損失の実績
ウ） 運用商品における個人別管理資産の持分の計算方法
エ） 運用商品を選択又は変更した場合の手数料その他の費用の内容及びその負担方法

1）1つ　　2）2つ　　3）3つ　　4）4つ

■ 解答・解説

ア） 適切（法24条、施行規則20条）
イ） 適切（法24条、施行規則20条）
ウ） 適切（法24条、施行規則20条）
エ） 適切（法24条、施行規則20条）

運営管理機関が運用商品について、加入者等に対して提供しなければならない情報の内容には、このほか次のものがあげられる。（施行規則20条）

① 運用商品に資金の拠出単位又は上限額があるときは、その内容
② 運用商品に係る利子、配当その他の利益の分配方法に関する事項
③ 運用商品ごとに元本確保型の運用商品であるか否か
④ 金融商品販売法3条1項に規定する重要事項に関する情報
⑤ 運用商品が預金保険制度、保険契約者保護機構の対象となっているか否か、対象となっている場合はその保護の内容
⑥ 加入者等が運用指図を行うために必要な情報（法令には具体的に明示されていないため、運営管理機関が専門的な知見に基づき必要と判断する情報を提供する）

正解 ⇨ 4

《問 20》 確定拠出年金の老齢給付金に関する次の記述のうち、適切なものはどれか。

チェック欄 □□□

1) 通算加入者等期間が７年の場合、老齢給付金は61歳から受給開始できる。
2) 62歳で企業型年金の老齢給付金を年金で受給している者は、企業型年金に再加入した場合、年金を受給しながら掛金拠出できる。
3) 企業型年金加入者であった者が老齢給付金の受給権を得たときは、受給権者は資産管理機関に請求を行い、その裁定に基づいて資産管理機関が老齢給付金を支給する。
4) 老齢給付金の一部を一時金とする場合は、その支給の請求は１回に限るものとされている。

■ 解答・解説

1) 不適切。62歳から受給開始できる(下表参照)。
2) 不適切。企業型年金の老齢給付金(一時金、年金)を受給している者は企業型年金に再加入できない。
3) 不適切。受給権者は運営管理機関に請求を行う。(法29条)
4) 適切(法35条、施行規則４条)

正解 ⇨ 4

確定拠出年金の加入期間と支給開始年齢

通算加入者等期間	支給開始年齢
10年以上	60歳
8年以上	61歳
6年以上	62歳
4年以上	63歳
2年以上	64歳
1カ月以上	65歳

(注) 1. 通算加入者等期間とは「加入者期間＋運用指図者期間」の通算期間（企業型年金と個人型年金の同時加入期間は１期間で計算）のこと
2. 60歳以降の加入者期間と運用指図者期間は通算加入者等期間から除かれる

※60歳以上で新たに確定拠出年金に加入した者（通算加入者等期間を有しない者）は加入日から５年経過後に老齢給付金を請求できる（法33条1項）

《問 21》 確定拠出年金の給付に関する次の記述のうち、不適切なものはどれか。

チェック欄

1) 障害給付金は、75 歳に達する日の前日までに政令で定める程度の障害の状態に該当したときに、運営管理機関に障害給付金の支給を請求することが可能である。

2) 死亡一時金を受けることができる遺族の範囲は法律に定められているが、これらの者のうちから事前に運営管理機関に対して死亡一時金を受ける者を指定することが可能である。

3) 企業型年金の資格を喪失した際の個人別管理資産額が 15,000 円以下でなければ、企業型年金から脱退一時金を受けられない。

4) 脱退一時金の支給要件の一つに「通算拠出期間が 5 年以下または個人別管理資産額が 25 万円以下」がある。

■ 解答・解説

1) 適切。支給額はその時点での個人別管理資産額になる。なお、政令で定める程度の障害とは、国民年金法で規定する障害等級 1 級、2 級に相当する障害のことである。(法 37 条、施行令 19 条)

2) 適切 (法 41 条)

3) 不適切。法改正により 2022 (令 4) 年 5 月から、個人別管理資産額が 15,000 円を超える場合でも、一定の要件を満たす場合は企業型記録関連運営管理機関に直接脱退一時金を請求することができるようになった。

4) 適切。通算拠出期間は 2021 (令 3) 年 4 月から 5 年(改正前 3 年) に拡大された。さらに、2022 年 5 月から脱退一時金の受給要件の大幅な見直しが行われた。例えば、国民年金保険料免除者に加えて日本国籍を有しない海外居住者も対象となったため、短期滞在の外国人労働者が帰国する際に確定拠出年金の脱退一時金が受けられるようになった。

正解 ⇨ 3

《問 22》 確定拠出年金の給付に関する次の記述のうち、不適切なものはどれか。

チェック欄 □□□

1) 年金給付の支給期間は、支給すべき事由が生じた月から始め、権利が消滅した月で終わる。

2) 加入者等が障害状態になり、身体障害者手帳3級の交付を受けた者は、運営管理機関に障害給付金の支給を申請できる。

3) 死亡一時金を受給できる遺族である配偶者には、内縁関係も含まれる。

4) 給付を受ける権利は、譲り渡し、担保に供し、または差し押さえることができない。ただし、老齢給付金及び死亡一時金を受ける権利を国税滞納処分により差し押さえることはできる。

■ 解答・解説

1) 不適切。年金給付の支給期間は、支給すべき事由が生じた翌月から権利が消滅した月までである。（法31条）

2) 適切。障害給付金については、加入者等が国民年金法30条2項に規定する障害等級に該当する程度の障害の状態に該当することが支給要件とされ、次に掲げる場合である。（施行令19条、法令解釈第7）

① 障害基礎年金の受給者

② 身体障害者手帳（1級から3級までの者に限る）の交付を受けた者

③ 療育手帳（重度の者に限る）の交付を受けた者

④ 精神障害者保健福祉手帳（1級及び2級の者に限る）の交付を受けた者

3) 適切（法41条）

4) 適切（法32条）

正解 ⇨ 1

《問 23》 確定拠出年金の給付に関する次の記述のうち、不適切なものはどれか。

チェック欄 □□□

1) 企業型年金規約に定めがあれば、個人別管理資産が目減りして支給予定期間にわたって老齢給付金の受給が困難になった場合、1 回に限り当初決めた給付額の算定方法を変更することができる。
2) 老齢給付金は、企業型年金規約に給付内容についての記載をしておけば、年金か一時金かいずれかを選択することができる。
3) 年金たる老齢給付金の場合は、年金給付の支給を開始してから 5 年経過後にその支給を一時金として受けることの申し出ができる旨企業型年金規約に定めることができる。
4) 年金たる障害給付金の場合は、企業型年金規約にその旨定めていれば、受給権者の申し出により 3 年ごとに支給方法を変更することができる。

■ 解答・解説

1) 適切（施行規則 4 条）
2) 適切。規約で一時金の定めをしていない場合は、年金でしか受け取ることができない。（法 35 条）
3) 適切（施行規則 4 条）
4) 不適切。年金たる障害給付金は、企業型年金規約で定められた一定の期間（5 年以上の期間に限る）ごとに、受給権者の申し出により支給方法を変更することができる。（施行規則 4 条）

正解 ⇨ 4

《問 24》 確定拠出年金の受給権に関する次の記述のうち、不適切なものはどれか。

チェック欄 □□□

1） 運営管理機関は受給権者の請求に基づいて裁定を行い、受給権者に対して給付決定の通知を行うとともに資産管理機関に給付金の支給を行うよう指示する。

2） 企業型年金では規約により勤務期間が3年未満の者は受給権を得られない場合があるが、個人型年金については拠出と同時に受給権を得ることができる。

3） 勤続5年未満で退職した場合は、その者の個人別管理資産を事業主に返還すると規約に定めた場合は、返還資産額（事業主掛金に相当する部分で個人別管理資産の範囲内）を事業主に返還しなければならない。

4） 満60歳に達した者が老齢給付金の受給権を得るためには、10年以上の通算加入者等期間が必要である。

■ 解答・解説

1） 適切（法29条、施行規則22条）

2） 適切

3） 不適切。勤続3年以上の企業型年金加入者が退職した場合は、個人別管理資産は全額が移換できる。ただし、企業型年金規約に定めれば、勤続3年未満で退職した場合、個人別管理資産のうち事業主掛金部分を事業主に返還させることができる。また、運用損が生じて個人別管理資産が返還資産額を下回った場合は、個人別管理資産額を返還すればよい（法84条）。なお、マッチング拠出による加入者掛金がある場合は、加入者掛金返還をゼロにして事業主に返還させることはできない。

4） 適切（法33条）

正解 ⇨ 3

《問 25》 企業型年金の老齢給付金の算定方法等に関する次の記述のうち、不適切なものはどれか。

チェック欄 □□□

1) 年金給付の額は、支給を請求した月の前月の末日における個人別管理資産額の 20 分の 1 以上 2 分の 1 以下相当額としなければならない。

2) 年金の支給予定期間は、企業型年金規約で定める日から起算して 10 年以上 20 年以下でなければならない。

3) 企業型年金規約に定めがあれば、支給予定期間を 15 年とした場合でも、支給を開始した月から 5 年を経過すれば、以後の年金給付をやめて一時金として受け取ることが可能である。

4) 年金給付金の一部を一時金とする場合は、支給の請求は 1 回に限られる。

■ 解答・解説

1) 適切（施行規則 4 条）

2) 不適切。年金として支給される老齢給付金の給付額の算定方法は、規約に定めるべき事項の一つとして、省令により規定が設けられている。（施行規則 4 条）

- 年金として支給される老齢給付金の額は、原則として請求日の属する月の前月の末日における個人別管理資産額の 2 分の 1 に相当する金額を超えず、かつ、20 分の 1 に相当する金額を下回らないものであること。
- 年金として支給される老齢給付金の支給予定期間は、受給権者が請求日において企業型年金規約で定めるところにより申し出た日の属する月以後の企業型年金規約で定める月（請求日の属する月から起算して 3 カ月以内の月に限る）から起算して 5 年以上 20 年以下であること。

3) 適切（施行規則 4 条）

4) 適切（施行規則 4 条）

正解 ⇨ 2

《問 26》 企業年金のポータビリティに関する次の記述のうち、最も不適切なものはどれか。

チェック欄 □□□

1) 一定の条件を満たせば、確定拠出年金から確定給付企業年金に資産を移換することも可能である。
2) 確定給付企業年金を脱退した場合、脱退一時金受給か企業年金連合会への脱退一時金相当額の移換かを任意に選択できる。
3) 離転職時に、確定給付企業年金の資産を確定拠出年金の企業型年金または個人型年金に移換できる。
4) 中小企業退職金共済(中退共)の中小企業の要件を満たさなくなった場合、確定拠出年金の個人型年金に資産を移換できる。

■ 解答・解説

1) 適切。以前は確定拠出年金(企業型・個人型)から確定給付企業年金への資産移換はできなかった。法改正により 2018 (平 30)年 5 月 1 日からは移換可能になった。ただし、確定給付企業年金に資産移換を受け入れる規約があることが必要である。また、2022 (令 4)年 5 月からは、企業型年金から企業年金連合会(以下「連合会」)への資産移換も可能となった。連合会へ資産移換すれば、将来、連合会の通算企業年金として受給できるほか、連合会から確定給付企業年金(要規約)、企業型年金、個人型年金へ再度資産移換することもできる。
2) 適切。企業年金連合会へ移換すれば、将来、年金として受給できるほか、再就職で再就職先の企業年金へ再度移換することも可能になる。
3) 適切。確定給付企業年金の脱退一時金相当額を確定拠出年金へ移換することは企業型年金・個人型年金とも可能である。
4) 最も不適切。企業型年金には移換できるが個人型年金には移換できない。なお、企業型年金への移換については、法改正により 2018 年 5 月 1 日からは中小企業でなくなったときに加え、合併等の場合にも資産移換が可能となった。

正解 ⇨ 4

《参考》企業年金の制度間ポータビリティ

		転職先の企業年金				企業年金連合会
		確定給付企業年金	企業型年金	個人型年金	中退共	
転職前の企業年金	確定給付企業年金	○	◎	◎	△ ＊1	◎
	企業型年金	○	◎	◎	△ ＊1	◎
	個人型年金	○	◎	／	×	×
	中退共	△ ＊2	△ ＊2	×	○	×
	企業年金連合会	○	◎	◎	×	／

（注）◎＝移換可能（本人の選択）、○＝移換可能（要規約）、×＝移換不可、△＝制限あり
＊1 合併等に限る　　＊2 中小企業でなくなった場合および合併等に限る

《問27》 確定拠出年金の離転職時に関する次の記述のうち、適切なものはどれか。

チェック欄

1）企業型年金の加入者が転職した先に企業型年金がない場合や離職後3カ月以内に移換の申し出を行わない場合は、個人別管理資産は強制的に国民年金基金連合会に移換されることになる。

2）企業型年金に加入していた者が離職後に個人型年金に加入する場合、移換資産から加入手数料として2,829円、毎月の掛金から105円を国民年金基金連合会に手数料として徴収される。

3）企業型年金を実施している企業の従業員で、加入資格を有しているが選択が認められているため加入を希望しなかった。この場合、この従業員は、個人型年金に加入することができない。

4）企業型年金の加入者が在職中に障害者（国民年金法で定める障害等級1級）となり、障害給付金を受給していたが、60歳到達前に当該企業を退職した。この場合は企業型年金加入者資格を喪失し、国民年金基金連合会に資産が移換されて個人型年金の加入者となる。

■ 解答・解説

1)　不適切。3カ月以内ではなくて6カ月以内である。企業型年金の企業型年金加入者だった者、企業型年金が終了した者が移換の申し出をその期間内（企業型年金加入者の資格喪失日の属する月の翌月から6カ月以内）にしなかった場合には、その資産は現金化され、国民年金基金連合会に自動的に移換される（法83条）。自動移換時には4,348円、移換後4カ月経過すると毎月52円の手数料が移換資産から差し引かれる。なお、法改正により、2018（平30）年5月以降は転職後の企業型年金に加入したことや個人型年金に加入したことが確認（6カ月以内または自動移換後）された場合は、本人の手続きがなくても企業型年金あるいは個人型年金に資産が移換される。

2)　適切。個人型年金加入手数料は2,000円だったが、2011（平23）年4月より2,300円、さらに2012年10月より2,700円に改定された。また、消費税率8％の実施に伴い2014年4月からは2,777円となり、その後、2019（令元）年10月からは消費税率10％への改定により2,829円となった。

3)　不適切。2016（平28）年12月（個人型年金加入対象者拡大前）までは、こうした選択により加入を希望しなかった者や加入待機者（一定の勤続年数または年齢に達しないことにより企業型年金加入者とならない者）は、個人型年金に加入できなかった。法改正により2017年1月以降は、企業が個人型年金の同時加入を認めていない場合でも個人型年金への加入が可能となった。なお、2022（令4）年10月からは、企業型年金の同時加入を規約で定める要件はなくなり、原則として企業型年金の加入の有無にかかわらず個人型年金に加入できるようになった。個人型年金に加入できなくなるのは、マッチング拠出を選択している場合と企業型年金の事業主掛金が拠出限度額等である場合に限られる。

4)　不適切。企業型年金の加入者だった者で当該企業型年金の年金たる障害給付金の受給権を有する者は、企業型年金運用指図者の資格を取得する。（法15条）

正解 ⇨ 2

《問28》 確定拠出年金制度に対する税制上の措置に関する次の記述のうち、不適切なものはどれか。

チェック欄

1) 企業型・個人型とも積み立てた年金資産については特別法人税が課税されるが、その課税は凍結されている。
2) 加入者であった者が死亡して死亡一時金が給付される場合、所得税については非課税だが、みなし相続財産として相続税の課税対象となる。
3) 確定拠出年金加入者が資格喪失し、脱退一時金を受け取った場合、その全額が所得控除の対象となる。
4) 老齢給付金を一時金で受け取る場合は退職所得控除が適用されるが、退職所得控除の計算上使用される勤続年数は個人型年金の加入者であった期間と企業型年金の加入者であった期間を合算した期間（掛金拠出期間のみ）である（他からの資産移換期間含む）。

■ 解答・解説

1) 適切。年金資産には1.173％の特別法人税が課せられることになっているが、確定拠出年金制度発足当時から凍結が続いている。現在は、2026（令8）年3月までの延長だが、今後も延長が続くことが見込まれる。
2) 適切。死亡一時金は所得税は非課税だが、相続税法上みなし相続財産として相続税の課税対象となり、法定相続人1人につき500万円までが非課税の対象になる。
3) 不適切。脱退一時金については一時所得になり、全額所得税が課せられる。ただし、50万円以下であって他に所得がない場合は、特別控除額が50万円あるので所得税は非課税となる。
4) 適切。「通算拠出期間」という。退職金や他の企業年金等から確定拠出年金に移換した資産がある場合は、該当する勤続期間や加入期間も含まれる。

正解 ⇨ 3

《問 29》 確定拠出年金制度に対する税制上の措置に関する次の記述のうち、不適切なものはどれか。

チェック欄

1) 確定給付企業年金の本人拠出相当額は、拠出時に課税、給付時に非課税となるが、個人型年金に移換した場合は、給付時にも課税される。
2) 個人別管理資産を移換する場合は、いったん現金化してから移換することになるので、現金化時に手数料が発生することがあるが、課税されることはない。
3) 老齢給付金を年金で受け取る場合は、雑所得とみなされ所得税を課税されるが、公的年金等控除の適用が受けられる。
4) 個人型年金の加入者の掛金は、拠出時に、第1号、第4号加入者については小規模企業共済等掛金控除として、第2号、第3号加入者については社会保険料控除として所得控除の対象となる。

■ 解答・解説

1) 適切。移換元制度が確定給付企業年金または確定給付企業年金から脱退一時金相当額の移換を受けた企業年金連合会で、本人が負担した掛金があった場合、本人拠出相当額は拠出時に課税、給付時に非課税の取り扱いとなるが、確定拠出年金に脱退一時金相当額を移換した場合は、本人拠出相当額についても給付時に課税されることになる。
2) 適切。個人別管理資産を移換する場合の移換金については、全額非課税となる。
3) 適切。なお、老齢給付金を一時金で受給する場合は退職所得となり、退職所得控除の適用が受けられる。
4) 不適切。個人型年金の掛金は、第1号(自営業者等)、第2号(会社員、公務員等)、第3号(専業主婦)、第4号(国民年金任意加入被保険者)加入者とも小規模企業共済等掛金控除の対象である。

正解 ⇨ 4

《問30》 企業型年金規約に関する次の記述のうち、不適切なものはどれか。

チェック欄

1) 企業型年金を実施しようとするときは、労使の合意のもと企業型年金に係る規約を作成し、その規約に基づいて金融庁長官の承認を受けなければならない。
2) 規約を作成するためには労使の合意が必要であるため、企業の厚生年金被保険者の過半数で組織する労働組合または企業の厚生年金被保険者の過半数を代表する者の同意を得なければならない。
3) 規約に一定の資格者を加入対象者とすることを定めていない場合は、本人が加入を希望しなくても加入資格対象者は全員加入しなければならない。
4) 厚生年金基金の連合型基金や総合型基金のように複数の事業所が規約を共同で定めることは認められている。

■ 解答・解説

1) 不適切。金融庁長官ではなく厚生労働大臣である。(法3条)
2) 適切
3) 適切。加入者に関して一定の資格を規約で定めない場合には、第1号等厚生年金被保険者が全員加入対象者となる。本人に加入・非加入の選択権はないので加入しなければならない。
4) 適切

正解 ⇨ 1

《問 31》　企業型年金規約に定めるべき事項として、不適切なものはどれか。

チェック欄

1)　事業主が運営管理業務の全部または一部を委託する場合には、その委託を受けた確定拠出年金運営管理機関の名称・住所・委託業務
2)　実施事業所に使用される厚生年金保険被保険者が企業型年金加入者となることについて一定の資格を定める場合にはその資格要件
3)　加入者の加入及び脱退の手続に関する事項
4)　企業年金制度・退職金手当制度からの資産の移換に関する事項

■ 解答・解説

1)　適切
2)　適切
3)　不適切。このような事項はない。企業型年金規約に記載する事項については、《問 32》解答・解説 2)を参照のこと。
4)　適切。法 3 条 3 項 12 号のその他政令で定める事項の 1 つである。なお、その他政令で定める事項は、次のとおりである。（施行令 3 条）
① 運営管理業務の委託に関する事項
② 資産管理契約に関する事項
③ 事業主掛金の納付に関する事項
④ 企業型年金の加入者掛金の納付に関する事項
⑤ 投資教育の内容および方法について
⑥ 企業年金制度・退職金手当制度からの資産の移換に関する事項
⑦ 脱退一時金相当額等（確定給付企業年金等）の移換に関する事項
⑧ 確定給付企業年金または中小企業退職金共済制度への資産の移換に関する事項
⑨ 企業年金の事業年度に関する事項

正解 ⇨ 3

《問32》 企業型年金規約に定めるべき事項として、不適切なものはどれか。

チェック欄 □□□

1) 企業型年金の実施に要する事務費の負担に関する事項
2) 企業型年金加入者に対する投資教育の期間
3) 運用の方法の提示及び運用の指図に関する事項
4) 企業型年金の給付額及びその支給方法に関する事項

■ 解答・解説

1) 適切（法３条）

2) 不適切。このような事項はない。企業型年金規約で定める事項は次のとおりである。（法３条）

① 実施事業所の事業主の名称・住所
② 実施事業所の名称・所在地
②の２ 簡易企業型年金を実施する場合はその旨
③ 事業主が運営管理業務の全部又は一部を行う場合は、その業務
④ 事業主が運営管理業務の全部又は一部を委託する場合は、その運営管理機関の名称・住所・委託業務
⑤ 資産管理機関の名称・住所
⑥ 加入条件に一定の資格を定める場合は、その資格要件
⑦ 事業主掛金額の算定方法、拠出に関する事項
⑦の２　加入者掛金の額の決定または変更の方法その他その拠出に関する事項
⑧ 運用方法の提示及び運用指図に関する事項
⑧の２ 指定運用方法の提示に関する事項
⑧の３ 運用方法の除外手続きに関する事項
⑨ 企業型年金の給付額及びその支給の方法に関する事項
⑩事業主への返還資産額（勤続３年未満退職）を定める場合の算定方法
⑪ 企業型年金の実施に要する事務費の負担に関する事項
⑫ その他政令で定める事項（《問31》4)解説参照）

3) 適切（法３条）

4) 適切（法３条）

正解 ⇨ 2

《問 33》 企業型年金規約で加入対象者とすることについて一定の資格を設けた場合、不適切なものは次のうちどれか。

チェック欄 □□□

1） 企業型年金の導入時点で50歳以上の従業員については、運用期間が短いので引き続き退職一時金を適用し、50歳未満の従業員のみを加入対象者とすることは可能である。
2） 就業規則を正社員とは区分し、嘱託・パートタイマーを加入対象外とすることは可能である。
3） 勤続1年以上の従業員のみを加入対象者とすることはできない。
4） 就業規則を正社員とは区分し、見習期間中または試用期間中の者を加入対象外とすることは可能である。

■ 解答・解説

1） 適切。一定の年齢で区分して加入資格に差を設けることは、基本的には合理的な理由がないと考えられ認められないが、企業型年金の開始時に50歳以上の従業員は自己責任で運用する期間が短く、また60歳以降で定年退職してもそのとき給付が受けられないという不都合が生じる恐れがあるので、50歳以上の一定の年齢によって加入資格を区分し、一定年齢未満の従業員のみを企業型年金加入者とすることは可能である。ただし、規約によって50歳以上の者を加入者としないことができるのは、企業型年金導入時や資格取得時点(転職者など)で50歳以上の者に限られる。加入者が一定の年齢に到達したことによる資格喪失年齢を60歳未満とすることはできない。(法令解釈第1-1(1)③、Q&A43)
2） 適切（法令解釈第1-1(1)①）
3） 不適切。勤続期間のうち、一定の勤続期間以上（または未満）の従業員のみを企業型年金加入者とすることができる。(法令解釈第1-1(1)②)
4） 適切（法令解釈第1-1(1)②）

正解 ⇨ 3

《問34》 企業型年金規約の承認基準のうち、適切なものはいくつあるか。

チェック欄

ア） 実施事業所に使用される厚生年金被保険者等が企業型年金の加入者となることに一定の資格を定めた場合は、その資格が特定の者について不当に差別的でないこと。

イ） 事業主掛金は、定額または給与に一定の率を乗ずる方法、その他これに準ずる方法により算定した額とすることが定められている。

ウ） 企業型年金加入者等による運用の指図は、少なくとも6カ月に1回以上行うことができる。

エ） 加入者が資格を喪失した日において、実施事業所に使用された期間が3年以上あるかまたはその加入者が障害給付金の受給権を有することになった場合について、その者の個人別資産が移換されるときは、そのすべてを移換するものとされている。

1）1つ　　2）2つ　　3）3つ　　4）4つ

■ 解答・解説

ア） 適切（法4条）

イ） 適切（法4条）

ウ） 不適切。運用の指図は、少なくとも3カ月に1回以上行えることになっていなければならない。（法4条）

エ） 適切（法4条）

正解 ⇨ 3

《問35》 確定拠出年金の個人型年金規約に関する次の記述のうち、不適切なものはどれか。

チェック欄 □□□

1) 個人型年金加入者が拠出する掛金額の決定または変更方法に関する事項
2) 個人型年金の事業年度に関する事項
3) 個人型年金の給付額及びその支給の方法に関する事項
4) 資産管理機関の名称・所在地

■ 解答・解説

1) 適切（法55条） 2) 適切（法55条、施行令27条）

3) 適切（法55条）

4) 不適切。個人型年金には資産管理機関はない。個人型年金規約に定めなければならない事項は以下のとおりである。（法55条2項）

① 国民年金基金連合会の名称・所在地
② 委託を受けた確定拠出年金運営管理機関の名称・所在地・行う業務
③ 個人型年金加入者及び個人型年金運用指図者による確定拠出年金運営管理機関の指定に関する事項
④ 個人型年金加入者が拠出する掛金の額の決定または変更の方法など拠出に関する事項
④の2 従業員300人以下の中小事業主掛金の額の決定または変更の方法など拠出に関する事項
⑤ 運用方法（商品）の提示及び運用指図に関する事項
⑤の2 指定運用方法の提示に関する事項
⑤の3 運用方法除外の手続に関する事項
⑥ 個人型年金の給付の額及び支給の方法に関する事項
⑦ 個人型年金の実施に要する事務費の負担に関する事項
⑧ その他政令で定める事項

政令で定める事項は主に以下のようなものである。（施行令27条）

・個人型年金規約策定委員会に関する事項
・個人型年金加入者掛金の納付に関する事項
・中小事業主掛金の納付に関する事項
・投資教育の内容及び方法
・個人別管理資産の移換に関する事項
・個人型年金の事業年度に関する事項

正解 ⇨ 4

《問36》 確定拠出年金の規約の変更に関する次の記述のうち、不適切なものはどれか。

チェック欄 □□□

1) 事業主は企業型年金規約の変更（軽微なものを除く）をしようとするときは、厚生労働大臣に届け出ることで足りる。
2) 企業型年金規約の変更のうち「企業型年金加入者等が負担する事務費の額又は割合の減少」に関する変更は厚生労働省令で定める軽微な変更にあたる。
3) 国民年金基金連合会は、少なくとも5年に1度は個人型年金の規約内容を再検討し、必要があれば規約を変更しなければならない。
4) 個人型年金規約の変更の届出は、変更内容を記載した届出書に個人型年金規約策定委員会の会議録を添付して、厚生労働大臣に提出することによって行う。

■ 解答・解説

1) 不適切。事業主が企業型年金規約の変更（厚生労働省令で定める軽微な変更を除く）をしようとするときは、その変更について厚生労働大臣の承認を受けなければならない（法5条）。変更後は届け出が必要。（法6条）
2) 適切。厚生労働省令で定める軽微な変更としては他に、①実施事業所の事業主の名称・住所、②実施事業所の名称・所在地、③事業主が委託した場合は委託を受けた運営管理機関の名称・住所並びにその行う業務、④資産管理機関の名称・住所、⑤資産管理契約の相手方等がある（施行規則5条）。なお、2020（令4）年10月からは規約変更の届出が一部緩和され、上記実施事業主・事業所の名称、住所・所在地（市町村の名称変更に伴う場合に限る）および運営管理機関・資産管理機関の住所・所在地の変更は届出不要となった（施行規則7条の2）。
3) 適切（法59条）
4) 適切（施行規則36条）

正解 ⇨ 1

《問 37》 確定拠出年金における運営管理機関と資産管理機関に関する次の記述のうち、不適切なものはどれか。

チェック欄 □□□

1) 企業型年金を実施する事業主自らが運営管理機関となることができる。
2) 株式会社である年金コンサルティング会社は、主務大臣に登録することにより運営管理機関となることができる。
3) 資産管理契約は、事業主と資産管理機関が契約を締結する。
4) 個人型年金では、企業型年金における資産管理機関に代わるものとして国民年金基金連合会があるが、個人型年金規約の作成や加入者の申込み受付等の一部業務を金融機関に委託することができる。

■ 解答・解説

1) 適切。事業主は自ら運営管理業務を行うことができる。（法 3 条 3 項 3 号）
2) 適切。法人であれば、主務大臣に登録することにより運営管理機関となることができる。なお、2020（令 4)年 6 月 5 日からは「役員の住所」が登録事項として不要となった。
3) 適切
4) 不適切。個人型年金規約の作成は、国民年金基金連合会自身が行わなければならない業務である。(法 55 条)

正解 ⇨ 4

《問38》 確定拠出年金における業務委託に関する次の記述のうち、適切なものはどれか。

チェック欄 □□□

1) 運営管理機関は、事業主より委託を受けた運営管理業務の全部または一部を他の運営管理機関に再委託することができる。
2) 企業型年金の企業の事業主は、社外に委託しなくても、運営管理機関の業務の一部または全部を行うことができる。
3) 国民年金基金連合会から委託を受けた運営管理機関は、当該業務の一部または全部を他の運営管理機関に再委託することができる。
4) 事業主が運営管理業務を運営管理機関に委託する場合は、記録関連運営管理業務および運用関連運営管理業務とも複数の運営管理機関に委託することができる。

■ 解答・解説

1) 不適切。運営管理機関が他の運営管理機関に再委託することができるのは、全部ではなく一部である。なお、再々委託はできないこととされている。(法7条、Q&A95)
2) 適切。企業型年金を実施する事業主は、運営管理機関として、自社の運営管理業務の一部または全部を行うことができる。(法3条)
3) 不適切。一部は再委託できるが、全部を再委託することはできない。(法60条)
4) 不適切。運営管理業務のうち運用関連運営管理業務は複数の運営管理機関に委託することができるが、記録関連運営管理業務は1つの運営管理機関に委託することになる。(法7条、施行令7条)

正解 ⇨ 2

《問 39》 企業型の確定拠出年金における運営管理機関および資産管理機関に関する次の記述のうち、適切なものはどれか。

チェック欄 □□□

1) 運営管理機関になる者は主務大臣の登録を受けた法人でなければならない。この場合の主務大臣とは厚生労働大臣のことをいう。
2) 運営管理機関の業務には記録関連業務と運用関連業務があるが、このうち加入者等の運用指図の取りまとめは運用関連業務にあたる。
3) 日本に支店がある外国生命保険会社や外国損害保険会社は資産管理機関になることができる。
4) 資産管理機関は、個人別資産残高など年金資産の管理状況を加入者等に通知する。

■ 解答・解説

1) 不適切。この場合の主務大臣は厚生労働大臣および内閣総理大臣である。(法 88 条、主務省令 1 条)
2) 不適切。運用関連業務はなく、記録関連業務である。(法 2 条)

〈運用関連業務〉
•運用方法(運用商品)の選定 •選定した運用方法(運用商品)の加入者等への提示 •それら運用方法に係る情報の提供
〈記録関連業務(レコードキーピング)〉
•加入者等の氏名、住所、資格の取得・喪失年月日、個人別管理資産額その他の加入者等に関する情報の記録・保存及び提供 •加入者等が行った運用指図の取りまとめ及び取りまとめた運用指図の資産管理機関への通知 •受給権(給付を受ける権利)の裁定及び資産管理機関に給付金の支払いの指示

3) 適切。外国の生命保険会社、損害保険会社であっても日本に支店等があって業務を行っていれば資産管理機関になることができる。(法 8 条)
4) 不適切。資産管理機関ではなく運営管理機関が個人別資産残高等年金資産の管理状況を加入者等に通知する。(法 27 条)

正解 ⇨ 3

《問40》 企業型の確定拠出年金における運営管理機関および資産管理機関に関する次の記述のうち、適切なものはどれか。

チェック欄 □□□

1) 資産管理機関は、給付を受ける受給権者からの給付申請を受け付け、給付を受ける権利の裁定を行う。
2) 損害保険会社は、企業から選任を受ければ資産管理機関になることができる。
3) 厚生年金基金や企業年金基金は運営管理機関となることができるが資産管理機関となることはできない。
4) 運営管理機関が運用商品の選定を行うに際しては、資産の運用に関する専門的な知見に基づいて行わなければならないとされ、その専門的な知見については具体的な判断基準が定められている。

■ 解答・解説

1) 不適切。給付裁定は運営管理機関の業務である。
2) 適切
3) 不適切。厚生年金基金、企業年金基金とも、運営管理機関にも資産管理機関にもなれる。
4) 不適切。専門的な知見というだけで、法で明確な判断基準が定められているわけではない。

正解 ⇨ 2

《問41》　企業型年金における資産管理機関の業務に関する次の記述のうち、不適切なものはどれか。

チェック欄 □□□

1)　資産管理機関は、加入者から運営管理機関を通じて運用商品ごとに取りまとめられた運用指図の通知を受けて、運用商品ごとに契約の締結・変更・解除等を行う。
2)　資産管理機関は、運営管理機関からの裁定に基づいて受給権者に給付金を支給する。
3)　資産管理機関は、積立金の管理や積立金運用契約に係る預金通帳・有価証券等の保管を行う。
4)　資産管理機関は、加入者個人ごとの年金資産の管理を行う。

■ 解答・解説

1)　適切
2)　適切
3)　適切
4)　不適切。加入者個人ごとの年金資産の管理は、運営管理機関の業務である。（法2条7項）

正解 ⇨ 4

《問42》 確定拠出年金の運営を行う各機関の業務に関する次の記述のうち、不適切なものはどれか。

チェック欄 □□□

1) 生命保険会社は、企業から資産管理契約の締結の要請があったときは、正当な理由なくこれを拒絶することはできない。

2) 運営管理機関は「金融商品等の販売に関する法律」の適用を受けないので、同法で規定される重要事項に関する情報提供を加入者等に対して行う必要はない。

3) 企業型年金規約の作成は、実施事業所の事業主が行う。

4) 運営管理機関は営業年度ごとにその業務についての報告書を作成し、毎営業年度終了後3カ月以内に主務大臣に提出しなければならない。

■ 解答・解説

1) 適切（法8条）

2) 不適切。確定拠出年金では、加入者等が金融商品を購入する場合には加入者等と金融商品販売業者との間での直接取引がないため金融商品販売法の適用はないが、確定拠出年金の加入者等にも金融商品販売法と同等の保護が図られるよう規定が設けられている。具体的な内容は次のとおり。

① 運用関連運営管理機関は情報提供に際し、金融商品販売法3条1項の重要事項に関する情報を加入者等に提供しなければならない。（施行規則20条）

② 運用関連運営管理機関は、事業主との間で当該情報提供しなかった場合の損害賠償を負う契約を締結しなければならない。（施行令13条）

③ 事業主が情報提供業務を委託している運用関連運営管理機関は、金融商品販売法における勧誘方針を公表しなければならない。（施行令7条）

3) 適切（法3条）

4) 適切（主務省令12条）

正解 ⇨ 2

《問 43》 制度導入・設計に関する次の記述のうち、不適切なものはどれか。

チェック欄 □□□

1) 確定給付型年金では発生する可能性のある後発債務が、確定拠出年金では生じない。
2) 確定拠出年金では、年金資産の運用を従業員自身の判断で行うため制度運営のコストが低減できる。
3) 他制度と確定拠出年金の組み合わせも検討するのが望ましい。
4) 中途採用者に対しては、確定拠出年金導入によって柔軟な福利厚生面をアピールすることができるので、優秀な人材の確保に期待がもてる。

■ 解答・解説

1) 適切。積立不足による後発債務が生じないのが確定拠出年金の財務面のメリットである。
2) 不適切。確定拠出年金は、個人別に管理をしなければならず、記録関連業務(レコードキーピング業務)や従業員の投資教育等、確定給付型年金より運営管理コストは高くなる可能性がある。
3) 適切。例えば、確定拠出年金は60歳になるまで受給できないため、中途退職時の資金ニーズに対応できない。退職一時金などは中途退職時に資金が必要な場合にも対応できる。他制度の機能と組み合わせることによって、多様な働き方に柔軟に対応できる退職給付制度となる。
4) 適切。離転職の際の柔軟なポータビリティが確定拠出年金の利点である。特に、中途採用の多い中小企業にとっては人材確保の武器になる。

正解 ⇨ 2

《問44》 制度導入・運営の諸手続に関する次の記述のうち、不適切なものはどれか。

チェック欄

1) 企業型年金を導入する場合、労使合意を得て企業型年金規約を作成し、厚生労働大臣への届出をする必要がある。
2) 既存の企業年金制度等からの資産移換がない場合は、企業型年金規約に既存制度からの資産移換に関する事項を規定する必要はない。
3) 企業型年金を実施する事業主は、少なくとも5年ごとに運営管理機関の評価・検討を行い、必要に応じて措置を行う努力義務がある。
4) 投資教育は、導入時教育・継続教育とも事業主の努力義務である。

■ 解答・解説

1) 不適切。厚生労働大臣への届出ではなく、厚生労働大臣の承認を受けなければならない。
2) 適切。既存の企業年金制度等とは、企業型年金を導入する企業が既に実施している確定給付企業年金、中小企業退職金共済、退職手当制度(退職一時金)である。これらの既存制度から資産移換がある場合は必ず企業型年金規約に規定しなければならないが、資産移換がない場合は規定する必要はない。(施行令3条6号)
3) 適切。評価・検討の結果、必要があると認めるときは、委託内容の変更や運営管理機関の変更などの措置を講ずるよう努めなければならない。(法7条4項)
4) 適切。従来は、導入時教育は努力義務、継続教育は配慮義務であったが、2018 (平30)年5月からは継続教育も努力義務に強化された。

正解 ⇨ 1

《問 45》　投資教育に関する次の記述のうち、最も適切なものはどれか。

チェック欄 □□□

1)　制度導入時には、基礎的な事項を理解する必要があることから集合教育により投資教育を行うこととされている。
2)　投資教育の実施義務は委託を受けた運営管理機関が負っている。
3)　運用プランモデルに元本確保型商品が含まれるときは元本確保型商品のみで運用するモデルも含める。
4)　国民年金基金連合会は継続投資教育を運営管理機関には委託できるが企業年金連合会へは委託できない。

■ 解答・解説

1)　不適切。制度導入時(加入時)教育として集合教育が義務づけられているということはない。基礎的な事項を中心に行うことが効果的ではあるが、形式的な伝達ではなく加入者等の知識水準や学習意欲等を勘案し、内容、時間、提供方法等について十分配慮し、最適と考えられる方法により行うこととされている。(法令解釈第 3-2(1)、4(1))
2)　不適切。投資教育は運営管理機関等に委託することはできるが、実施義務は企業型年金では事業主、個人型年金では国民年金基金連合会が負っている。(法 22 条、73 条)
3)　最も適切。元本確保型商品(定期預金など)は運用商品としての提示義務はないが、投資教育の運用プランモデルに含める場合は、元本確保型商品のみで運用するプランモデルも含めて、他の運用プランモデルとの比較ができるように工夫し、提示するものとされている。(法令解釈第 3-3(4))
4)　不適切。継続投資教育を企業年金連合会へ委託できるのは企業型年金の事業主に限られていたが、法改正により、2020（令 2)年 6 月 5 日から国民年金基金連合会も企業年金連合会に委託できるようになった。

正解 ⇨ 3

《問46》 厚生年金基金、確定給付企業年金または退職手当制度から企業型年金に資産を移換する場合において、企業型年金規約に記載しなければならない事項のうち不適切なものはどれか。

チェック欄 □□□

1) 資産の移換の対象となる企業型年金加入者の範囲
2) 個人別管理資産に充てる移換額
3) 企業型年金への資産の受入れ期日
4) 退職手当制度から資産の移換を受ける場合は、当該資産の移換を受ける最初の年度

■ 解答・解説

1) 適切
2) 適切
3) 適切
4) 不適切。退職手当制度から資産の移換を受ける場合は、当該資産の移換を受ける最後の年度を記載する。なお他に、①企業型年金に資産を移換する厚生年金基金、確定給付企業年金または退職手当制度の種別、②通算加入者等期間に算入すべき期間の範囲が、企業型年金規約に記載しなければならない事項である。(法令解釈第1-5(6))

正解 ⇨ 4

《問 47》　既存の退職給付制度や企業年金制度から確定拠出年金制度への移行に関する次の記述のうち、不適切なものはどれか。

チェック欄 □□□

1)　中小企業退職金共済から確定拠出年金に資産の移換を行う場合は、拠出額を減額してその減額部分を確定拠出年金に移換することができる。当該企業は中小企業の要件を満たしている。

2)　退職一時金から確定拠出年金に資産の移換を行う場合は、移換の年度から、移換の翌年度から起算して3年度以上7年度以内で各年度均等に分割して移換する。

3)　確定給付企業年金が終了(制度廃止)した場合、残余財産(年金資産)は個人型年金に移換することができる。

4)　従来の退職給付制度から過去勤務分の資産を移換するときは、従業員ごとに移換額が設定され、全額を移換することができる。

■ 解答・解説

1)　不適切。中小企業退職金共済(中退共)から確定拠出年金に資産の移換を行うことは制度上認められていないため、従業員の同意のもと中小企業退職金共済への拠出額を減額して、その減額分を確定拠出年金へ振り替える、つまり将来分の一部を確定拠出年金に振り替えることしかできない。なお、法改正により2016（平28)年4月から中退共の中小企業の要件を満たさなくなった(資本金増や従業員増)場合(平成30年5月から合併等も追加)に限り、中退共から確定拠出年金への移換ができるようになった。

2)　適切。移換自体は移換年度からできるので4年度以上8年度以内の均等分割となる。(施行令22条1項5号)

3)　適切。2000（令4)年5月より可能になった。(確給法82条の4)

4)　適切。2004(平16)年10月より移換限度額が撤廃され、資産の全額が移換できるようになった。なお、厚生年金基金の代行部分の資産は国に移換（代行返上）しなければならない。

正解 ⇨ 1

《問48》 既存の退職給付制度から確定拠出年金への移行に関する次の記述のうち、不適切なものはどれか。

チェック欄

1) 確定給付企業年金から確定拠出年金へ一部移行するときに積立不足がある場合、移行する部分だけの積立不足を一括拠出で処理すればよい。
2) 従来の厚生年金基金から確定拠出年金に移行する場合、基金の資産の一部が移換できる。
3) 退職一時金制度から確定拠出年金への一部移行については、過去勤務期間部分を移行するときのみ資産を移換することができる。
4) 退職一時金からの移換可能額は、移行日の前日に会社都合退職とした場合の（移行後の退職金規程に基づく）退職金額を差し引いた額とされている。

■ 解答・解説

1) 適切。従来は積立不足の全額を一括処理する必要があったが、2012(平24)年1月31日より、年金資産と積立不足を移行割合で按分し、確定拠出年金へ移行する部分の積立不足を一括拠出で処理すれば、確定給付企業年金部分に積立不足が残っていても移行ができるようになった。
2) 適切。厚生年金基金は公的年金である厚生年金保険の一部を国に代わり給付する代行部分があるので、確定拠出年金に制度を移行するときは、代行部分の資産は国に返上しなければならない。したがって、確定拠出年金へすべての資産を移換することはできない。
3) 適切（施行令22条）
4) 不適切。自己都合退職が正しい。退職一時金からの移行の場合は、積立不足解消のため過去勤務債務を一括拠出させるのではなく、移行日の前日に従業員全員が自己都合により退職したと仮定した場合の自己都合要支給額を分割して拠出するという方法がとられる。（施行令22条）

正解 ⇨ 4

《問49》 既存の退職給付制度からの資産の移換日に関する次の記述のうち、不適切なものはどれか。

チェック欄 □□□

1) 厚生年金基金を減額して企業型年金に移行する場合は、当該厚生年金基金の規約を変更した月の翌月の末日以前の企業型年金規約で定める日とする。
2) 厚生年金基金を解散して企業型年金に移行する場合は、厚生年金基金の清算が結了した日の翌日とする。
3) 確定給付企業年金を減額して企業型年金に移行する場合は、当該確定給付企業年金の規約を変更した月の翌月の末日以前の企業型年金規約で定める日とする。
4) 退職金規程を改正して減額し、企業型年金に移行する場合は、退職金規程の減額日の属する年度から起算して4年度以上8年度以内の規約で定める年度までの各年度に均等に分割して移換するが、その年度において移換を受けるものは、当該年度において企業型年金規約で定める日とする。

■ 解答・解説

1) 適切
2) 不適切。資産の移換の受け入れは厚生年金基金の清算が結了した日の翌日ではなく、結了した日である。（施行令22条）
3) 適切
4) 適切。法律上の表現は、「移行年度の翌年度から起算して3年度以上7年度以内の企業型年金規約で定める年度までの各年度に均等に分割して移換」となっている。しかし移行年度とは「移換の属する年度および移換が困難な場合は翌年度」なので翌年度起算で表現されているが、移換の属する年度から移換開始可能なので移換年度起算では4年度以上8年度以内で移換が可能となっている。（施行令22条1項5号）

正解 ⇨ 2

《問50》 国民年金基金連合会の役割に関する記述のうち、適切なものはいくつあるか。

チェック欄 □□□

ア） 個人型年金規約を作成し、厚生労働大臣の承認を受ける。
イ） 個人型年金加入者に対して運用商品を選定し、提示する。
ウ） 加入者の資格の確認。
エ） 加入者の拠出限度額の管理。

1）1つ　2）2つ　3）3つ　4）4つ

■ 解答・解説

ア） 適切（法55条）

イ） 不適切。個人型年金加入者に対して運用商品を選定し、提示するのは、国民年金基金連合会から委託を受けた運営管理機関の中から加入者が指定した運営管理機関が行う。国民年金基金連合会は自ら運営管理業務を行うことができないため運営管理業務を運営管理機関に委託しなければならない。

ウ） 適切（法61条）

エ） 適切（法61条）

正解 ⇨ 3

《問51》 確定拠出年金法における国民年金基金連合会が備えるべき個人型年金加入者等に関する原簿についての記述のうち、不適切なものはどれか。

チェック欄

1) 個人型年金加入者等の氏名
2) 個人型年金加入者等の住所
3) 個人型年金加入者等の資格の取得及び喪失年月日
4) 個人型年金加入者等の個人別管理資産額

■ 解答・解説

1) 適切（法67条）
2) 適切（法67条）
3) 適切（法67条）
4) 不適切。国民年金基金連合会が備える原簿には、個人別管理資産額についての記録はない。国民年金基金連合会は、個人型年金加入者等に関する原簿を備え、これに個人型年金加入者等の氏名及び住所、資格の取得及び喪失年月日、その他厚生労働省令で定める事項を記録し、保存しなければならない。（法67条）

正解 ⇨ 4

《問52》 国民年金基金連合会の金融機関への業務委託に関する記述のうち、適切なものはいくつあるか。

チェック欄 □□□

ア） 掛金の収納または還付に関する事務
イ） 個人型年金加入者の資格の確認
ウ） 給付金（脱退一時金を含む）の支給に関する事務
エ） 資産管理機関との間の個人別管理資産の移換に関する事務

1）1つ　2）2つ　3）3つ　4）4つ

■ 解答・解説

ア） 適切（施行規則37条）

イ） 不適切。加入者の資格の確認は国民年金基金連合会が行わなければならない業務であるので委託することはできない。また、個人型年金規約の作成や拠出限度額の管理も委託できない業務である。（法61条）

ウ） 適切（施行規則37条）

エ） 適切（施行規則37条）

正解 ⇨ 3

《問53》　国民年金基金連合会の金融機関への業務委託に関する記述のうち、不適切なものはどれか。

チェック欄 □□□

1)　個人型年金の加入申出の受理に関する事務
2)　積立金の管理に関する事務
3)　掛金の限度額の管理に関する事務
4)　投資教育に関する事務

■ 解答・解説

1)　適切（施行規則37条）
2)　適切（施行規則37条）
3)　不適切。国民年金基金連合会が直接行わなければならない業務である。（法61条）
4)　適切（施行規則37条）

正解 ⇨ 3

《問54》 確定拠出年金の企業型年金における事業主の責務と行為準則に関する次の記述のうち、適切なものはいくつあるか。

チェック欄 □□□

ア） 資産管理機関に自社のメインバンクを選択したが、理由は今後の融資を受ける際に会社にとって有利というだけだった。

イ） 自社株式を運用商品に提示したときは、その株式を発行する企業が倒産すると、その株式で運用している資産を失ってしまうリスクがあることを加入者等に情報提供しなかった。

ウ） 加入者等の同意がある場合やその他正当な事由がある場合には、当該企業型年金の実施に係る業務以外の目的で他の者に個人情報を提供しても差し支えない。

エ） 退職予定の加入者に、脱退一時金の支給申請を行わずに、移換が見込まれる資産と合わせて引き続き個人別管理資産を運用することが望ましいことを説明した。

1）1つ　　2）2つ　　3）3つ　　4）4つ

■ 解答・解説

ア） 不適切。自己又は加入者等以外の第三者の利益を図る目的を持って運営管理業務契約委託や資産管理契約を締結することはできない（法43条）。事業主が緊密な資本関係、取引関係又は人的関係がある確定拠出年金運営管理機関又は資産管理機関を選任できるのは専門的能力の水準、業務、サービス内容、手数料の額等に関して適正な評価を行った結果、合理的理由がある場合に限られるものである（法令解釈第9-1(1)①）。

イ） 不適切。発行株式には倒産リスクがあるという情報は、加入者等に対して十分に情報提供されなければならない（法令解釈第9-1(1)③）。

ウ） 適切。加入者等の個人情報を提供できる正当な理由とは、法令の規定に基づき裁判所、税務署等からの個人情報の提出命令があった場合などをいう（法43条2項、法令解釈第9-1(2)①）。

エ） 適切（法令解釈第12）

正解 ⇨ 2

《問 55》　確定拠出年金の企業型年金における事業主等の責務と行為準則に関する次の記述のうち、不適切なものはどれか。

チェック欄 □□□

1）　事業主が運営管理機関に資産の運用に関する情報提供を委託する場合は、加入者に資料等の配布、就業時間中における説明会の実施、説明会場の用意等できる限り努力する。

2）　事業主等が企業型年金加入者に対して情報提供すべき内容には、①確定拠出年金制度等の具体的な内容、②金融商品の仕組みと特徴、③資産運用の基礎知識の３つがある。

3）　事業主が選任した運営管理機関及び資産管理機関から、業務の実施状況について少なくとも２年に１回以上定期的に報告を受け、加入者等の立場から見て必要とあれば業務内容の是正、改善を申し入れることができる。

4）　事業主は、企業型年金加入者等の個人別管理資産額等の個人情報を保管・使用するにあたっては、本人の同意や正当な事由がある場合を除き、その業務の遂行に必要な範囲内で行わなければならない。

■ 解答・解説

1）　適切。休憩時間や就業時間外ではなく、就業時間中とされている。（法22 条、法令解釈第 3-4(2)）

2）　適切（法 22 条、法令解釈第 3-3(3)）

3）　不適切。「少なくとも年１回以上」が正しい（法令解釈第 9-1(1)⑦）。

4）　適切（法 43 条２項、法令解釈第 9-1(2)①）

正解 ⇨ 3

《問56》　確定拠出年金の企業型年金における運営管理機関・資産管理機関の行為準則に関する次の記述のうち、不適切なものはどれか。

チェック欄 □□□

1)　金融商品の販売等を行ういわゆる営業職員は、法改正により兼務規制が緩和されたため、運営管理業務のうち、運用方法(商品)の提示及び情報提供、選定も行えるようになった。

2)　資産管理機関は、法令及び資産管理契約を遵守し、企業型年金加入者等のため忠実にその業務を遂行しなければならない。

3)　運営管理機関が、加入者等に対し特定の会社の株式運用を推奨することは、加入者の利益を図る目的であっても禁止されている。

4)　運営管理機関は、加入者等の同意がある場合、その他正当な理由がある場合には、企業型年金又は個人型年金の実施に必要な業務以外の目的で他の者に個人情報を提供してもかまわない。

■ 解答・解説

1)　不適切。運営管理業務のうち「運用の方法の提示及び情報提供」「原則としてすべての運用商品についてその選定理由を説明すること」「原則としてすべての運用商品の内容について詳細な説明をおこなうこと」は兼務規制が緩和されているが、「運用商品の選定」については自社商品等を選ぶ等利益相反の可能性が大きいことから、依然禁止されたままである。(確定拠出年金運営管理機関に関する命令10条1項)

2)　適切（法44条）

3)　適切。このような推奨は、「特定の運用方法を勧めること」に当たるので、運営管理機関の行為準則に違反する。(法令解釈第9-2(4)③)

4)　適切。運営管理機関の管理する個人情報（氏名・住所・生年月日・個人別管理資産等）を使用する場合は、その業務の遂行に必要な範囲内で使用し、それ以外の目的で使用してはならない。ただし、本人の同意がある場合、その他正当な理由がある場合には、必要な業務以外の目的で他の者に個人情報を提供しても差し支えない。(法99条)　　正解 ⇨ 1

《問57》 確定拠出年金の運営管理機関の行為準則に関する次の記述のうち、不適切なものはどれか。

チェック欄 □□□

1) 主務大臣の登録を受けないで運営管理業を営んではならない。
2) 運営管理機関が自己の名義をもって、他人に運営管理業を営ませてはならない。
3) 運営管理契約の締結の勧誘又は解除を妨げるため、運営管理契約の相手方の判断に影響を及ぼすことになる重要事項について、故意に事実を告げず、また不実のことを告げてはならない。
4) 運営管理機関は、選定・提示した運用商品のうち特定のものを加入者に対して勧めることができる。

■ 解答・解説

1) 適切（法88条）
2) 適切（法95条）
3) 適切。重要事項とは、再委託先や契約の内容、過去の処分の有無等をいう。（施行令51条）
4) 不適切。運営管理機関は選定・提示した商品のうち特定のものを加入者に対して勧めてはならない。（法100条）

正解⇨4

《問58》 運営管理機関の行為準則に関する次の記述のうち、不適切なものはどれか。

チェック欄 □□□

1) 運営管理契約を締結するに際して、その相手方に対して加入者等またはその相手方に特別の利益を提供することの約束を行ってはならない。

2) 運営管理機関は、提示した運用商品のうち他の金融商品と比較して特定の金融商品が有利であることを告げてはならない。

3) 運用関連業務に関し生じた加入者等の損失補てんまたは加入者等の利益追加のための財産上の利益提供等をすることは、たとえ自己の責めに帰すべき事故による場合でも行ってはならない。

4) 運営管理契約の締結の勧誘または解除を妨げるため、運営管理契約の相手方の判断に影響を及ぼす重要事項（再委託先や業務の内容および過去の処分等の有無等）を故意に告げず、また不実のことを告げることを行ってはならない。

■ 解答・解説

1) 適切。「特別の利益を提供」とは、一般の場合と比較して有利な条件で与えられる利益または一般には与えられない特恵的又は独占的利益の提供をいい、たとえば金銭の提供や有利な条件による物品等の譲渡、貸付その他信用の供与または役務の提供等が該当する。（法100条、法令解釈第9-2(3)）

2) 適切。運営管理機関が、加入者等に対して提示したいずれかの運用方法（運用商品）について他の運用方法と比較して不実のことや誤解させるおそれのあることを告げたり、表示したりすることは、運営管理機関の行為準則のうち「特定の運用方法を勧めること」に当たるため禁止行為である。このほか加入者等に対して「特定の運用方法を勧めること」としては、たとえば次の場合が該当する。①特定の金融商品への資産の投資、預替え等を推奨又は助言すること、②価格変動リスクまたは為替リスクが高い外貨預金、有価証券、変額保険等について、将来利益が生じることや将来の利益の見込みが確実であることを告げ、また表示すること。（法100条、法令解釈第9-2(4)）

3)　不適切。自己の責めに帰すべき事故による場合は、損失の全部又は一部を補てんできる。（法100条）

4)　適切（法100条）

正解 ⇨ 3

《問59》　運営管理機関が、加入者等に対して行う投資情報の提供の内容について、不適切なものはどれか。

1)　予定利率などの利益の見込みや損失の可能性

2)　その運用商品の過去5年間の利益や損失の実績（運用商品の過去における取扱期間が5年間に満たない場合は、その商品の取扱期間）

3)　加入者等が運用商品を選択または変更した場合の手数料

4)　預金保険制度や保険契約機構等の対象となっている商品かどうか、また保護の対象となっている場合はその保護の内容

■ 解答・解説

1)　適切

2)　不適切。5年間ではなく、10年間である。（法24条、施行規則20条）

3)　適切

4)　適切

正解 ⇨ 2

《問60》 投資教育は確定拠出年金を導入した事業主の責務とされているが、加入者等に提供すべき具体的な投資教育の内容に関する次の記述のうち、不適切なものはどれか。

チェック欄 □□□

1) 元本確保型運用方法がある場合は、元本確保型のみの運用プランモデルも含めて比較できるように提示する。
2) 米国の年金制度の概要に関する教育。
3) 加入者等が実践的に運用できるように具体的な資産配分の事例や金融商品ごとの運用実績等のデータを活用する。
4) わが国の年金制度の概要、改正等の動向及び年金制度における確定拠出年金の位置づけに関する教育。

■ 解答・解説

1) 適切（法令解釈第3-3(4)）
2) 不適切。米国の年金制度の概要については、事業主の責務とされている加入者への投資教育の項目には入っていない。
3) 適切（法令解釈第3-3(2)③）
4) 適切（法令解釈第3-3(3)①）

事業主等の責務とされている投資教育の具体的な内容は、以下の3つに分類されるが、この内容は単に運用商品を選択するうえで必要とされる基礎的な投資教育情報にとどまらず、年金制度の仕組み等広範囲にわたっている。

① 確定拠出年金の具体的な内容
　わが国の年金制度の概要と改正等の動向、確定拠出年金制度の概要など
② 金融商品の仕組みと特徴
　預貯金、信託商品、投資信託、債券、株式、保険商品等の金融商品に関する事項
③ 資産の運用の基礎知識
　リスクの種類と内容、リスクとリターンの関係、長期投資・分散投資の考え方とその効果など

正解 ⇨ 2

《問 61》 受託者責任に関する記述のうち、不適切なものはどれか。

チェック欄 □□□

1) 企業型年金における受託者責任としては、「忠実義務」と「注意義務」が特に重要である。
2) 運営管理機関は、運営管理業務に関する帳簿書類を作成し、保存しなければならないが、電磁的方法やマイクロフィルムでの保存も認められている。
3) 事業主は、確定拠出年金制度についての報告書を毎事業年度終了後 2 カ月以内に厚生労働大臣に提出しなければならない。
4) 厚生労働大臣が企業型年金を実施する事業主に対して、法令、規約等に違反や適正を欠くと判断した場合は、企業型年金規約の承認を取り消すことができる。

■ 解答・解説

1) 適切
2) 適切（法 101 条、主務省令 11 条）
3) 不適切。2 カ月以内ではなく 3 カ月以内である。（法 50 条、施行規則 27 条）
4) 適切。主務大臣は事業主に対して法令、規約等に違反があり適正を欠くときは是正、改善命令を出すことができ、それでも継続が困難であると認めたときは企業型年金規約の承認を取り消すことができる。（法52条）

正解 ⇨ 3

《問62》 確定拠出年金の最近の改正に関する次の記述のうち、最も適切なものはどれか。

チェック欄

1) 企業型年金の事業主掛金が拠出限度額の半分以下の場合、加入者掛金を事業主掛金と同額とすれば他の選択肢はなくてもよい。
2) 60歳以降で企業型年金の加入者となった場合、加入者として在職中は老齢給付金を請求して受給することはできない。
3) 60歳時点で通算加入者等期間が4年の者が62歳まで企業型年金に加入した場合、通算加入者等期間は6年になる。
4) 企業型年金資産を国民年金基金連合会に自動移換されたまま75歳に達した場合、年金資産の受給権は消滅する。

■ 解答・解説

1) 不適切。加入者掛金(マッチング拠出者の掛金)は、必ず複数の選択肢を用意する必要がある(法令解釈第1-3(3))。なお、簡易企業型年金であれば1つの掛金も可能である。
2) 最も適切。60歳以上の企業型年金加入者の場合、老齢給付金を請求して受給できるのは退職または資格喪失年齢に達したときである。。
3) 不適切。通算加入者等期間とは、加入者期間と運用指図者期間を合計した期間であり、受給開始年齢の判定のためにのみ使われる。60歳未満の期間のみが対象となり、60歳以降の期間は算入されない。通算加入者等期間が6年であれば62歳から受給開始可能であり、4年であれば63歳からとなる。60歳以降に2年間加入して退職し、6年になっても受給開始は63歳からとなる。(法33条2項)
4) 不適切。自動移換のまま75歳に達した場合は、国民年金基金連合会が自動裁定し、老齢給付金を一時金で支給する。2022 (令4)年4月より老齢給付金の受給開始の上限が70歳から75歳に拡大されたことに伴う変更である(対象は1952〈昭27〉年4月2日生まれ以降の者)。

正解 ⇨ 2

《問 63》　確定拠出年金の最近の改正に関する次の記述のうち、最も適切なものはどれか。2024（令 6）年 7 月 1 日時点とする。

チェック欄 □□□

1)　企業型年金加入者のマッチング拠出と個人型年金の選択は企業ごとに設定する必要がある。
2)　企業型年金加入者の個人型年金掛金拠出限度額は事業主掛金により異なるが、上限は月額 2 万 5,000 円または 1 万 2,000 円である。
3)　40 歳で企業型年金に加入し、そのまま 65 歳で企業型年金の資格を喪失して一時金を受給する場合、退職所得控除額を算定する際の勤続年数は 25 年である（退職給付制度は企業型年金のみ）。
4)　60 歳到達月は通算加入者等期間に算入されない。

■ 解答・解説

1)　不適切。企業型年金の加入者掛金（マッチング拠出）と個人型年金加入との選択は加入者個人ごとにできるものでなければならない。（施行令 6 条 4 号、法令解釈第 1-3（2））
2)　不適切。2022（令 4）年 10 月より企業型年金加入者の個人型年金掛金拠出限度額は、総枠（全体の月額拠出限度額）から事業主掛金（企業型年金の掛金）を控除した額となった。ただし、企業型年金のみの企業の場合は月額 2 万円、他の企業年金等（確定給付企業年金など）もある場合は月額 1 万 2,000 円が上限となる（2024〈令 6〉年 12 月以降はいずれの場合も月額 2 万円が上限となる→ p.82）。なお、同時加入の場合は、企業型・個人型とも月額限度額以内の各月拠出に限られ、年単位管理拠出はできなくなった。（施行令 36 条 3 号、4 号）
3)　最も適切。通算加入者等期間（受給開始年齢の判定基準）は 60 歳以降の期間は含まれないが、退職所得控除の勤続年数には 60 歳以降の期間も含まれる。（税法解釈の変更により 2014〈平 26〉年 1 月分から適用）
4)　不適切。60 歳到達月とは、「60 歳到達日の前日（誕生日の前々日）が属する月」だが、従来は通算加入者等期間に算入されない扱い（1 カ月に満たない端数日数のため）だったが、2017（平29）年1月から算入されることになった。これにより9年11カ月のようなケースは60歳誕生月の算入によって60歳から老齢給付金を受給開始できる。

正解 ⇨ 3

《問64》 2018（平30）年5月1日施行の確定拠出年金改正に関する次の記述のうち、不適切なものはどれか。

チェック欄 

1） 中小事業主掛金納付制度の掛金は、加入者掛金と事業主掛金の合計額が月額5,000円以上23,000円相当以内で設定する必要がある。
2） 簡易企業型年金では、加入対象者は全員加入させなければならない。
3） 企業型年金で元本確保型商品を提示することはできるが、提示した場合には、一般の企業型年金ではそれ以外にリスク・リターン特性の異なる3つ以上の商品を提示する必要がある。
4） 運用商品を廃止する場合は、当該商品を選択している者の3分の2以上の同意が必要となる。

■ 解答・解説

1） 適切。企業型年金や他の企業年金（確定給付企業年金など）のない企業が条件なので、拠出限度額は月額23,000円相当となる。事業主掛金は定額で設定し、加入者掛金は全体の拠出限度額（月額23,000円相当）との差額で任意に設定（1,000円単位）できる。つまり、事業主掛金は全員同額（一定の資格別も可）だが、加入者掛金は加入者ごとに異なる。
2） 適切。通常の企業型年金のように一定の資格を定めることはできない。掛金も定額のみで定率は認められない。
3） 不適切。「3つ以上」ではなく、2つ以上である（簡易企業型年金の場合は1つ以上）。なお、提示する商品数の上限は35本となる。
4） 適切。改正前は当該商品選択者全員の同意が必要だった。

正解 ⇨ 3

《問 65》 2020（令 2）年 6 月 5 日公布の確定拠出年金改正に関する次の記述のうち、最も不適切なものはどれか。

チェック欄 □□□

1)　老齢給付金の受給開始時期の選択範囲が 60 歳から 75 歳までの間に拡大される。
2)　60 歳で企業型年金の老齢給付金を一時金で受給後、転職した場合、転職先の企業型年金に加入できるようになる。
3)　企業型年金加入者がマッチング拠出と個人型年金の選択が可能になる。
4)　規約の定めがなくても、企業型年金と個人型年金の同時加入ができるようになる。

■ 解答・解説

1)　適切。老齢給付金の受給は 60 歳から開始できるが、開始時期は加入者等が 60 歳から 70 歳の間で任意に選択可能だった。2022（令 4）年 4 月からは、60 歳から 75 歳の間に拡大された。
2)　最も不適切。改正前は、60 歳以上 65 歳未満で加入者となれるのは「60 歳前からの継続雇用者に限る」となっていたが、2022 年 5 月からは、70 歳未満に拡大され、継続雇用者の要件はなくなった。ただし、既に老齢給付金の裁定(一時金受給、年金受給)を受けている場合は転職先の企業型年金に加入できない。裁定前の企業型年金運用指図者であれば個人別管理資産を移換したうえで転職先の企業型年金に加入できる。
3)　適切。2022 年 10 月から可能になった。
4)　適切。改正前は、企業型年金と個人型年金に同時加入できるようにするためには、企業型年金規約で定める必要があった。かつ企業型年金事業主掛金の調整も必要であった。2022 年 10 月からは、規約の定めが不要となり、全体の拠出限度額と事業主掛金の差額が個人型年金の拠出限度額(上限は月額 2 万円または月額 1.2 万円)となった。

正解 ⇨ 2

C分野　老後資産形成マネジメント

《問 1》 預貯金に関する次の記述のうち、適切な記述はいくつあるか。

チェック欄 □□□

ア） 元本確保型商品とは、いつの時点でも元本が確保されている商品である。

イ） ゆうちょ銀行の預入限度額は2,600万円である。

ウ） 定期預金は、確定拠出年金の運用商品として必ず提示しなければならない。

エ） 定額貯金は、ペナルティなしでいつでも換金できる。

1）1つ　　2）2つ　　3）3つ　　4）4つ

■ 解答・解説

ア） 不適切。元本確保型商品とは、期の途中で元本割れをすることがあっても満期の時点で元本が確保されている商品である。ちなみに、元本保証型商品とは、いつの時点であっても元本割れをすることがない商品である。

イ） 適切（2019〈平31〉4月1日より通常貯金1,300万円、定期性貯金1,300万円）

ウ） 不適切。定期預金は、確定拠出年金法上の運用商品ではあるが提示義務はない。さらに、定期預金のような元本確保型商品の提示義務も2018（平30）年5月からはなくなった。

エ） 不適切。「6カ月据え置けば」ペナルティなしで換金できる。

正解 ⇨ 1

《問2》 預金保険制度に関する次の記述のうち、不適切なものはどれか。

チェック欄

1) 決済用預金は、預入額にかかわらず、全額が預金保険制度により保護される。
2) 金融機関が破綻した場合には、元本とその利息の合計1,000万円までが保護の対象となる。
3) 日本国内に本店のある金融機関は、預金保険制度に入ることが義務づけられている。
4) 確定拠出年金で運用する定期預金もペイオフの対象となる。

■ 解答・解説

1) 適切。決済用預金とは、無利息・要求払い・決済サービスを提供できることの3要件を満たす預金である。
2) 不適切。金融機関が破綻した場合には、「元本1,000万円とその利息」が保護の対象となる（ペイオフ）。なお、金融機関の破綻で預金の払戻し等までに時間がかかる場合、普通預金は、預金保険機構が1口座当たり60万円までの仮払いをすることができる。
3) 適切
4) 適切。確定拠出年金で運用する定期預金は特別枠ではなく、ペイオフの対象になる。しかも、一般の定期預金よりも保護の優先順位が低い。

正解 ⇨ 2

《問３》　債券の説明に関する次の記述のうち、最も不適切なものはどれか。

チェック欄

1)　一般に、デフォルトリスクが高い場合、利回りが高い。
2)　中途購入や中途売却が可能である。
3)　債券の格付けの高さと利回りは比例する。
4)　他の条件が同じであれば、償還までの期間が長い債券のほうが、償還までの期間が短い債券よりも金利変動リスクは大きい。

■ 解答・解説

1)　適切。債券のデフォルトリスクとは、経営破綻で元本返済や利払いが滞ったり、実行されないリスクである(信用リスク、債務不履行リスク)。
2)　適切
3)　最も不適切。一般に、債券の格付けが高い場合は利回りが低く、低い場合は利回りが高いので、両者の関係は反比例である。
4)　適切。償還までの期間が長い債券のほうが、償還までの期間が長い分、不確実性が高まるので、金利変動リスクが大きい。

正解 ⇨ 3

《問４》 債券に関する次の記述のうち、不適切なものはどれか。

1) 投機的とされるのは、格付けがシングルＣ以下の債券である。
2) 額面を上回る価格で債券が発行されることもある。
3) わが国の債券の利回りは、特に断りのない限り、単利で示されている。
4) イールドカーブとは、債券の利回りと期間の関係を図表化したものである。

■ 解答・解説

1) 不適切。投機的とされる債券は、格付けがダブルＢ以下である。
2) 適切。国債においては、額面を上回る価格で発行されることがある。
3) 適切
4) 適切。イールドカーブとは、縦軸に債券の利回り、横軸に期間をとり、債券の利回りと期間の関係を表したもので、利回り曲線ともいう。右上がりである場合には順イールド、右下がりである場合には、逆イールドとなる。償還（満期）までの期間が長いほどリスクは高くなるので利回りは高くなる。そのため、通常はイールドカーブは順イールドとなる。逆イールドとなるのは、短期金利が長期金利より高くなり景気減速で長期金利が低下すると予想される場合である。

正解 ⇨ 1

○イールドカーブの図（順イールドと逆イールド）

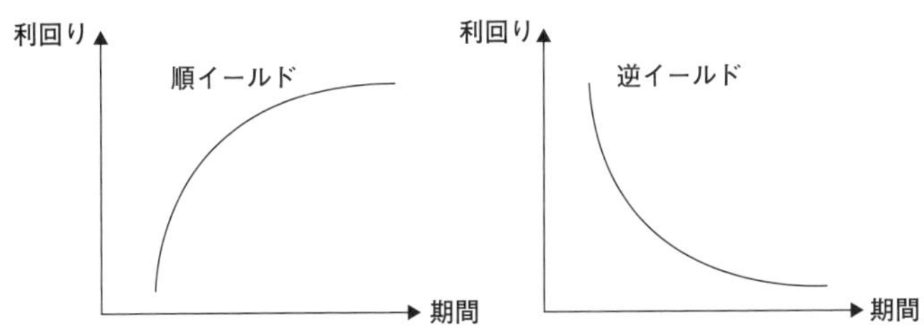

《問５》 債券の代表的な利回りの計算の説明について適切な組み合わせはどれか。

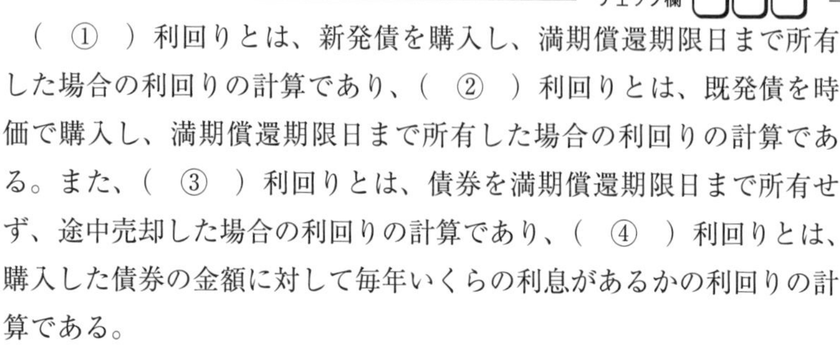

チェック欄

（　①　）利回りとは、新発債を購入し、満期償還期限日まで所有した場合の利回りの計算であり、（　②　）利回りとは、既発債を時価で購入し、満期償還期限日まで所有した場合の利回りの計算である。また、（　③　）利回りとは、債券を満期償還期限日まで所有せず、途中売却した場合の利回りの計算であり、（　④　）利回りとは、購入した債券の金額に対して毎年いくらの利息があるかの利回りの計算である。

1）①応募者　②所有期間　③最終　④直接
2）①最終　②所有期間　③応募者　④直接
3）①応募者　②最終　③所有期間　④直接
4）①最終　②応募者　③所有期間　④直接

■ 解答・解説

債券の代表的な利回りの計算は４種類あり、適切な文章の組み合わせは3）である。

〈投資期間（時期）と利回り〉

〈直接利回り〉④

直接利回り（%）＝（表面利率÷買付価格）×100

正解 ⇨ 3

《問６》 債券に関する次の記述のうち、適切なものはいくつあるか。

チェック欄 □□□

ア） 一般に、国内の景気が回復すると債券価格は下落する。
イ） 一般に、国内の物価が下落すると債券価格は上昇する。
ウ） 一般に、海外の金利が下落すると債券価格は上昇する。
エ） 一般に、為替相場で円安になると債券価格は下落する。

1）1つ　　2）2つ　　3）3つ　　4）4つ

■ 解答・解説

一般に、債券価格の変動要因は次のようにまとめられる。

変動要因	債券価格	変動要因	債券価格
景気回復	下落	景気後退	上昇
物価上昇	下落	物価下落	上昇
海外金利上昇	下落	海外金利下落	上昇
円安	下落	円高	上昇

したがって、ア）～エ）すべてが適切で、4）が正解。

正解 ⇨ 4

《問７》 債券投資に関する次の記述のうち、不適切なものはどれか。

チェック欄 □□□

1） 短期的には、債券の需給関係が債券の価格（利回り）に影響を与える。
2） 債券は、満期まで所有すれば必ず元本が保証される。
3） 債券の格付けをしている代表的な機関には、ムーディーズとスタンダード＆プアーズの２社がある。
4） リスクプレミアムとは、個別の債券の利回りと国債などの利回りの差をいう。

■ 解答・解説

1)　適切

2)　不適切。債券の発行体（国、地方公共団体、企業など）が破綻してデフォルト（償還不能）に陥った場合は、元本が保証されなくなる。

3)　適切

4)　適切。リスクプレミアムが大きいということは、債券の利回りが高く、信用力が低いことを意味している。

正解 ⇨ 2

《問８》　債券の利回り（単利）計算に関する次の記述の空欄（ア）～（エ）にあてはまる計算式として、不適切なものはどれか。

チェック欄 □□□

表面利率２％、償還期間５年の固定利付債が額面100円当たり99円で発行された。この債券の直接利回りは(　ア　)、応募者利回りは(　イ　)となる。また、この債券を発行時に購入して、２年後に101円で売却した場合の所有期間利回りは(　ウ　)となる。一方、この債券を発行から２年後に101円で購入した場合の最終利回りは(　エ　)となる。

1)　直接利回り　(ア) $= \dfrac{2}{99} \times 100 \fallingdotseq 2.02(\%)$

2)　応募者利回り　(イ) $= \dfrac{2 + \dfrac{100-99}{5}}{99} \times 100 = 2.22(\%)$

3)　所有期間利回り　(ウ) $= \dfrac{2 + \dfrac{101-99}{2}}{99} \times 100 \fallingdotseq 3.03(\%)$

4)　最終利回り　(エ) $= \dfrac{2 + \dfrac{100-101}{3}}{100} \times 100 \fallingdotseq 1.67(\%)$

■ 解答・解説

1)　適切。直接利回りとは、債券の購入価格に対する１年間に受け取る利息の割合のことで､償還差益を考慮しない｡購入時点での直接利回り（%）＝（１年当たりの受取利息÷購入価格）× 100　となる。

2）　適切。応募者利回りとは、新発債を償還期限まで保有していた場合の利回りで、応募者利回り（%）＝{表面利率＋（額面－発行価格）／償還年数}／発行価格× 100 となる。

3）　適切。所有期間利回りとは、既発債を償還期限前に売却した場合の利回り。所有期間利回り（%）＝{表面利率＋（売却価格－購入価格）／所有期間}／購入価格× 100　となる。

4）　不適切。最終利回りとは、既発債を償還期限まで保有していた場合の利回り。最終利回り（%）＝{表面利率＋（額面－購入価格）／残存期間}／購入価格× 100 ＝{2 円＋（100 円－ 101 円）／ 3}／ 101 円× 100 ≒ 1.65%

正解 ⇨ 4

《問 9》　株式に関する次の記述のうち、適切なものはどれか。

チェック欄 □□□

1）　株式分割を行った場合、発行済み株式総数と資本金が増加する。
2）　流動性リスクとは、株式の売却損が生じるリスクをいう。
3）　株式はリスクが高いが、確定拠出年金の運用商品として認められている。
4）　バリュー投資とは投資株式の成長性を重視するもので、その企業の売上高や利益の成長性が市場平均よりも高いなどの銘柄を選択し投資する。

■ 解答・解説

1）　不適切。株式分割を行った場合、発行済み株式総数は増加するが、資本金は増加しない。

2）　不適切。流動性リスクとは、換金がしにくいことや、コストや収益面で不利が生じてしまうことをいう。

3）　適切（施行令 15 条）

4)　不適切。設問はグロース投資の記述である。バリュー投資は、資産や利益等と株価を比較して割安と考えられる銘柄を投資対象とする運用である。

正解 ⇨ 3

《問10》 日経平均株価に関する次の記述のうち、適切なものはいくつあるか。

チェック欄 □□□

ア)　日経平均株価は、東京証券取引所プライム市場に上場されているすべての銘柄の平均値である。
イ)　日経平均株価は、修正平均株価である。
ウ)　日経平均株価は、東京証券取引所が公表している。
エ)　日経平均株価は、年2回、定期的に組み入れ銘柄を入れ替えることになっている。

1) 1つ　　2) 2つ　　3) 3つ　　4) 4つ

■ 解答・解説

日経平均株価は、東京証券取引所プライム市場に上場されている銘柄のうち、代表的な225銘柄の株価の平均値であり、日本経済新聞社が公表している。この平均値は、株式分割・増資などによる権利落ちや合併・倒産など市場での価格変動以外の要因は取り除かれた修正平均株価である。また、日経平均株価では、銘柄の入れ替えは年2回（4月、10月）実施する定期見直し（採用と除外）と、突発的な銘柄欠落に対する臨時入れ替え（補充）がある。したがって、適切な記述はイ）とエ）の2つである。

なお、2022（令4）年4月に東京証券取引所の市場は、第1部、第2部などの市場区分からプライム市場、スタンダード市場、グロース市場の3区分に再編成された。最上位のプライム市場には旧第1部から8割以上が移行した。日経平均株価の銘柄選択は、対象市場が第1部からプライム市場に変更になり、いくつかの算出ルールの見直しも行われた。

正解 ⇨ 2

《問 11》　東証株価指数(TOPIX)に関する次の記述のうち、最も適切なものはどれか。

チェック欄 □□□

1)　東証株価指数(TOPIX)は、東京証券取引所プライム市場に上場されている全銘柄を対象とする株価指数である。
2)　TOPIX は対象全銘柄株価に上場株式数のウエイトを乗じた指数。
3)　TOPIX は、東京証券取引所が公表している。
4)　TOPIXの銘柄選定基準は流通株式時価総額1,000億円以上である。

■ 解答・解説

TOPIX は東京証券取引所の市場再編に伴い、従来の第 1 部全銘柄対象から、市場区分に関係なく流通株式時価総額 100 億円以上の銘柄で構成される指数となった(ただし 2025〈令 7〉年 1 月まで経過措置あり)。指数は対象全銘柄の株価に浮動株式数(上場株式数から持ち合い株などを差し引いた株式数)のウエイトを乗じたものであり、東京証券取引所が公表している。したがって 3)が最も適切。

正解 ⇨ 3

《問 12》　株式市場の指標に関する次の記述のうち、不適切なものはどれか。

チェック欄 □□□

1)　TOPIX と日経平均株価は、日本の株式の代表的なベンチマークである。
2)　TOPIX は、従来の指数から浮動株比率を反映させた浮動株指数へと移行した。
3)　TOPIX は、値がさ株や品薄株の値動きの影響を受けやすいとされる。
4)　単純平均株価は、上場している銘柄の株価を合計し、銘柄数で割ったものである。

■ 解答・解説

1)　適切。株式市場を見る場合には、市場全体の動きと個別銘柄の動きの

2つをチェックすることが必要である。TOPIXと日経平均株価は、市場全体の動き（水準）を示す指標である。

2） 適切。TOPIXにおける浮動株比率の反映は、2005年10月末、2006年2月末、2006年6月末の3段階に分けて実施された。

3） 不適切。設問は日経平均株価の説明である。TOPIXは時価総額を基準とするので、時価総額の大きい銘柄の価格変動の影響を受けやすい。

4） 適切　　　　正解 ⇨ 3

《問13》 海外の株価指数に関する次の記述のうち、適切なものはどれか。

1） ダウ工業株30種平均は、ニューヨーク証券取引所に上場する製造業優良30銘柄で構成された株価指数である。

2） ナスダック総合指数は時価総額加重平均の株価指数である。

3） FTSE100指数は、ユーロ圏の主要市場に上場している優良100銘柄で構成された株価指数である。

4） MSCI-KOKUSAIは、日本を含む先進23カ国で構成される株価指数である。

■ 解答・解説

1） 不適切。構成銘柄は製造業に限らず、ニューヨーク証券取引所のほか、ナスダック市場も含めた優良30銘柄で構成されている。いわゆるダウ平均株価と呼ばれる世界で最も有名な株価指数である。米国の平均株価の指標としてはS&P500指数も活用されている。

2） 適切。株価指数の算出方式は修正平均株価（ダウ平均株価、日経平均株価など）もあるが、主流は時価総額加重平均（TOPIX〈東証株価指数〉など）である。ナスダック市場は代表的なIT関連企業が上場する市場として知られている。

3） 不適切。FTSE100指数は、ロンドン証券取引所に上場している時価総額上位100銘柄で構成される時価総額加重平均の株価指数である。

ヨーロッパの主要株価指数にはこのほか、DAX（ドイツ株価指数）、CAC40（フランス）などもある。

4）不適切。日本を除く先進22カ国で構成される時価総額加重平均の株価指数である。MSCI-KOKUSAIは、日本を除く先進国の株式投資の指標として広く利用されている。なお、日本を含めた先進23カ国で構成されるMSCI-World指数もある。

正解 ⇨ 2

《問14》 A社の株式の投資尺度に関する次の記述で、不適切なものはどれか。

チェック欄 □□□

A社の概要は次のとおりである。

・株価　900円　・発行済み株式総数　1,000,000株
・税引き後利益　3,000万円　・純資産（自己資本）　6億円
・1株当たり配当金　5円　・総資産　12億円

1）A社のPERは30倍である
2）A社のPBRは1.5倍である
3）A社のROEは5％である
4）A社の配当利回りは約16.7％である

■ 解答・解説

株式の投資尺度として用いられるのが、PER（株価収益率）、PBR（株価純資産倍率）、ROE（自己資本利益率）、配当利回りである。

PER＝株価÷1株当たりの税引き後利益、PBR＝株価÷1株当たりの純資産で計算される。設問ではこれらを計算する前提として、1株当たりの税引き後利益と1株当たりの純資産を求めなければならない。

1株当たりの税引き後利益＝税引き後利益÷発行済み株式総数

1株当たりの純資産＝純資産÷発行済み株式総数

上記式を設問にあてはめると、

1株当たりの税引き後利益＝3,000万円÷1,000,000株＝30円

1株当たりの純資産＝6億円÷1,000,000株＝600円

となる。1株当たりの税引き後利益と1株当たりの純資産の値が計算されることにより、PERおよびPBRを求めることができる。

PER＝株価÷1株当たりの税引き後利益＝900円÷30円＝30倍

PBR＝株価÷1株当たりの純資産＝900円÷600円＝1.5倍

次に、

ROE＝税引き後利益÷純資産×100＝3,000万円÷6億円×100＝5％

配当利回り＝1株当たり配当金÷株価×100＝5円÷900円×100≒0.56％

となる。よって1)、2)、3) は適切で、4) は不適切である。

正解 ⇨ 4

《問15》 株式の投資尺度に関する次の記述のうち、不適切なものはどれか。

チェック欄 ▢▢▢

1) 税引き後利益が1,000万円で、自己資本が5,000万円の場合のROEは20％である。

2) PER＝PBR÷ROEである。

3) PBR＝PER×ROEである。

4) ROE＝PER÷PBRである。

■ 解答・解説

1) 適切　　2) 適切　　3) 適切

4) 不適切。ROE＝PBR÷PERである。　　正解 ⇨ 4

○ PER・PBR・ROEの関係

《問14》で求めたPER＝30倍、PBR＝1.5倍、ROE＝5％（0.05)の各数値をもとに、PER・PBR・ROEの三者の関係を検算してみる。

PER＝PBR÷ROE＝1.5÷0.05＝30倍

PBR＝PER×ROE＝30×0.05＝1.5倍

ROE＝1.5÷30＝0.05（5％）

以上のように、PER・PBR・ROEの三者は密接な関係があることがわかる。

《問 16》 投資信託に関する次の記述のうち、不適切なものはどれか。

チェック欄

1） 投資信託は、分散投資に適している。
2） 投資信託は、運用を専門家に任せることができる。
3） 投資信託は、少額の資金でも株式や債券に投資することができる。
4） 投資信託は、規模の経済を享受することができない。

■ 解答・解説

投資信託は、分散投資に適し、少額の資金で株式や債券に投資することができるとともに、規模の経済（スケールメリット）も享受できるので、確定拠出年金の運用商品に最も向いているといわれている。また、運用を専門家に任せられるため、安定した収益が確保できることも特徴である。

したがって、4）が不適切。　正解 ⇨ 4

《問 17》 投資信託に携わる委託者・受託者・販売会社の役割に関する次の記述のうち、不適切な記述はいくつあるか。

チェック欄 

ア） 委託者は、販売会社に運用の指図を行う。
イ） 受託者は、資産の保管や管理を行う。
ウ） 販売会社は、投資信託の受益証券を発行する。

1）1つ　2）2つ　3）3つ　4） 不適切な記述は1つもない

■ 解答・解説

一般に投資信託は、投資家（受益者）から集められた資金をもとに、「販売会社」「運用会社（委託者）」「管理会社（受託者）」の3者が役割を分担し、効率的に運用している。

まず、販売会社である証券会社などは、投資信託（ファンド）の募集および販売を行い、投資家（受益者）から資金を集める。その資金を管理会社（受託者）に信託する。管理会社（受託者）と運用会社（委託者）の間には信託契約が締結される。そして管理会社（受託者）は、運用会社（委託者）の指図に従って有価証券などに投資・運用し、その運用収益を分配金・償還金として投資家（受益者）に還元する仕組みとなっている。

ア）　不適切。委託者は、受託者に運用の指図を行う。

イ）　適切

ウ）　不適切。受益証券を発行するのは委託者の業務である。

したがって、不適切なものはア）とウ）の２つであり、2）が正解。

正解 ⇨ 2

《問 18》 投資信託に関する次の記述のうち、適切なものはどれか。

チェック欄 □□□

1）　投資信託の信託報酬は、保有する資産より１カ月ごとに引かれている。

2）　投資信託の信託財産の名義人は、信託銀行である。

3）　信託銀行は、信託財産と個別の資産を包括的に管理している。

4）　信託銀行が破綻した場合、信託財産に多大な影響をおよぼす。

■ 解答・解説

1）　不適切。信託報酬は、保有する資産より毎日引かれている。

2）　適切

3）　不適切。信託銀行は、信託財産と個別の資産を分別管理している。

4）　不適切。信託銀行が破綻した場合でも、信託財産は信託銀行の個別の資産と分別管理されているため、影響はない。

正解 ⇨ 2

《問 19》　投資信託に関する次の記述のうち、適切なものはどれか。

チェック欄

1)　追加型の投資信託は一定期間解約できない。

2)　単位型の投資信託はいつでも解約することができる。

3)　公社債投資信託は国内だけでなく海外の債券で運用するものもある。

4)　株式を中心に組み入れる投資信託を株式投資信託、債券を中心に組み入れる投資信託を公社債投資信託として分類されている。

■ 解答・解説

1)　不適切。一定期間解約できない投資信託は単位型である。

2)　不適切。いつでも解約することができる投資信託は追加型である。

3)　適切

4)　不適切。公社債投資信託とは、運用対象に株式を一切組み入れることができない投資信託である。株式が少しでも含まれる場合は、株式投資信託となる。なお、実際には株式が組み込まれていなくても、約款上は株式への投資可能な場合も株式投資信託に分類される。

正解 ⇨ 3

《問20》 ファンド・オブ・ファンズとファミリーファンドに関する次の記述のうち、最も適切なものはどれか。

チェック欄

1) ファンド・オブ・ファンズでは、投資家が投資したファンドが複数の株式、債券、投資信託などに投資する。
2) ファンド・オブ・ファンズでは、一般の投資信託に比べてコストの低減が期待できる。
3) ファミリーファンドでは、投資家はマザーファンドを購入し、運用会社がベビーファンドで運用する。
4) ベビーファンドとマザーファンドの運用会社は、同じである。

■ 解答・解説

1) 不適切。ファンド・オブ・ファンズで投資家が投資したファンドの投資対象は個別の株式や債券ではなく投資信託である。
2) 不適切。ファンドがさらにファンドを購入するため信託報酬が二重に発生し、一般の投資信託よりコスト高になるおそれがある。
3) 不適切。投資家はベビーファンドを購入し、運用会社がベビーファンドの資金をまとめてマザーファンドで運用する。
4) 最も適切。運用会社が同じであるため、マザーファンドに信託報酬は発生しない。

正解 ⇨ 4

《問 21》　投資信託の目論見書と運用報告書に関する次の記述のうち、最も不適切なものはどれか。

チェック欄

1)　投資家から請求があった場合、請求目論見書に代えてわかりやすい記述の交付目論見書を交付することができる。
2)　請求目論見書はファンドの詳細情報の提供が目的だが、ファンドの沿革や経理状況などの追加的情報が記載されている。
3)　運用報告書は、決算期ごとに作成され、投資家に交付されるが、6カ月未満の決算の場合は、6カ月に一度、交付すればよい。
4)　運用報告書(全体版)は、運用会社のホームページで閲覧することもできる。

■ 解答・解説

1)　最も不適切。交付目論見書(投資信託説明書)は、ファンドの目的・特色、投資のリスク、手続・手数料等といった投資判断に必要な基本的な重要事項を記載した書類である。投資家が投資信託を購入する際に必ず交付しなければならない。請求目論見書は、投資家から請求があった場合には交付しなければならない。
2)　適切
3)　適切。運用報告書は、運用実績の確認ができる書類である。毎月分配型のような短期決算の投資信託は6カ月に一度作成して交付すればよいとされている。運用報告書には交付運用報告書と運用報告書(全体版)があり、交付運用報告書は受益者(投資家)に必ず交付しなければならない。
4)　適切。運用報告書(全体版)は、作成のつど受益者(投資家)に交付しなければならないが、投資信託約款に定めればホームページなどへの掲載で交付したものとみなされる。なお、投資家から請求があった場合には必ず書面で交付しなければならない。

正解 ⇨ 1

《問22》　インデックス運用に関する次の記述のうち、不適切なものはどれか。

チェック欄 □□□

1)　インデックス運用は、コンピューターで運用される。
2)　インデックス運用は、どれだけ忠実にベンチマークとしてのインデックスに連動させるかを目指している。
3)　インデックス運用では、個別銘柄に関する判断は限定されている。
4)　インデックス運用において投資家が支払う手数料は、アクティブ運用よりも高いのが一般的である。

■ 解答・解説

1)　適切
2)　適切
3)　適切。アクティブ運用と異なり、ファンドマネジャーの独自の判断は必要とされない。
4)　不適切。投資家の支払う手数料は、インデックス運用の方がアクティブ運用よりも安いのが、一般的である。

正解 ⇨ 4

《問23》　アクティブ運用に関する次の記述のうち、適切なものはどれか。

チェック欄 □□□

1)　アクティブ運用は、パッシブ運用とも呼ばれることがある。
2)　アクティブ運用では、ファンドマネジャーは、リスク管理の観点から非市場リスクを最小化すべく運用を行っている。
3)　アクティブ運用では、ファンドマネジャーが独自の判断では運用しない。
4)　アクティブ運用のベンチマークのひとつとして、東証株価指数（TOPIX）がある。

■ 解答・解説

1)　不適切。パッシブ運用と呼ばれるのはインデックス運用である。

2)　不適切。ファンドマネージャーは、インデックスファンド＋αの収益を得るために、市場リスク以外のリスク、つまり、非市場リスクをとることによって付加価値を追求している。

3)　不適切。アクティブ運用では、ファンドマネージャーが独自の判断で運用し、ベンチマークを上回る運用を目指す。

4)　適切。このほかにも、日経平均株価（日経225）などがある。

正解 ⇨ 4

《問24》　変額年金保険に関する次の記述のうち、適切な記述はいくつあるか。

チェック欄 □□□

ア）　一般勘定で運用される。

イ）　契約者が、自らの判断で運用先（対象となるアセット）を選択する。

ウ）　運用実績に応じて積立金が変動する。

1)　1つ　　2)　2つ　　3)　3つ　　4)　適切な記述は1つもない

■ 解答・解説

変額年金保険は特別勘定で運用され、特別勘定には、日本の株式、債券、海外の株式や債券など、さまざまな運用先が用意されており、契約者は自分の年金原資をどんな投資対象で運用するかを自分の判断で選択する。

しかし、運用成績次第で年金額が払い込んだ金額を下回ることもある。ただし、一部の商品では年金額について最低保証を設けているものがある。解約返戻金については、最低保証はなく、解約時における運用実績を反映した金額が払い戻される。なお、年金の支払いが開始される前に死亡した場合には、死亡給付金が支払われる。したがって、適切な記述はイ）とウ）の2つで、2）が正解。

正解 ⇨ 2

《問25》 利率保証型積立生命保険について、最も不適切なものはどれか。

チェック欄

1） 利率保証型積立生命保険は、中途解約したとき解約控除金が差し引かれる場合があるため、元本が保証されない可能性がある。

2） 利率保証型積立生命保険は、一般勘定で運用されるためローリスク・ローリターン型の金融商品といえる。

3） 利率保証型積立生命保険の利率の設定において、追加で新規に払い込まれる保険料に対する適用利率は随時見直されるが、一度適用された保証利率は、保証期間満了まで変更されることはない。

4） 利率保証型積立生命保険は、確定拠出年金の元本確保型商品だが、生命保険会社が破綻したときは、破綻時点の保険金が原則として最大90％補償される。

■ 解答・解説

1） 適切　　2） 適切　　3） 適切

4） 最も不適切。生命保険会社が破綻したときは、生命保険契約者保護機構等に契約が引き継がれ、破綻時点の責任準備金の最大90％が補償される。ただし、破綻処理中の死亡などの支払事由が生じた場合は保険金額の90％が支払われるケースもある。

正解 ⇨ 4

《問26》 利率保証型積立傷害保険に関する次の記述のうち適切な記述はいくつあるか。

チェック欄

ア） 制度上における元本確保型商品である。

イ） 病気や不慮の事故による死亡の場合は、その時点における積立残高の10％上乗せされる死亡一時金が支払われる。

ウ） 掛金は1円以上1円単位である。

エ） 損害保険契約者保護機構の対象となる商品である。

1） 1つ　　2） 2つ　　3） 3つ　　4） 正しい記述は1つもない

■ 解答・解説

ア）　適切（施行令16条5号）

イ）　不適切。10％上乗せされる死亡一時金が支払われるのは不慮の事故による死亡に限られ、病気による死亡は該当しない。

ウ）　適切

エ）　適切

したがって、適切な記述はア）とウ）とエ）の3つである。

正解 ⇨ 3

《問27》 外貨預金に関する次の記述のうち、適切なものはどれか。

チェック欄 □□□

1）　外貨預金は、確定拠出年金制度における元本確保型商品である。

2）　外貨預金は、預金保険制度により元本1,000万円とその利息が保護される。

3）　外貨定期預金は、為替リスクがないため高いリターンが期待できる。

4）　外貨預金を日本円で始める場合、為替手数料が生じる。

■ 解答・解説

1）　不適切。外貨預金は、為替による変動があるため、確定拠出年金制度における元本確保型商品ではない。

2）　不適切。外貨預金は、預金保険制度の対象とならない金融商品であるため、元本1,000万円とその利息は保護されない。

3）　不適切。外貨定期預金は、為替リスクがあるため円安になった場合、為替差益が生じることにより高いリターンを期待できるが、逆に円高になった場合、為替差損が生じ、マイナスのリターンが生じることがある。

4）　適切

正解 ⇨ 4

《問28》 新NISAに関する次の記述のうち、適切なものはどれか。

チェック欄

1) 成長投資枠は年間120万円、つみたて投資枠は年間40万円まで非課税投資枠が設定できる。
2) 保有限度額(生涯投資枠)は、成長投資枠とつみたて投資枠の合計で1,200万円である。
3) NISAでは国債や社債に投資することはできない。
4) NISA口座内であれば3年間の損失繰越控除ができる。

■ 解答・解説

1) 不適切。年間非課税投資枠(年間利用限度額)は、成長投資枠240万円、つみたて投資枠120万円の合計360万円である。どちらも口座内の投資商品の譲渡益(売却益)と配当金(分配金)が非課税となる。2つの投資枠は併用できる。
2) 不適切。保有限度額(買付け残高総額)は1,800万円である。ただし、成長投資枠の限度額は1,200万円である(つみたて投資枠のみで1,800万円は可)。なお、保有限度額に達しても売却して保有限度額を下回れば、翌年以降に保有限度額までの非課税投資が可能になる。
3) 適切。NISAは株式を中心とした投資対象となっており、成長投資枠の運用対象は上場株式関連(ETF、REITなどは可)のみで、国債、公社債投資信託、一般の社債などの債券は購入できない。つみたて投資枠は、長期・積立・分散投資に適した金融庁が指定する投資信託(公募株式投資信託、ETF)のみである。
4) 不適切。投資商品売却によりNISA口座内で損失が出ても損失の繰越控除はできない(NISA内では課税が生じないため)。また、他の課税口座との損益通算もできない。

正解 ⇨ 3

※旧NISAは、別建てで投資期限まで投資可能(一般NISA最長2027年、つみたてNISA最長2042年まで)。旧NISAの資産を新NISAへロールオーバー（移換)することは不可

《問 29》　標準偏差に関する次の記述のうち、不適切なものはどれか。

1）　リターンの分布が正規分布である場合、期待値±１標準偏差に入る確率は約 68% である。

2）　リターンの分布が正規分布である場合、期待値±２標準偏差に入る確率は約 95% である。

3）　リターンの分布が正規分布である場合、データのばらつき度合いが小さい場合には急な山型となる。

4）　データのばらつき度合いが大きい場合、標準偏差は小さい値となる。

■ 解答・解説

リターンの分布が正規分布の場合、右の図のようになる。

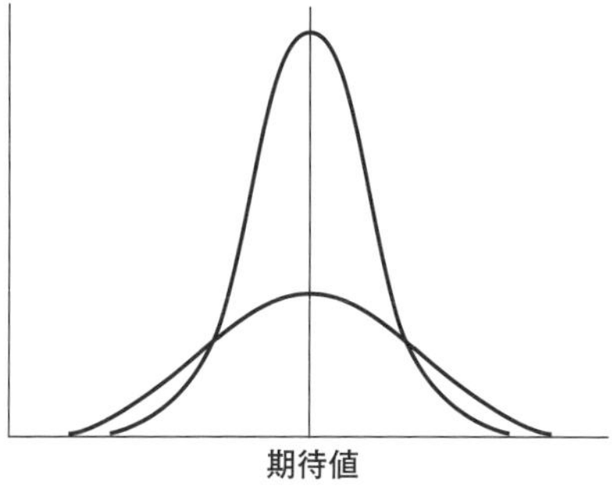

1）、2）は適切。また、データのばらつき度合いが大きい場合には、なだらかな山型になり、標準偏差は大きい。一方、データのばらつき度合いが小さい場合には、急な山型になり、標準偏差は小さい。

よって、3）は適切で、4）は不適切である。

正解 ⇨ 4

《問30》 期待リターン5％、標準偏差10％（ともに年率）のポートフォリオに投資した場合、その運用に関する次の記述のうち、不適切なものはどれか。なお、リターンは正規分布に従うものとする。

チェック欄 □□□

1）1年後に、約68％の確率でリターンが－5％から15％の間に入る。
2）1年後に、約34％の確率でリターンは15％を上回る。
3）1年後に、約2％の確率でリターンは－15％を下回る。
4）1年後に、約50％の確率でリターンは5％を上回る。

■ 解答・解説

標準偏差とは、中心値からのばらつきを表している。したがって、標準偏差が10％でプラス1標準偏差である場合、中心値から＋10％のばらつきがあることを意味している。期待リターンが5％であれば、1年後のポートフォリオの期待値プラス1標準偏差は「5％＋10％＝＋15％」となる。ちなみに、マイナス1標準偏差は「5％－10％＝－5％」となる。また、中心値からプラス1標準偏差以上になる確率は約16％である。

同様に、標準偏差が10％でプラス2標準偏差である場合、中心値から＋20％のばらつきがあることを意味している。1年後のポートフォリオの期待値プラス2標準偏差は「5％＋(10％×2)＝25％」となる。ちなみに、マイナス2標準偏差は「5％－(10％×2)＝－15％」となる。また、中心値からプラス2標準偏差以上になる確率は約2％である。

なお、4）は基準となる期待リターンである5％よりプラスになる部分の確率であるから、「100％÷2＝50％」となる。

正解 ⇨ 2

《問 31》 次に示すＡさんの確定拠出年金で、60 歳時の個人別管理資産残高における幾何平均リターンの値として最も近い数字はどれか。

チェック欄 □□□

確定拠出年金の企業型年金に加入していたＡさんは、44 歳で会社を退職した後、個人型の運用指図者として 16 年間、60 歳まで運用のみを続けた。なお、Ａさんの 44 歳時の個人別管理資産残高が 500 万円、60 歳時の個人別管理資産残高が 800 万円とする。

1）　約２％　　2）　約３％　　3）　約４％　　4）　約５％

■ 解答・解説

幾何平均のリターンを求める場合、

$$\sqrt[n]{(1+r_1)(1+r_2)(1+r_3)\cdots\cdots(1+r_n)}-1$$

r_i：各期のリターン（i＝1、2、3、……、n）　n：期間

となるが、設問の場合、各期のリターンがない。このようなときは、投資金額に対する増加割合で計算する。つまり、$\sqrt[n]{(1+\text{増加割合})}-1$ となる。

Ａさんの個人別管理資産残高は 44 歳時 500 万円、60 歳時 800 万円であることから、44 歳から 60 歳までの 16 年間で 60％増加（300 万円÷500 万円）になっている。これを計算式にあてはめると $\sqrt[16]{(1+0.6)}-1 \fallingdotseq 2.98\%$ となる。なお、16 乗根（期間が 16 年）の場合は電卓の√キーを４回押せば、√内の数字を求めることができる。そのほかは以下を参照されたい。

正解 ⇨ 2

○幾何平均のリターンの値と電卓の√キーの関係

・2 乗根（期間が２年）の場合⇒電卓の√キーを１回押す
・4 乗根（期間が４年）の場合⇒電卓の√キーを２回押す
・8 乗根（期間が８年）の場合⇒電卓の√キーを３回押す
・16乗根（期間が16年）の場合⇒電卓の√キーを４回押す
・32乗根（期間が32年）の場合⇒電卓の√キーを５回押す

（注）電卓の機種によっては操作が異なる場合がある

《問32》 リターンに関する次の記述のうち、不適切なものはどれか。

チェック欄 □□□

1) リターンにはプラスのリターンとマイナスのリターンがある。
2) プラスのリターンはインカムゲインとキャピタルゲインに分けられる。
3) マイナスのリターンはキャピタルロスしかない。
4) 幾何平均のリターンは、将来のリターンを考えるのに適している。

■ 解答・解説

1) 適切　2) 適切　3) 適切
4) 不適切。将来のリターンを考えるのに適しているのは算術平均のリターンである。

正解 ⇨ 4

《問33》 以下の投資結果で、2023年のリターンの値が最も近いのはどれか。

チェック欄 □□□

2022年のリターンが－8％、年率換算の幾何平均リターンが3.2％である。

1) 12.3％　2) 13.2％　3) 15.8％　4) 18.6％

■ 解答・解説

年率換算による幾何平均リターンの算出方法は、以下の式である。

$\sqrt{(1+2022\text{年のリターン})(1+2023\text{年のリターン})}-1$

これに、実際の数字をあてはめてみると、次のようになる。

$\sqrt{(1-0.08)(1+2023\text{年のリターン})}-1=0.032$

上記の式を変形すると、

$\sqrt{(1-0.08)(1+2023\text{年のリターン})}=1+0.032$

となり、両辺を2乗すると、

（1 − 0.08）（1 + 2023年のリターン）＝（1 + 0.032）^{2}

これを計算すると、2023年のリターンは15.8％となる。

正解 ⇨ 3

《問 34》　次の表の4期間の平均リターンを算術平均と幾何平均で計算した場合、差の数値として最も近いものはどれか。

チェック欄 □□□

期	リターン
第1期	10 ％
第2期	− 20 ％
第3期	30 ％
第4期	− 20 ％

1）0 ％　　2）2.2 ％　　3）10 ％　　4）18.6 ％

■ 解答・解説

○算術平均のリターンは、次のように計算される。

（第1期のリターン + 第2期のリターン + 第3期のリターン + 第4期のリターン）÷期間数

＝（10％ − 20％ + 30％ − 20％）÷ 4 ＝ 0％

○幾何平均のリターンは、次のように計算される。

$\sqrt[4]{(1+第1期のリターン)(1+第2期のリターン)(1+第3期のリターン)(1+第4期のリターン)} - 1$

$= \sqrt[4]{(1+0.1)(1-0.2)(1+0.3)(1-0.2)} - 1$

≒ − 2.2％

※4乗根は電卓で√キーを2回押せばよい。

算術平均では0％、幾何平均では − 2.2％となり、計算結果から、2）が正解である。なお、幾何平均は算術平均に比べて小さい値をとることが数学的にわかっている。

正解 ⇨ 2

《問35》 ポートフォリオの期待リターンに関する次の記述のうち、不適切なものはどれか。

チェック欄 

各金融商品の投資割合と期待リターン

	投資割合	期待リターン
金融商品A	0.2	4％
金融商品B	0.3	6％
金融商品C	0.5	8％

1) 上記投資割合の場合、ポートフォリオの期待リターンは8％を超えることがある。

2) 金融商品Aの投資割合を高くし、金融商品BおよびCの投資割合を低くすると、ポートフォリオの期待リターンは現在より必ず低下する。

3) 金融商品Cの投資割合を高くし、金融商品AおよびBの投資割合を低くすると、ポートフォリオの期待リターンは現在より必ず上昇する。

4) 各金融商品の投資割合をどのように変えても、ポートフォリオの期待リターンは必ず4％以上8％以下となる。

■ 解答・解説

1) 不適切。ポートフォリオの期待リターンは以下の式で求められる。(金融商品Aの期待リターン×金融商品Aの投資割合＋金融商品Bの期待リターン×金融商品Bの投資割合＋金融商品Cの期待リターン×金融商品Cの投資割合）＝4％×0.2＋6％×0.3＋8％×0.5＝6.6％

2) 適切

3) 適切

4) 適切。各金融商品の投資割合をどのように変えても、最も高い金融商品の期待リターンを超えることはなく、最も低い金融商品の期待リターンを下回ることはない。

正解 ⇨ 1

《問 36》 以下の係数の説明に関する次の記述で、不適切なものはどれか。

チェック欄

1）　現価係数は、将来価値を一定の利率で割り引いた場合の現在価値を求める際に使用する。
2）　終価係数は、現在価値を一定の利率で運用した場合の将来価値を求める際に使用する。
3）　年金現価係数は、毎年一定額の金額を受け取りたい場合の原資を求める際に使用する。
4）　年金終価係数は、現在の原資を一定期間にわたり取り崩したい場合、毎年の一定額の取り崩し額を求める際に使用する。

■ 解答・解説

1）　適切
2）　適切
3）　適切
4）　不適切。資本回収係数の説明である。

正解 ⇨ 4

《問 37》 分散投資と長期投資に関する次の記述で、不適切なものはどれか。

チェック欄

1）　分散投資の種類として銘柄分散、地域分散、資産分散がある。
2）　ある資産に長期間投資する場合、リターンとリスクの伸びは同じである。
3）　銘柄分散とは、相関関係の小さい銘柄同士を分散することである。
4）　時間分散は、投資の方法としてどんな場合でもよい方法であるとは限らない。

■ 解答・解説

1）　適切

2)　不適切。例えば、ある資産に10年間投資した場合、リターンは10倍になるが、リスクは$\sqrt{10}$倍である。

3)　適切

4)　適切。例えば、株式相場で長期間下降しているような場合、平均購入単価は、現在の株価より高いところにある。

正解 ⇨ 2

《問 38》 分散投資に関する次の記述のうち、適切なものはどれか。

1)　資産分散とは、多くの銘柄の株式に分散するような方法である。

2)　セクター分散では、債券の場合、残存年数や信用格付による分類がある。

3)　アンシステマティックリスクは、分散投資を行ってもリスクの低減ができない。

4)　分散投資において、投資対象を追加することにより、期待収益率は上がる。

■ 解答・解説

1)　不適切。資産分散とは、株式や債券など異なる資産を組み合わせることであり、同一資産の分散投資よりもリスク低減効果が大きくなる。

2)　適切。なお、株式の場合は企業の規模や成長性による分類などがある。

3)　不適切。アンシステマティックリスク（個別リスク）は、分散投資を行うことでリスクの低減を図ることができる。一方、市場リスクのように分散投資によって除去不可能なリスクをシステマティックリスク（分散不能リスク）という。

4)　不適切。追加する前の最も低い投資対象の期待収益率よりも低い期待収益率の投資対象を追加した場合、全体の期待収益率は低下する。

正解 ⇨ 2

《問 39》 ドルコスト平均法に関する次の記述のうち、適切なものはどれか。

チェック欄 □□□

1) ドルコスト平均法とは、価格が変動する金融商品を一定数量で、定期的に購入する方法である。

2) ドルコスト平均法では、投資資金残高が大きいほど効果が大きい。

3) ドルコスト平均法は、時間分散の一つである。

4) ドルコスト平均法で一定金額購入する方法と一定数量購入する方法を比較すると、平均購入単価は一定数量購入する方法のほうが安くなる。

■ 解答・解説

ドルコスト平均法は、価格が変動する金融商品を一定金額で、定期的に購入する方法で、一定数量で購入するよりも平均購入単価は安くなる。また、この方法で金融商品を購入する場合は、価格が安いときには多く購入することができ、価格が高いときには少量しか購入することができないため、価格が平準化される。ただし、今まで投資していた累積投資額が大きくなるにつれて効果は期待できなくなる。したがって、3）が適切。

正解 ⇨ 3

○ドルコスト平均法の例

5 期、定額購入（1 万円）と定量購入（10 口）をした場合の比較

購入時期	単価	定額購入	定量購入
1 期	1,000 円	10 口	10,000 円
2 期	1,250 円	8 口	12,500 円
3 期	800 円	12.5 口	8,000 円
4 期	2,000 円	5 口	20,000 円
5 期	500 円	20 口	5,000 円
購入金額合計		50,000 円	55,500 円
購入口数合計		55.5 口	50 口
平均購入単価		901 円	1,110 円

《問40》　相関係数に関する次の記述のうち、適切なものはどれか。

チェック欄

1)　2資産の場合におけるポートフォリオのリスクを計算するためには相関係数が必要となる。
2)　相関係数は－1に近づくほど、分散投資の効果は小さい。
3)　相関係数は＋1に近づくほど、分散投資の効果は大きい。
4)　相関係数が0であるということはありえない。

■ 解答・解説

相関係数は－1から＋1の間の値を必ずとり、－1に近づくほど、分散投資の効果は大きく、＋1に近づくほど、分散投資の効果は小さくなる。また、相関係数が0であるということは、相関関係がないことを表している。

正解 ⇨ 1

《問41》　相関関係に関する次の記述のうち、不適切なものはどれか。

チェック欄

1)　複数の証券間の相関係数が正であるほうが、負よりも分散投資の効果は大きい。
2)　正の相関関係とは、一方の資産が上昇した場合もう一方の資産も上昇し、一方の資産が下落した場合もう一方の資産も下落する場合をいう。
3)　負の相関関係とは、一方の資産が上昇した場合もう一方の資産は下落し、一方の資産が下落した場合もう一方の資産は上昇する場合をいう。
4)　無相関とは、一方の資産価格の変化ともう一方の資産価格の変化に連動性がない場合をいう。

■ 解答・解説

1)　不適切。複数の証券間の相関係数が正である場合は、同じ方向に値動きする関係にあり、負である場合は、反対の方向に値動きする関係にある。そのため、負の関係にあるほうが、分散投資の効果は大きい。なお、相関係数が「1」もしくは「－1」の場合、完全相関という。

2）適切　3）適切　4）適切　　正解 ⇨ 1

《問42》 株式Aと債券Bを下表のとおり組み合わせた場合、ポートフォリオの期待リターンとリスクの値として、最も近い数字はどれか。

チェック欄 □□□

	投資比率	リターン	リスク	リターンの相関係数
株式A	0.2	10％	15％	－0.4
債券B	0.8	3％	5％	

1）リターン4.4％、リスク2.4％
2）リターン4.4％、リスク3.9％
3）リターン7.0％、リスク2.4％
4）リターン7.0％、リスク3.9％

■ 解答・解説

まず、ポートフォリオの期待リターンは次のように計算される。

（株式Aのリターン×株式Aの投資比率）＋（債券Bのリターン×債券Bの投資比率）＝(10％×0.2)+(3％×0.8)＝4.4％となる。

次に、2資産の場合におけるポートフォリオのリスクを計算する。

$\sqrt{(\text{株式Aのリスク}^2\times\text{株式Aの投資比率}^2)+(\text{債券Bのリスク}^2\times\text{債券Bの投資比率}^2)+2\times\text{リターンの相関係数}\times\text{株式Aのリスク}\times\text{債券Bのリスク}\times\text{株式Aの投資比率}\times\text{債券Bの投資比率}}$

$=\sqrt{(15^2\times0.2^2)+(5^2\times0.8^2)+2\times(-0.4)\times15\times5\times0.2\times0.8}\fallingdotseq3.9\%$

したがって、ポートフォリオの期待リターンとリスクの値として、最も近い数字は、2)となる。　　正解 ⇨ 2

《問43》 リスク許容度に関する記述のうち、適切なものはどれか。

チェック欄

1) リスク許容度を決定する要因のひとつに、収入があげられる。
2) リスク許容度は、一般に年をとるほど高くなる。
3) リスク許容度は、一般に資産が多いほど低くなる。
4) リスク許容度の高い人は、安全性の高い預貯金を選択するのが一般的である。

■ 解答・解説

1) 適切。リスク許容度を決定する要因には、収入・資産・年齢などがある。
2) 不適切。リスク許容度は、一般に年をとるほど低くなる。
3) 不適切。リスク許容度は、一般に資産が多いほど高くなる。
4) 不適切。安全性の高い預貯金を選択するのが一般的なのは、リスク許容度の低い人である。

正解 ⇨ 1

《問44》 アセットアロケーションに関する記述のうち、不適切なものはどれか。

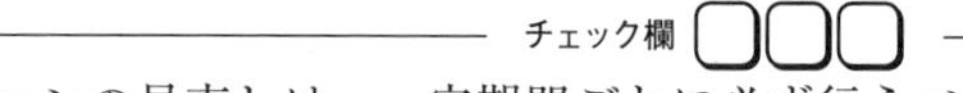

1) アセットアロケーションの見直しは、一定期間ごとに必ず行うべきである。
2) 運用成果の90%は、アセットアロケーションで決まるといわれる。
3) アセットアロケーションとリスク許容度は密接な関係がある。
4) アセットアロケーションには、戦略的アセットアロケーションと戦術的アセットアロケーションの2種類がある。

■ 解答・解説

1) 不適切。アセットアロケーションの見直しは、一定期間ごとに行うのではなく、必要と判断されたときに行うべきである。ただし、検証は一定期間ごとに行う。

2)　適切

3)　適切

4)　適切。戦略的アセットアロケーションは長期的な観点に基づく資産配分の変更、戦術的アセットアロケーションは市場の転換点を予測して短期的な資産配分を行う資産運用手法である。

正解 ⇨ 1

《問 45》　有効フロンティアに関する次の記述のうち、不適切なものはどれか。

チェック欄 □□□

1)　同じリターンであればリスクの最も低くなる資産の組合せを選択する。これを最適ポートフォリオという。

2)　有効フロンティアは、組み込む資産の数を増やしていくと左上方に広がっていく。

3)　リスクを横軸に、リターンを縦軸にとると有効フロンティアは上に凸の曲線となる。

4)　効率的ポートフォリオは、リターンが異なるごとに必ず1つ存在する。

■ 解答・解説

1)　不適切。効率的ポートフォリオという。最適ポートフォリオとは、有効フロンティア上の効用曲線との接点である最も高い効用を達成する資産の組合せをいう。

2)　適切。一般に、既存のポートフォリオにそれとの相関係数が1より小さい資産を新たに追加した場合、有効フロンティアは左上方にシフトする。

3)　適切

4)　適切。効率的ポートフォリオの集合が有効フロンティアとなる。

正解 ⇨ 1

《問46》　格付けに関する次の記述のうち、適切なものはどれか。

チェック欄 □□□

1)　格付けとは、債券などの価格変動リスクを中立的な立場の格付け機関が判断し、アルファベットなどを用いて表したものである。
2)　債券の信用格付けは、発行体の元金の支払能力を示すものである。
3)　格付けは短期で更新されることもある。
4)　格付け機関は被格付け会社に対してヒアリング・監査等を行い、格付けを付与する。

■ 解答・解説

1)　不適切。格付けは、債券などの信用リスクのみを評価したものであり、他のリスクは考慮していない。
2)　不適切。債券の信用格付けは、元金だけではなく利息の支払能力も含んでいる。
3)　適切。格付けは景気循環に左右されない安定した指標であることを目指しているが、場合によっては短期間で見直されることもある。
4)　不適切。被格付け会社に対するヒアリングは行われるが、監査は行われない。

正解 ⇨ 3

《問47》　投資指標に関する次の記述のうち、適切なものはどれか。

チェック欄 □□□

1)　社債を発行する場合、格付けが高いほど高い利回りで発行することになり、格付けが低いほど低い利回りで発行することができる。
2)　株価格付けと社債の格付けは評価が必ず一致する。
3)　定性評価は長期的な視点に基づくものである。
4)　シャープレシオは、定性評価である。

■ 解答・解説

1)　不適切。債券の発行に際し、格付けが高いほど信用リスクは小さいため、低い利回りで発行でき、格付けが低いほど信用リスクは大きいため、高い利回りで発行せざるをえない。

2)　不適切。株価格付けと社債の格付けは、対象が異なることから評価が必ずしも一致するとは限らない。

3)　適切

4)　不適切。シャープレシオは、定量評価である。

正解 ⇨ 3

《問 48》 投資信託の評価に関する次の記述のうち、不適切なものはどれか。

チェック欄 □□□

1)　投資信託の評価方法は、定量評価と定性評価の2種類がある。

2)　シャープレシオは、リスク指標に標準偏差を使用しているので、投資対象や投資方針の異なるポートフォリオ間のパフォーマンス評価に適した評価方法である。

3)　定量評価は、過去の数値を分析したものであり、将来を保証するものではない。

4)　投資信託の評価において、評価機関は絶対評価に基づいた定量評価を行っているのがほとんどである。

■ 解答・解説

1)　適切　　2)　適切　　3)　適切

4)　不適切。評価機関のほとんどが絶対評価でなく、相対評価に基づいた投資信託の評価を行っている。

正解 ⇨ 4

《問49》 シャープレシオの値について適切な数値はどれか。

チェック欄 □□□

ファンドのリターンが4%、無リスク資産のリターンが1%、ファンドのリスクが10%の場合におけるシャープレシオは、下記の値となる。

1) 0.1　2) 0.25　3) 0.3　4) 0.4

■ 解答・解説

シャープレシオは数値で示され、投資信託を評価する際に用いられる。この値を求める計算式は、以下のようになる。

(ファンドのリターン－無リスク資産のリターン) ÷ファンドのリスク

上記式に設問の数値を当てはめると次のように計算できる。

(4%－1%) ÷ 10% = 0.3

(注) 無リスク資産のリターンは「リスクフリーレート」といわれることもある

正解 ⇨ 3

《問50》 インフォメーションレシオの値について適切な数値はどれか

チェック欄 □□□

ファンドのリターンが7%、ベンチマークのリターンが5%、ファンドのトラッキングエラーが10%の場合におけるインフォメーションレシオは、下記の値となる。

1) 0.1　2) 0.2　3) 0.25　4) 0.3

■ 解答・解説

インフォメーションレシオは数値で示され、投資信託を評価する際に用いられる。この値を求める計算式は、以下のようになる。

(ファンドのリターン－ベンチマークのリターン) ÷ファンドのトラッキングエラー

上記式に設問の数値を当てはめると次のように計算できる。

(7％－5％)　÷ 10％＝0.2

※インフォメーションレシオとは、「ベンチマークに対して」取ったリスクの大きさ（＝ファンドのトラッキングエラー）に対して、どの程度超過リターン（対ベンチマーク）が得られたかを見たものである。トラッキングエラーはアクティブリスクともいう。ベンチマークは、株式投資信託なら運用目標とする株価指数（日経平均株価や TOPIX 等）などとなる。シャープレシオはリスクの総量に対するリターン（リスクフリーレートを上回る分）の総量を比較しているのにすぎず、運用が準拠するベンチマークとの比較の観点が欠除している。これに対し、インフォメーションレシオでは、運用上の指標に対する相対的な比較として、リスク当たりのリターンを測定することができる。

　パフォーマンス評価の尺度としては、この他にもトレーナーレシオやジェンセンのα（アルファ）といったものもある。トレーナーレシオでは、総リスクのうち市場リスクに対してリターンがどれだけ上回ったかが示される。また、ジェンセンのαでは期待リターンに対して実現リターンがどれだけ上回ったかが示される。

正解 ⇨ 2

《問51》 ライフプランに関する次の記述のうち最も適切なものはどれか。

チェック欄 □□□

1) ライフプランは在職中の生活だけで、退職後の生活は含めない経済計画である。
2) ライフプランの資金づくりは、「生きがいプラン」「健康プラン」などは考慮しないで作成する方がよい。
3) ライフプランは、本人の価値観や人生観を反映させず、客観的に立てなければならない。
4) ライフプランは定期的なチェックや状況変化に応じて見直しが必要である。

■ 解答・解説

1) 不適切。ライフプランは退職後の生活を含めた人生計画である。なお、現役時代と退職後では収入や支出の状況が大きく変わるため、退職後のライフプラン部分をリタイアメントプランと呼び、現役時代の資金計画(経済計画)をライフプランと呼ぶ場合もある。ただし、この場合でもリタイアメントプランと切り離されて資金計画が設計されるわけではない。
2) 不適切。DCプランナーが関わるライフプランは、主として「資金づくり」だが、「生きがいプラン」「健康プラン」とも密接な関係があり、それらを総合的に把握してライフプランを作成する必要がある。
3) 不適切。ライフプランは本人の価値観、人生観、夢や希望を達成できるように立てるものである。
4) 最も適切。ライフプランは一度作成したら終わりでなく、作成後のメンテナンスが必要である。

正解 ⇨ 4

《問52》 ライフプランに関する次の記述のうち、最も不適切なものはどれか。

チェック欄 □□□

1） ライフプランは個人の現状の資産や収入、将来の収入見込み、ライフイベント等に基づき、経済的な部分の生涯設計を描くものである。

2） ライフプランは本人および家族のライフイベントを把握し、そのときの必要資金を準備できるように設計する。

3） ライフプランは広義としては、「生きがいプラン」「健康プラン」「資金プラン」の3つに分類され、狭義としては「資金プラン」のことをいう。

4） ライフプランは人生の3大資金といわれる「結婚資金」「住宅購入資金」「老後の資金」をバランスよく計画に取り入れなくてはならない。

■ 解答・解説

1） 適切。DCプランナーは主に経済部分の生涯設計を行う。

2） 適切。ライフプランを作成するには、ライフイベントを列挙し、必要資金を把握する。

3） 適切。DCプランナーは主に「資金づくり」と関わる。

4） 最も不適切。ライフプランにおける人生の3大資金とは「教育資金」「住宅購入資金」「老後の資金」である。「結婚資金」は含まれないが、結婚資金を含めて人生の4大資金と呼ばれることもある。

正解 ⇨ 4

《問53》 ライフデザインに関する次の記述のうち、最も適切なものはどれか。

チェック欄 ☐☐☐

1) ライフデザイン表とは、本人および家族に、いつ、何が起こるかを時系列で一覧表にまとめたものである。
2) ライフプランを作成する前に、ライフデザインをできるだけ具体的に、把握する必要がある。
3) ライフデザインはライフプランに合わせて立てなければならない。
4) ライフデザインは人生の3大資金といわれる「教育資金プラン」「住宅購入資金プラン」「老後の資金プラン」を作成した後、具体化する。

■ 解答・解説

1) 不適切。本設問は、ライフイベント表についての記述である。
2) 最も適切。ライフデザインは、ライフプラン作成前にできるだけ具体的に把握し、ライフデザインを達成できるようにライフプランを立てる。
3) 不適切。ライフプランは、ライフデザイン、ライフイベントに合わせて立てる。
4) 不適切。ライフデザインは、他のプランに先行して具体化する。

正解 ⇨ 2

《問54》 ライフプランとライフデザインに関する次の記述のうち、最も適切なものはどれか。

チェック欄 □□□

1) ライフデザインとは、本人および家族のライフイベントと、そのときの必要資金はいくらかを把握し、準備できるように設計するものである。
2) ライフデザインとは、「生きがいプラン」「健康プラン」「資金プラン」を総合的にプランニングするものである。
3) DC プランナーは顧客のライフデザインを考慮してライフプランを作成しなければならない。
4) ライフプラン表とは、ライフデザインに基づいた家族全体の具体的イベントを時系列で表したものである。

■ 解答・解説

1) 不適切。記述はライフプランの説明である。
2) 不適切。記述はライフプランの説明である。
3) 最も適切。DC プランナーが顧客のライフデザインを無視してライフプランを作成しても、顧客の満足は得られない。
4) 不適切。ライフデザインに基づいた家族全体の具体的イベントを時系列で示したものはライフイベント表である。

正解 ⇨ 3

《問55》 教育資金に関する次の記述のうち、最も不適切なものはどれか。

チェック欄 □□□

1) 教育資金の準備手段としては保険型商品、積立型金融商品、教育ローンの3つのタイプがあるが、投資信託も教育資金づくりの選択肢の1つとして考えられる。
2) 1年後の大学入学費用を200万円と見積もり、現在の貯金200万円のうち100万円を1年満期の定期預金に、残りの100万円を株式に分散投資した。
3) 一般的に教育費のピークは、40代後半から50代であり、本人の老後資金の準備と住宅ローン返済が重なるので計画的な資金準備が必要になる。
4) 大学の教育費は高額なので公的な教育ローンや民間の教育ローンの利用が可能であり、比較的金利が低い。しかし、ローンは返済しなければならないので返済計画を立ててから利用すべきである。

■ 解答・解説

1) 適切。投資信託で教育資金を積み立てる場合、準備期間の長さや教育資金という目的に合った商品を個別に選択する必要がある。
2) 最も不適切。株式投資はリスクが大きく、値上がり益も期待できるが元本割れもあるので、1年後に必ず必要な資金を株式投資に使うのは適切でない。
3) 適切。40代、50代は人生のなかで収入も支出もピークの年代である。
4) 適切。教育に関するローンは比較的金利が低いが、他の資金プランを含めて返済計画を立ててから利用すべきである。

正解 ⇨ 2

《問 56》 個人年金保険について最も不適切なものはどれか。

チェック欄

1） 夫婦年金保険は、夫婦のいずれかが生きていれば年金が支払われる。
2） 保証期間付終身年金保険は、保証期間後も生きている限り年金を受け取れる。また、保証期間中に被保険者が死亡しても遺族に残りの期間に応じた一時金（年金現価）が支払われる。
3） 確定年金保険は、一定期間だけ年金が支払われ、一定期間内であれば被保険者が死亡しても遺族が年金を受け取ることができる。
4） 有期年金保険は被保険者が死亡しても、年金支払期間中は遺族が年金を受け取ることができる。

■ 解答・解説

1） 適切
2） 適切
3） 適切
4） 最も不適切。有期年金保険は、年金支払期間中に被保険者が死亡した場合、それ以後の年金は支払われない。確定年金保険と有期年金保険の違いを理解しておきたい。

正解 ⇨ 4

《問57》 リタイアメントプランに関する次の記述で、正誤の組み合わせ1）～4）のうち最も適切なものはどれか。

チェック欄 □□□

ア） 現在加入している生命保険の見直しの中で、退職後の収入が厚生年金と企業年金の受給だけで不足する場合、私的年金である個人年金の組み入れも考えられる。

イ） リタイアメントプランニングの手順の中で「退職後の生活を具体化する」とあるのは、ライフプランニングの「キャッシュフロー表の作成」に該当する。

ウ） リタイアメントプランによるキャッシュフロー表の作成にあたっては、生活費を除く交際費などは、年齢が若いほどその額を小さくすべきである。

エ） 老後になってからの資産運用を考える場合、運用する商品については基本的にリスクを抑えた金融商品を選択すべきである。

1） ア）とウ）が誤っており、残りは正しい。
2） イ）とウ）が誤っており、残りは正しい。
3） イ）とエ）が誤っており、残りは正しい。
4） ウ）とエ）が誤っており、残りは正しい。

■ 解答・解説

ア） 正しい

イ） 誤り。「退職後の生活を具体化する」とあるのは、ライフデザインもしくはライフイベントに該当する。

ウ） 誤り。リタイアメントプランでは、年齢が若いほど交際費は多くすべきである。

エ） 正しい。なお、老後期間が長期化していることから、多少リスクを取りながら資産寿命を延ばしていくことも必要である。

正解 ⇨ 2

《問 58》 リタイアメントプランニングについて最も不適切なものはどれか。

チェック欄 ☐☐☐

1) 夫婦共稼ぎの場合は、2人とも厚生年金保険に加入している場合があるので、2人の年金受給額を調べておく必要がある。
2) 退職後は年金、利息収入などを生活費に充当し、預貯金などの金融資産は、イベント経費に充当するように固定して考える方がよい。
3) リタイアメントプランは、生活費の確保が一番大事であるが、自分の希望する生き方を達成するための「ゆとり資金」づくりも考える必要がある。
4) リタイアメントプランは、退職後のプランで老後の資金計画である。老後の生活費の他、ゆとり資金、病気、介護のリスク、相続対策など総合的に考えることが必要である。

■ 解答・解説

1) 適切。なお、被用者年金一元化法により、2015（平 27）年 10 月 1 日から公務員などの共済年金制度は厚生年金制度に統合されている。
2) 最も不適切。ライフプランは収入と支出のバランスを生涯にわたりコントロールしていくことであり、将来の収入と支出を固定して考えることは適切でない。
3) 適切。自分の希望する人生を送るには、生活資金の他、ゆとり資金をつくることも必要である。また、平均余命を考慮し、経済的に安定した生活ができる収入等をつくることも必要である。60 歳の人の平均余命は男性約 24 年、女性約 29 年となっている（厚生労働省「簡易生命表」2021〈令 3〉年）
4) 適切。老後資金には、生活費、ゆとり資金の他、病気、介護リスクに対する資金も必要である。

正解 ⇨ 2

《問59》　確定拠出年金とアセットアロケーションに関する次の記述のうち、最も適切なものはどれか。

チェック欄

1)　企業型年金は、従業員が自己責任で年金資産のアセットアロケーションを決めて、その運用成果は、従業員に帰属する。アセットアロケーションを決定する資質の向上を育成するために、企業に基礎的教育を求めている。

2)　確定拠出年金加入者がアセットアロケーションを決める要因は、投資期間やリスク許容度などであるが、現在の資産や貯蓄を考慮しないで決めるほうがよい。

3)　同じ企業で確定拠出年金のみ適用される従業員と、確定拠出年金と他の企業年金も適用される従業員のアセットアロケーションを決める際のリスク許容度は、確定拠出年金のみ適用されている従業員のほうが低くなる。

4)　確定拠出年金の加入者は、ライフプランを立て、それに合うような最も適したアセットアロケーションを決めることが大切である。

■ 解答・解説

1)　不適切。基礎的教育ではなく、各人のレベルに応じた教育を求めている。

2)　不適切。アセットアロケーションを決める際には、現在の資産や貯蓄も考慮して決める必要がある。

3)　不適切。リスク許容度は、個人の資産や年齢だけでなく、個人のリスクに対する選好度（反対の意味は拒否度）も含んでいる。したがって、設問の条件だけでは判断できない。

4)　最も適切。アセットアロケーションはライフプランに合うように、決めなくてはならない。

正解 ⇨ 4

《問 60》 キャッシュフロー表の内容に関する次の記述で、正誤の組み合わせ 1）～4）のうち、適切なものはどれか。

チェック欄 □□□

ア） キャッシュフロー表に記入する現状の収入については可処分所得を収入金額として把握し、自分以外の家族の分も含めるほうがよい。

イ） キャッシュフロー表に記入する現状の資産は、購入価額で把握し、投資用不動産、ゴルフ会員権などでも、換金することができ、イベント費用として充当できるものは記入する。

ウ） キャッシュフロー表に記入する将来の収支は、物価の変動を考慮して決めることが、重要なポイントである。

エ） キャッシュフロー表に記入する「貯蓄残高」と「年間収支」が、プラスならば収支予想において資金計画が順調なので何もする必要がない。

1） ア)とウ)が誤っており、残りは正しい。
2） イ)とウ)が誤っており、残りは正しい。
3） イ)とエ)が誤っており、残りは正しい。
4） ウ)とエ)が誤っており、残りは正しい。

■ 解答・解説

ア） 正しい。キャッシュフロー表に記入する収入は、自分以外の家族の分も含めたほうがよい。

イ） 誤り。キャッシュフロー表に記入する資産は購入価額でなく、時価（現在価値）で記入する。

ウ） 正しい。将来の収支において、物価の変動をどのように予測するかは重要な点である。

エ） 誤り。「貯蓄残高」「年間収支」がプラスでも、それを維持安定させるため、定期的なチェックが必要である。

正解 ⇨ 3

《問61》　キャッシュフロー分析に関する次の記述のうち、最も不適切なものはどれか。

チェック欄□□□

1）　家計の収支や貯蓄の状況を年次別に比較検討することにより、いつ、どのくらいの資金が必要なのかが明確になるので、ライフイベントの実行可能性や問題点がわかる。
2）　キャッシュフロー表から読み取れないものは、ローンの内容、保証内容、金融資産のバランスなどがあり、これらも総合的に分析する必要がある。
3）　キャッシュフロー分析で最も重要なものは貯蓄残高累計である。貯蓄残高累計がマイナスになった場合、至急どのライフイベントを除くかを考える必要がある。
4）　キャッシュフロー分析をする場合、収入と支出の将来予想において物価の変動をどのように考えるかは重要である。

■ 解答・解説

1）　適切
2）　適切
3）　最も不適切。ある時期に貯蓄残高累計が一時的にマイナスになってもキャッシュフロー分析をして、継続的にマイナスにならなければライフイベントをすぐに除く必要はない。
4）　適切。物価の変動は、過去や現在の経済情勢から予想しなくてはならない。

正解 ⇨ 3

《問 62》 DC プランナーのキャッシュフロー分析に関する次の記述のうち、最も不適切なものはどれか。

チェック欄 □□□

1) キャッシュフロー分析の重要なポイントは、年間収支がマイナスの場合にそれが一時的なのか、継続性があるのかを確認する必要があることだ。
2) キャッシュフロー分析は、将来の資金計画を検討し、収支の動きをみて、プランの実現可能性を検証し、実現困難である場合は、対策前後のキャッシュフロー表を比較検討して改善案を作る。
3) キャッシュフロー表の収入は「可処分所得」を記入するが、給料から社会保険料、税金、生命保険料などを控除した額である。
4) キャッシュフロー分析による問題解決策において、確定拠出年金の運用結果は長期の積み立て資産の運用結果として大きな影響を与えることになる。

■ 解答・解説

1) 適切。キャッシュフロー分析では、年間収支のマイナスが継続するようなら改善策を考える必要がある。また、貯蓄残高がマイナスになる場合は見直しが必要となり、キャッシュフロー表を作成し直すこともある。
2) 適切。DC プランナーは顧客に対策前後のキャッシュフロー表を見せながら、問題点、改善策を説明する。
3) 最も不適切。「可処分所得」は給料から社会保険料、税金（直接税）を控除したもので、生命保険料、損害保険料などは控除しない。
4) 適切。確定拠出年金の運用結果はライフプラン全体に大きな影響を与える。確定拠出年金の運用成果は自己責任なので加入者自身が運用方法を学ぶ必要性が出てきた。

正解 ⇨ 3

《問63》 次の記述のうち、最も正解に近いものはどれか（万円未満四捨五入）。

チェック欄 □□□

1) 毎年100万円を10年間受け取るためには、年利３％の運用で今現在860万円必要である。
2) 20年後に2,000万円を受け取るためには、年利４％の運用で毎年64万円の積み立てが必要である。
3) 1,000万円を15年で取り崩す場合、年利３％の運用で毎年85万円受け取れる。
4) 年利３％で毎年36万円を積み立てていくと25年後の元利合計は1,360万円になる。

■ 解答・解説

1) 不適切。100万円×8.7861（10年３％の年金現価係数）≒879万円
2) 最も正解に近い。2,000万円÷30.9692（20年４％の年金終価係数）≒65万円
3) 不適切。1,000万円÷12.2961（15年３％の年金現価係数）≒81万円
4) 不適切。36万円×37.5530（25年３％の年金終価係数）≒1,352万円

正解 ⇨ 2

《問64》 課税に関する次の記述のうち、不適切なものはどれか。

チェック欄 □□□

1) 定年後、受け取る雇用保険の基本手当や高年齢雇用継続給付等は収入として確定申告する必要はない。
2) 民間生命保険会社の個人年金保険を解約した収入は、一時所得になる。
3) 財形貯蓄年金と中小企業退職金共済制度の分割（年金）払いには、公的年金等控除が適用される。
4) 中小企業退職金共済制度の一時払い共済金は退職所得になる。

■ 解答・解説

1）　適切。雇用保険の基本手当や高年齢雇用継続給付等は非課税なので申告する必要はない。

2）　適切

3）　不適切。財形貯蓄年金には、公的年金等控除は適用されない。

4）　適切

正解 ⇨ 3

《問 65》　次の給付を個人で受け取る場合の相続税法上の扱いに関して適切なものはどれか。

1）　確定拠出年金の企業型年金規約に基づき死亡一時金として受け取る場合、相続税は課税されない。

2）　確定給付企業年金の規約に基づき遺族給付金として受け取る場合、相続税は課税されない。

3）　国民年金基金の規約に基づき遺族一時金として受ける場合、相続税は課税されない。

4）　中小企業退職金共済から受け取る遺族一時金は相続税が課税されない。

■ 解答・解説

1）　不適切。相続税法上のみなし相続財産とされ課税される。ただし、法定相続人 1 人につき 500 万円まで非課税となる。（相続税法 3 条、相続税法施行令 1 条の 3）

2）　不適切。1）と同様、相続税法上のみなし相続財産とされ課税される。

3）　適切。遺族が受け取る給付で非課税なものには、国民年金基金の遺族一時金や厚生年金基金の死亡一時金がある。

4）　不適切。1）と同様、相続税法上のみなし相続財産とされ課税される。

正解 ⇨ 3

《問66》 老後資金の積み立てに関する次の記述で、運用残高として最も近いものはどれか。

チェック欄

Aさん(40歳)の会社には企業年金がなかったが、確定拠出年金(企業型年金)が導入され、会社の掛金は月額2万円である。マッチング拠出も実施され、Aさんは法定限度額を拠出することとした。Aさんが50歳で会社を退職し、同時に自営業者として60歳になるまで確定拠出年金（個人型年金）に加入して、掛金を拠出限度額（国民年金基金、付加年金には未加入）とした場合、60歳時点での運用金残高として最も近いものはどれか。当初の10年間に積み立てた残高の運用も含めて、全期間の運用利率は年3%とする。なお、手数料や税金は考慮しないものとする。

1）1,660万円　　2）1,720万円　　3）1,780万円　　4）1,840万円

■ 解答・解説

① 企業型年金の掛金拠出限度額は他の企業年金がない場合、労使合計で月額55,000円である。しかし、マッチング拠出の加入者掛金(従業員掛金)は事業主掛金を超えることができないので、Aさんの拠出できる加入者掛金の法定限度額は会社の掛金と同額の月額2万円である。したがって、在職中のAさんの掛金額は会社の掛金と合わせて月額4万円となり、年間48万円（4万円×12カ月）を拠出することになる。

② Aさんが10年間（40歳から50歳になるまで)、運用利率年3%で毎年48万円を積み立てた合計額は、以下のように計算できる（1円未満切り捨て。以下同じ)。

48万円×11.8078（運用利率3%、運用期間10年の年金終価係数）
＝5,667,744円（50歳時点での積み立て合計額）

③ ②の金額を10年間（50歳から60歳になるまで)、運用利率年3%で運用した元利合計額は、以下のように計算できる。

5,667,744円×1.3439（運用利率3%、運用期間10年の終価係数）
≒7,616,881円（60歳時点での運用残高）

④　確定拠出年金（個人型年金）で、自営業者等の月額拠出限度額は、68,000円（国民年金基金、付加年金には未加入の場合）であるから、Aさんの掛金額は、年額816,000円（68,000円×12カ月）である。Aさんが10年間（50歳から60歳になるまで）、運用利率年3％で毎年816,000円を積み立てた合計額は、以下のように計算できる。

816,000円×11.8078（運用利率3％、運用期間10年の年金終価係数）
≒9,635,164円（60歳時点での積み立て合計額）

⑤　60歳時点での運用残高は、③＋④で求められる。

7,616,881円＋9,635,164円＝17,252,045円

以上から、最も近いのは、2）の1,720万円である。　　正解 ⇨ 2

《問67》　退職所得に係る税金に関する次の記述のうち、適切なものはどれか。

チェック欄 □□□

1）　退職所得は、「退職所得の受給に関する申告書」を提出している場合は、総合課税になり、他の所得と合算して源泉徴収される。
2）　前払い退職金は、一般的には一時所得や給与所得とみなされ、退職所得控除の対象とならないが、確定拠出年金との選択制の場合は、退職所得とみなされ、退職所得控除の対象となる。
3）　退職所得の計算において、勤続年数が21年1カ月の人が退職一時金として1,000万円を受け取った場合の退職所得は、30万円である。
4）　確定拠出年金の企業型年金に11年間加入、運用指図者期間4年の60歳の人が一時金660万円を受け取った場合の退職所得は30万円である。

■ 解答・解説

1）　不適切。「退職所得の受給に関する申告書」を提出している場合は、分離課税になる。
2）　不適切。前払い退職金は、確定拠出年金との選択制であっても、退職所得とはみなされない。
3）　適切

勤続年数	退職所得控除額
20年以下	40万円×勤続年数（最低保障80万円）
20年超	{70万円×(勤続年数－20年)}＋800万円

＊勤続1年未満の端数は切上げとする。

（退職一時金－退職所得控除額）×2分の1=退職所得（課税対象額）
{70万円×（22年－20年)}＋800万円=940万円（退職所得控除額）
（1,000万円－940万円）×2分の1＝30万円（退職所得）

4）不適切。前記参照（運用指図者期間は勤続年数に含めない）
40万円×11年＝440万円（退職所得控除額）
（660万円－440万円）×2分の1＝110万円（退職所得）　　正解 ⇨ 3

《問68》 公的年金に係る税金に関する次の記述のうち、不適切なものはどれか。

チェック欄 □□□

1）確定拠出年金の老齢給付金を年金で受給する場合には、「公的年金等に係る雑所得」として扱われる。
2）公的年金等には、確定拠出年金のほかに公的年金（国民年金、厚生年金、共済年金）の老齢給付、企業年金（適格退職年金、厚生年金基金、確定給付企業年金）、中小企業退職金共済の給付金などもあり、これらを合算したものが、公的年金等に係る雑所得となる。
3）公的年金等に係る雑所得の課税は、給与所得、不動産所得など他の所得と合わせた総合課税である。
4）特定退職金共済は確定拠出年金法による企業年金に入っていないため分割（年金）払いは、公的年金等控除の対象にならない。

■ 解答・解説

1）適切　2）適切　3）適切
4）不適切。特定退職金共済と中小企業退職金共済は確定拠出年金法の企業年金に入っていないが、「公的年金等に係る雑所得」とみなされ、公的年金等控除の対象となる。　　正解 ⇨ 4

Part 3

応用編（設例問題）

※解答にあたって必要な場合は、352・353 ページの係数表を使用すること

【設例1】 公的年金の支給開始年齢と夫婦の年金

チェック欄 □□□

Aさん(1961〈昭36〉年4月1日生まれ)は高卒のサラリーマンであり、家族は、妻(1966〈昭41〉年4月20日生まれ)、長男(26歳)、長女(17歳)の4人家族である。会社は60歳の定年後も65歳になるまでは継続雇用の制度で働くことができるので、60歳以降もそのまま働いている(厚生年金保険加入)。60歳台になったとき、Aさんは年金を意識した資産の現状を確認してみた。

《問1》 Aさんが受給できる65歳前の公的年金と支給開始年齢について、次のうち最も適切なのものはどれか。

1) 63歳より特別支給の老齢厚生年金(報酬比例部分+定額部分)
2) 63歳より特別支給の老齢厚生年金(報酬比例部分)
3) 64歳より特別支給の老齢厚生年金(報酬比例部分)
4) 65歳前は繰上げ支給を請求しなければ受給できない

《問2》 Aさんの妻は専業主婦で厚生年金保険の加入歴はなかった。しかし5年前からパートで働き出し、厚生年金保険にも加入している。加給年金と振替加算について、次のうち最も適切なものはどれか。

1) Aさんは、65歳前に加給年金を受給できることもある。
2) Aさんは、妻がパートで厚生年金保険に加入している間は加給年金に配偶者特別加算が付かない。
3) Aさんの妻は、65歳から振替加算を受給できる。
4) 振替加算額は加給年金受給者の生年月日により異なる。

《問３》 Aさんが現時点で万が一死亡した場合の遺族給付に関して、次のうち適切なものはどれか。

1) Aさんの妻は遺族基礎年金が受給できるが、2024（令6）年度の場合、子の加算も合わせて年額1,050,800円である。
2) Aさんの妻は遺族厚生年金も受給できるが、40歳を超えているので中高齢寡婦加算とともに受給開始できる。
3) Aさんの妻は、65歳から経過的寡婦加算を受給できる。
4) Aさんの妻は、65歳からは自分の老齢厚生年金と遺族厚生年金との選択になるが、多いほうを受給できる。

■ 解答・解説

設例のねらいと解答のポイント

公的年金の基本事項を確認する問題である。65歳前の特別支給の老齢厚生年金は生年月日と性別による支給開始年齢を記憶しておくとともに移行完了の生年月日を確認しておきたい。夫婦と公的年金の関係も重要で、加給年金と振替加算の関係、遺族年金のルールの基本を押さえておくことで応用的な問題にも対応できるようになる。

《問１》

特別支給の老齢厚生年金（65歳前の老齢厚生年金）の支給開始年齢引き上げ（65歳支給開始への移行）は、次ページの表のとおりである。1941（昭16）年４月２日生まれの男性から２年間隔で移行していくが定額部分引き上げ終了から報酬比例部分引き上げ開始時だけが４年間隔（昭24.4.2～昭28.4.1）となる。これを覚えておけば、生年月日がわかれば計算可能である。Aさんは４月１日生まれであることに注意する

正解 ⇨ 3

○特別支給の老齢厚生年金の支給開始年齢（男性）

生年月日	報酬比例部分	定額部分
昭和16年4月1日以前生まれ	60歳	60歳
昭和16年4月2日～昭和18年4月1日	60歳	61歳
昭和18年4月2日～昭和20年4月1日	60歳	62歳
昭和20年4月2日～昭和22年4月1日	60歳	63歳
昭和22年4月2日～昭和24年4月1日	60歳	64歳
昭和24年4月2日～昭和28年4月1日	60歳	
昭和28年4月2日～昭和30年4月1日	61歳	
昭和30年4月2日～昭和32年4月1日	62歳	
昭和32年4月2日～昭和34年4月1日	63歳	
昭和34年4月2日～昭和36年4月1日	64歳	

※昭和36年4月2日以後生まれは、65歳から報酬比例部分が本来の老齢厚生年金として支給される。
※女性は5年遅れ

《問2》

1）　最も適切。定額部分がない人の加給年金は65歳加算開始となる。ただし、長期加入者の特例(厚生年金保険44年以上加入)と障害者の特例(障害等級3級以上に該当)の場合は、退職していれば報酬比例部分支給開始から定額部分とともに加給年金も加算される。Aさんは高卒なので、62歳のときに厚生年金保険44年加入となる。Aさんの場合、報酬比例部分が64歳支給開始になるが、退職していれば長期加入者の特例が適用される。

2）　不適切。配偶者の加給年金は配偶者特別加算とセットで支給され、厚生年金保険加入歴が夫婦とも20年以上でなければ支給停止にはならない。Aさんの妻は今後65歳になるまでパート勤務を続けても厚生年金保険加入歴が20年に届かないのでAさんの加給年金は支給される。

3）　不適切。振替加算は1966（昭41)年4月2日生まれ以降の妻には支給されない。

4）　不適切。「加給年金受給者の生年月日」ではなく配偶者の生年月日である。加給年金は「受給者本人(夫)の生年月日」、振替加算は「配偶者(妻)の生年月日」であることに注意する。

正解 ⇨ 1

《問３》

1）　適切。遺族基礎年金の2024年度額は、本体が816,000円（老齢基礎年金の満額と同額。Aさんの妻は67歳以下なので新規裁定者の額が適用）、子の加算は２人目までが各234,800円、３人目以降が各78,300円である。Aさんの妻の場合、該当する子は17歳の長女だけなので、「816,000円＋234,800円＝1,058,000円」となる。

2）　不適切。Aさんの妻は中高齢寡婦加算が受給できるが、遺族基礎年金受給中は支給停止となる。そのため、遺族基礎年金と遺族厚生年金で受給開始になり、長女が18歳年度末を迎えて遺族基礎年金が終了してから中高齢寡婦加算が受給開始となる。

3）　不適切。経過的寡婦加算は1956（昭31）年４月２日生まれ以降の妻には支給されない。

4）　不適切。遺族厚生年金は65歳前は自分（妻）の年金（繰上げ支給の老齢基礎年金含む）との選択だが、65歳以降は、遺族厚生年金の額が多くても、まず自分の老齢厚生年金を受給し、差額のみが遺族厚生年金として支給される。老齢基礎年金はそのまま支給される。つまり、65歳以降は原則として「老齢基礎年金＋老齢厚生年金＋遺族厚生年金（差額分）」となる。

正解 ⇨ 1

【設例２】　60歳以降の働き方と在職老齢年金

チェック欄 □□□

Bさん（1962〈昭37〉年５月10日生まれの女性）はX社を60歳で定年退職後、継続雇用（社会保険加入）で働いている。希望すれば65歳になるまで働けるが、63歳からは特別支給の老齢厚生年金の支給も始まる。そのため、63歳以降の働き方について検討を始めた。

〈Bさんのデータ〉

60歳時の賃金　40万円　　60歳以降の賃金　24万円（賞与なし）

報酬比例部分　月額10万円（63歳支給開始）

《問1》 Bさんは現在、高年齢雇用継続基本給付金を受給しているが、受給額として適切なものは次のうちどれか。

1） 14,400円　2） 36,000円　3） 48,000円　4） 60,000円

《問2》 Bさんが63歳以降もそのままの条件で65歳になるまで働いた場合、受給できる年金月額として適切なものは次のうちどれか。

1） 55,600円　2） 70,000円　3） 85,600円　4） 100,000円

《問3》 X社は従業員30人の会社であり、Bさんは、厚生年金保険からは外れるが63歳時点で勤務時間を短縮して週20時間（賃金16万円）とし、趣味を充実させることも検討した。この場合、総収入額として適切なものは次のうちどれか。

1） 250,000円　2） 260,000円　3） 274,400円　4） 284,000円

■ 解答・解説

設例のねらいと解答のポイント

60歳台前半の働き方と収入の変化を確認する問題である。60歳台前半は、賃金、高年齢雇用継続給付、特別支給の老齢厚生年金（報酬比例部分）の3つが収入源となる。3つの制度の基本と併給調整のルールを押さえ、どのバリエーションでも対応できるようにしておきたい。

《問1》

高年齢雇用継続給付（高年齢雇用継続基本給付金、高年齢再就職給付金）は、原則として60歳到達時等の賃金に対して75％未満に下がった場合、新賃金の一定率を支給する制度である。下落率が大きいほど支給率は上がるが、61％以下は新賃金の一律15％（最大支給率）となる。Bさんの場合、以下

のように計算できる。

・賃金の下落率＝24万円÷40万円＝60％

・高年齢雇用継続基本給付金の受給額＝24万円×15％＝36,000円

なお、賃金や給付金支給額には限度額があり、毎年8月1日に改定されるので注意する。

正解 ⇨ 2

《問2》

在職老齢年金による支給停止額の計算は、法改正により2022（令4）年4月より60歳台前半と後半で統一され、60歳台後半の以下の計算式に一本化された。支給停止開始の基準額は60歳台前半の場合、改正前は28万円だったが、60歳台後半と同じ47万円（2024年度は50万円）に緩和されたため支給停止になるケースはほとんどなくなった。

{(総報酬月額相当額＋基本月額）－50万円} ÷2＝支給停止月額

また、高年齢雇用継続給付と在職老齢年金には併給調整があり、高年齢雇用継続給付の支給率に応じて在職老齢年金が追加で支給停止される。高年齢雇用継続給付の支給率が15％のときは在職老齢年金は標準報酬月額の6％（最大の支給停止率）が追加で支給停止となる。ここで高年齢雇用継続給付は賃金実額、在職老齢年金は標準報酬月額を基準とすることに注意する。

以上から、Bさんの場合、以下のように計算できる。

・(24万円＋10万円）≦50万円……支給停止なし

・24万円×6％＝1.44万円……高年齢雇用継続給付との併給調整

・在職老齢年金額＝10万円－1.44万円＝85,600円

正解 ⇨ 3

《問3》

週20時間以上勤務すれば、社会保険（厚生年金保険、健康保険）から外れても雇用保険には加入となる。そのため、Bさんは、以下のように賃金、報酬比例部分、高年齢雇用継続基本給付金の3つを受給できる。なお、厚生年金保険被保険者ではなくなるので、年金（報酬比例部分）の支給停止基準はなくなり、高年齢雇用継続給付との併給調整もなくなる。

・賃金＝16万円（賃金の下落率＝16万円÷40万円＝40％）
・報酬比例部分＝10万円
・高年齢雇用継続基本給付金の受給額＝16万円×15％＝2.4万円

以上から、総収入額＝16万円＋10万円＋2.4万円＝284,000円

なお、高年齢雇用継続給付は毎月の賃金支給額が対象となるため、残業などがある場合は月によって変動する可能性がある。支給申請は原則として2カ月に一度行う。

正解 ⇨ 4

【設例3】 確定拠出年金による資産形成と税制

チェック欄 □□□

確定拠出年金の企業型を導入している株式会社C社で勤務している女性従業員Tさん(年齢28歳)は、2年4カ月勤務してこの度退職することになった。退職時点でのTさんの積立金残高は48万円で、企業の拠出金の累計は42万円である。TさんはC社の確定拠出年金にしか加入したことがなく、加入期間は勤務期間と同じ2年4カ月である。なお、C社は他に退職給付制度はない。Tさんの夫のUさん(年齢30歳)は自営業者で国民年金に加入しているが、確定拠出年金の個人型年金の加入を検討している。

《問1》 Tさんは、その後60歳になるまで32年間、運用指図者として積立金の運用を続けた。その結果、積立金残高は200万円になった。これを受け取る場合の退職所得控除の金額として、適切なものは下記のうちどれか。

1）42万円　　2）120万円　　3）1,640万円　　4）1,850万円

《問２》　夫のＵさんは確定拠出年金の個人型年金に加入し、税制上の優遇措置を活用したいと思っている。次のうち適切なものはどれか。

1）　個人型年金の掛金は、生命保険料控除として所得控除の対象になる。

2）　老齢給付金を一時金として受け取る場合は退職所得控除の対象になり年金として受け取る場合は公的年金と同じ扱いで雑所得として公的年金等控除の対象になる。

3）　死亡一時金は相続税がかかるが、法定相続人１人当たり1,000万円までは非課税になる。

4）　年金資産の運用時の運用益は非課税だが、全加入者の積立金総額に特別法人税が課税される。なお、課税は2023（令５）年３月31日までは凍結されていたが2023年４月１日からは課税されている。

《問３》　Ｕさんは60歳まで今後30年間個人型年金に毎月５万円を拠出し、その資金を60歳から20年間年金として毎年受給したいと考えている。掛金拠出中の運用利率は年２%、受給開始後からの運用利率は年１%、掛金拠出は年１回として、税金及び手数料は計算しないものとする。毎年取り崩すことができる金額に近いものは、次のうちどれか。

1）126万円　　2）136万円　　3）151万円　　4）162万円

■ 解答・解説

設例のねらいと解答のポイント

確定拠出年金を一時金で受け取る場合の退職所得控除額、個人型年金に加入する場合の税制上の措置、年金終価係数表や年金現価係数表の使い方、運用指図者期間は退職所得控除の対象となる勤務期間とならないことなどを確認する。

《問１》

確定拠出年金の運用指図者としての運用期間は、退職所得控除の勤続年数の対象にならない。Tさんの勤続年数は2年4カ月なので、切り上げて3年とする。退職所得控除額は、「40万円×3年＝120万円」となる。

正解 ⇨ 2

《問2》

1）　不適切。小規模企業共済等掛金控除として所得控除の対象となる。
2）　適切。一時金は退職所得控除、年金は公的年金等控除の対象になる。
3）　不適切。1人当たり500万円まで非課税である。
4）　不適切。特別法人税は2026(令8)年3月31日まで凍結が延長された。

正解 ⇨ 2

《問3》

運用利率2％で30年間運用したときの年金終価係数は、年金終価係数表より41.3794である。したがって、夫Uさんの60歳時の積立総額は、以下の式により計算できる。

60万円×41.3794＝24,827,640円

これを原資に、運用利率1％で運用しながら取り崩し、20年間にわたって毎年年金を受け取る。年金現価係数表より1％で20年の年金現価係数は18.226であるから、毎年の年金額は以下の式により計算できる。

24,827,640円÷18.226≒1,362,210円

したがって、約136万円となる。

正解 ⇨ 2

【設例４】 企業型年金加入者の退職後の選択

チェック欄 □□□

Ｄ社（資本金２億円、従業員500人、卸売業、労働組合なし）は、確定拠出年金を導入しているほかに特定退職金共済制度を退職金積立手段としている。Ｄ社従業員のＰ子さん（26歳、勤続２年、女性）は企業型年金に加入しているが、このほど同じ会社の同僚Ｓさんと結婚することになり、Ｄ社を退職することになった。

《問１》 Ｐ子さんがＤ社退職後とりうる行動として制度上認められないものはどれか。

1) 確定給付企業年金のみを導入している他の会社に再就職して、個人型年金の加入者となる。
2) 企業型年金に年金資産を残し、企業型年金運用指図者として運用だけを継続する。
3) 専業主婦として個人型年金の加入者となる。
4) 専業主婦として個人型年金の運用指図者となる。

《問２》 Ｄ社の企業型年金規約で、加入期間３年未満の従業員が退職した際、企業に年金資産を100％返還する旨の規定がある場合に関する次の記述のうち、制度上認められないものはいくつあるか。なお、Ｄ社はマッチング拠出は導入していない。

ア） 運用損が出た場合でも掛金相当額は返還する。
イ） 運用損が出た場合は掛金相当額から運用損相当額を控除して返還する。
ウ） 運用益が出た場合は掛金相当額と運用益すべてを返還する。
エ） 運用益が出た場合でも掛金相当額のみを返還する。

1) １つ　　2) ２つ　　3) ３つ　　4) ４つ

《問3》 2022（令4）年5月以降に退職して企業型年金を脱退した場合の脱退一時金に関する次の記述のうち、適切なものはいくつあるか。

ア） 通算拠出期間3年以下または年金資産25万円以下で、他の要件を満たしていれば脱退一時金を受給できる

イ） 年金資産が3万円の場合、他の要件を満たしていれば脱退一時金を企業型年金に直接請求できる

ウ） 脱退一時金の請求期限は企業型年金の資格喪失日から3年以内

1） 1つ　2） 2つ　3） 3つ　4） すべて不適切

■ 解答・解説

設例のねらいと解答のポイント

確定拠出年金制度が始まって20年余り、この間、企業型年金の加入者も約800万人となった。それに伴い、企業型年金の加入者が退職し、企業型年金の加入者資格を喪失する者も増加している。そこで、本問では、企業型年金の加入者資格を喪失した場合、今後どのような選択をするか、企業型年金における勤続3年未満における年金資産の返還のルールを理解しているか、また改正のあった個人型年金の加入者拡大と脱退一時金の規定を理解しているかを確認する。

《問1》

1） 認められる。法改正により、2017（平29）年1月からは、企業型年金を導入せず他の企業年金（確定給付企業年金など）がある企業の従業員でも個人型年金に加入できるようになった。

2） 認められない。60歳未満で退職（企業型年金加入者資格喪失）した場合は、国民年金基金連合会に資産移換し、個人型年金加入者か個人型年金運用指図者となる。

3） 認められる。2017年1月からは、専業主婦（国民年金第3号被保険者）や公務員も個人型年金に加入できるようになった。

4)　認めらる　　　　　　　　　　　　　　　　　　正解 ⇨ 2

《問２》

ア)　認められない。運用損が出た場合は掛金相当額から運用損相当額を控除して返還する。

イ)　認められる

ウ)　認められない。運用益が出た場合でも掛金相当額のみを返還する。

エ)　認められる

したがって、制度上認められないものは、ア）とウ）の２つである。

なお、マッチング拠出（加入者拠出）を導入している企業は、運用損で年金資産が事業主掛金を割り込んだ場合、単純に年金資産を返還させることはできない。事業主掛金に相当する原資分を算定する方法を規約で定め、加入者掛金の返還をゼロにすることはできない。

正解 ⇨ 2

《問３》

脱退一時金の受給はごく一部に限定されるが、2022年５月改正後は、従来の国民年金保険料免除者（障害事由、産前産後免除を除く）に加えて、「個人型年金に加入できない者」も可能となった。これにより、日本国籍を有しない海外居住者の受給が可能となり、短期滞在の外国人労働者が帰国する際に脱退一時金が受けられるようになった。なお、日本国籍を有する海外居住者も個人型年金に加入できなかったが、2022年５月からは国民年金任意加入被保険者であれば個人型年金に加入できるようになった。

ア)　不適切。「通算拠出期間３年以下」ではなく５年以下である。

イ)　適切。2022年５月からは年金資産が１万5,000円を超えていても、個人型年金に移換せずに企業型年金に直接請求できるようになった。

ウ)　不適切。企業型年金への請求期限は「資格喪失日の翌月から６カ月以内」、個人型年金（国民年金基金連合会）への請求期限は「資格喪失日から２年以内」である。

正解 ⇨ 1

【設例5】 分散投資と資産組入れ比率

チェック欄 □□□

今年35歳になるサラリーマンのSさんは、先ごろ確定拠出年金を実施している会社に転職した。確定拠出年金を運用するにあたり、リスク等を計算したうえで資産の組入れ比率を決め、そのうえで、分散投資の効果についても考えてみたいと思っている。

《問1》 Sさんは、投資信託（投信）を運用対象とすることにし、期待リターン12％の株式で運用するA投信と、期待リターン2％の債券で運用するB投信を組み合わせようと考えている。この場合、期待リターンが6％となる割合の組み合わせは、次のうちどれか。

1） A投信30％、B投信70％
2） A投信35％、B投信65％
3） A投信40％、B投信60％
4） A投信45％、B投信55％

《問2》 Sさんは、リスクが20％の株式で運用するC投信と、リスクが5％の債券で運用するD投信を組み合わせようと考えている。2つの投信の相関係数が－0.5（マイナス0.5）のとき、C投信を40％、D投信を60％組み入れた場合のリスク（標準偏差）の数値は、次のうちどれか。答は小数点第2位以下を四捨五入すること。

1） 7.0％
2） 9.8％
3） 11.8％
4） 13.8％

《問３》　分散投資の効果に関する次の文中の（　　）内に入る最も適切な語句の組合せとして適切なものは、次のうちどれか。

Ｃ投信とＤ投信のリスクの加重平均値は、「(20 × 0.4) + (5 × 0.6) = 11(％)」となり、《問２》で計算された組合せ（ポートフォリオ）よりも（　①　）なる。また、この数値は、相関係数（　②　）のポートフォリオのリスクと一致する。これにより、相関係数が（　③　）なるほど分散投資によるリスク低減効果が大きくなることがわかる。

1)　①高く　②　1　③低く
2)　①低く　②－1　③高く
3)　①高く　②－1　③低く
4)　①低く　②　1　③高く

■ 解答・解説

設例のねらいと解答のポイント

単純に期待リターンを求める問題から難易度を上げて、資産の配分比率を連立方程式を解くことで求める問題である。また、互いの値動きが異なる資産に幅広く分散投資することによって、リスクを低減する効果があることを数字的に理解することが大切である。

《問１》

Ａ投信の組入れ比率(配分比率)をＸ、Ｂ投信の組入れ比率をＹとすると以下のような計算式が成り立つ。

(Ａの期待リターン×Ａの組入れ比率) + (Ｂの期待リターン×Ｂの組入れ比率) = (12％×Ｘ) + (2％×Ｙ) = 6.0％ …………①

また、ポートフォリオはＡ投信とＢ投信から構成されているので、

Ｘ＋Ｙ＝1 ……………………………………………②

となる。①と②の連立方程式を解くとＸとＹの値は以下のとおりである。

X ＝ 0.4　　　Y ＝ 0.6

計算結果から、3）が正解である。

正解 ⇨ 3

《問2》

C投信とD投信から構成されているポートフォリオのリスク（標準偏差）は、以下のように計算できる。ここでは、期待リターンの数値は使用しないことに注意。

$\sqrt{(\text{C のリスク}^2 \times \text{C の投資比率}^2) + (\text{D のリスク}^2 \times \text{D の投資比率}^2) + 2 \times \text{相関係数} \times \text{C のリスク} \times \text{D のリスク} \times \text{C の投資比率} \times \text{D の投資比率}}$

$= \sqrt{(20^2 \times 0.4^2) + (5^2 \times 0.6^2) + 2 \times (-0.5) \times 20 \times 5 \times 0.4 \times 0.6}$

$= \sqrt{49} = 7.0$（％）

計算結果から、1）が正解である。

正解 ⇨ 1

《問3》

問題文の計算式「(20 × 0.4) + (5 × 0.6) ＝ 11（％）」は投資比率を按分した平均値なので、加重平均値である。これは、《問2》の計算式で相関係数を1とした場合の標準偏差に一致する。また、《問2》で計算されたポートフォリオの標準偏差(7.0％)よりも「高く(①)」(リスクが高く)なる。逆に、本問の相関係数「1(②)」に対して《問2》のポートフォリオの相関係数は「−0.5」で低くなっている。ここから、相関係数が「低く(③)」なるほど分散によるリスク低減効果が発揮されることがわかる。以上から、1)が正解である。

正解 ⇨ 1

【設例６】 シャープレシオとインフォメーションレシオ

チェック欄 □□□

サラリーマンのＳさんは、Ｅ投資信託とＦ投資信託に投資しようと考えている。パフォーマンス評価を行い、どちらがよいかを判断するつもりである。E､F 両投資信託のベンチマークは共通とする。また、リスクフリーレートは２％である。

	リターン	ベンチマークリターン	リスク（標準偏差）	トラッキングエラー
Ｅ投信	6.5 ％	2 ％	7.5 ％	6.8 ％
Ｆ投信	4 ％	2 ％	4 ％	2.6 ％

《問１》 投資信託Ｅ、Ｆのシャープレシオの組合せとして最も適切なものは次のうちどれか。

1） Ｅ投信 0.5、Ｆ投信 0.4
2） Ｅ投信 0.6、Ｆ投信 0.5
3） Ｅ投信 0.4、Ｆ投信 0.5
4） Ｅ投信 0.5、Ｆ投信 0.6

《問２》 投資信託Ｅ、Ｆのインフォメーションレシオの組合せとして最も適切なものは次のうちどれか。

1） Ｅ投信 0.66、Ｆ投信 0.55
2） Ｅ投信 0.77、Ｆ投信 0.66
3） Ｅ投信 0.55、Ｆ投信 0.66
4） Ｅ投信 0.66、Ｆ投信 0.77

《問３》 投資信託Ｅ、Ｆのパフォーマンス評価について、次の記述のうち適切な記述はいくつあるか。

ア）　シャープレシオは、値の大きいほどパフォーマンスが優れていると評価される。

イ）　インフォメーションレシオは、値の小さいほどパフォーマンスが優れていると評価される。

ウ）　インフォメーションレシオは、運用上の指標に対する相対的な比較として、リスク当たりのリターンを測定できる。

エ）　シャープレシオでＥ投信のほうが良好な成績を示した場合、インフォメーションレシオも必ずＥ投信のほうが良好な成績を示す。

1）　1つ　　2）　2つ　　3）　3つ　　4）　適切な記述は1つもない

■ 解答・解説

設例のねらいと解答のポイント

シャープレシオとともに、インフォメーションレシオ算出の問題が出題されている。ちょっと難解だが、ここで、シャープレシオとインフォメーションレシオの違いを理解しておきたい。シャープレシオは、リスクの総量に対するリターン（リスクフリーレートを上回る分）の総量を比較しているだけなのに対し、インフォメーションレシオは運用上の指標（ベンチマーク）に対する相対的な比較として、リスク当たりのリターンを測定することができる。

《問1》

シャープレシオは次のように計算できる。

シャープレシオ＝(リターン－リスクフリーレート)÷リスク

Ｅ投信のシャープレシオ＝(6.5％－2％)÷7.5％＝0.6

Ｆ投信のシャープレシオ＝(4％－2％)÷4％＝0.5

計算結果から、2)が正解である。

正解 ⇨ 2

《問２》

インフォメーションレシオは次のように計算できる。

インフォメーションレシオ＝(リターン－ベンチマークリターン)÷トラッキングエラー

Ｅ投信のインフォメーションレシオ＝(6.5％－２％)÷6.8％≒0.66

Ｆ投信のインフォメーションレシオ＝(4％－２％)÷2.6％≒0.77

計算結果から、4）が正解である。

正解 ⇨ 4

《問３》

ア）　適切

イ）　不適切。インフォメーションレシオも、値の大きいほどパフォーマンスが優れていると評価される。

ウ）　適切。リスクの総量に対するリターン（リスクフリーレートを上回る分）の総量を比較しているだけという点が、シャープレシオの欠点である。

エ）　不適切。シャープレシオでＥ投信のほうが相対的に良好な成績だったとしても、インフォメーションレシオでも同様に相対的に良好な成績を示すとは限らない。本設例では、シャープレシオとインフォメーションレシオのパフォーマンス評価が逆の結果となっている。Ｅ投信は、ベンチマークに対して大きなリスクをとったわりにはリターンが少なかったということで、Ｆ投信よりも劣るという結論になる。

したがって、適切な記述はア）とウ）の２つである。

正解 ⇨ 2

【設例7】 退職時・退職後の資産把握

チェック欄 □□□

サラリーマンのQさん(45歳)は、会社が確定拠出年金を導入(マッチング拠出も可能)したので会社が提示した商品のうち以下の商品に投資を行い、老後の生活資金の準備をしている。

① 毎月の積立額(拠出額):3万円(60歳まで拠出)

② 運用商品は以下の3つ

生命保険会社のGIC:期待リターン2%、投資配分25%

株式投資信託:期待リターン4%、投資配分25%

公社債投資信託:期待リターン3%、投資配分50%

《問1》 QさんはDCプランナーから確定拠出年金の説明を受けた。次の記述に関する正誤の組み合わせ1)～4)のうち、適切なものはどれか。

ア) Qさんが会社の掛金(事業主掛金)のほかに自ら拠出する場合は、マッチング拠出か個人型年金かどちらかを選択しなければならない。

イ) 専業主婦(国民年金の第3号被保険者)であるQさんの妻も、個人型年金に加入して掛金を拠出することができる。

ウ) マッチング拠出の従業員拠出分も個人型年金の掛金も税制上の扱いは小規模企業共済等掛金控除であり、従業員本人の所得から控除できる。

エ) 従業員がマッチング拠出を行う場合、拠出限度額以内であれば会社の掛金より多く拠出することが可能である。

1) エ)が不適切で、残りは適切

2) ウ)が不適切で、残りは適切

3) ア)とイ)が不適切で、残りは適切

4) ア)とエ)が不適切で、残りは適切

《問２》　Ｑさんがこの運用結果の積立残高を60歳時点で退職一時金として受け取った場合、この退職一時金と退職所得（課税対象額）の組み合わせのうち適切なものはどれか。ただし、税金、手数料等は考慮しないものとする（352・353ページの係数表を利用すること）。

	退職一時金	退職所得
1）	約639万円	約44.5万円
2）	約639万円	約　89万円
3）	約689万円	約44.5万円
4）	約689万円	約　89万円

《問３》　前問の退職一時金と個人的に行っていた個人向け国債600万円を60歳時に受け取り、65歳までの5年間は60万円、65歳からの20年間は90万円を毎年受け取りたい。60歳時点で受け取る退職一時金と個人向け国債だけでは原資が不足するが、不足する金額に最も近いものは下記のうちどれか。ただし、運用利率は3%、税金、手数料等は考慮しないものとする（352・353ページの係数表を利用すること）。

1）160万円　　2）180万円　　3）200万円　　4）220万円

■ 解答・解説

設例のねらいと解答のポイント

確定拠出年金の役割や分類は、試験でも知識が問われる可能性が高い。知識を整理しておくこと。また、ポートフォリオの期待リターンの求め方、係数表の使い方、退職所得控除額の求め方、退職一時金の退職所得（課税対象額）の求め方は、すべて必修である。特に重要なポイントは退職一時金の退職所得額の求め方である。退職所得控除額が不正解なら退職所得額も不正解になるので、退職所得控除額は必ず正確に計算できるようにすること。

《問１》

確定拠出年金の法改正により、2017（平29）年１月から個人型年金加入者が大幅に拡大され、2022（令4）年10月からさらに拡充された。そのため、基本的には60歳未満のすべての現役世代の人が確定拠出年金に加入できるようになった。特に、以下はポイントとして押さえておきたい。

・企業型年金と個人型年金の同時加入ができるようになった。唯一の例外がマッチング拠出を選択している場合は個人型年金に同時加入できない

・企業型年金と個人型年金に同時加入する場合の掛金限度額は確定拠出年金自体の限度額の範囲内となる（ただし個人型年金には上限あり）

ア）　適切。2022（令4）年10月よりマッチング拠出と個人型年金は選択となった。

イ）　適切。ただし、第３号被保険者は自己の課税所得がなければ掛金の所得控除を受けることはできない。

ウ）　適切

エ）　不適切。マッチング拠出の従業員掛金は事業主掛金の額を超えない範囲となっており、かつ、事業主掛金と加入者掛金（従業員掛金）の合計は確定拠出年金の限度額を超えることはできない。

正解 ⇨ 1

《問２》

①　この場合のポートフォリオの期待リターンは各商品の期待リターンにそれぞれの投資配分を乗じて合算したものである。以下の計算で求める。

（2％ × 0.25）＋（4％× 0.25）＋（3％× 0.5）＝ 3％

②　60歳時点（15年後）の積立残高は毎月３万円（年36万円）拠出なので期待リターン3%として、毎年36万円を15年間拠出した額である。

よって、36万円× 19.1569（年金終価係数）≒ 689万円（退職一時金）

勤続年数	退職所得控除額
20年以下	40万円×勤続年数（最低保障80万円）
20年超	{70万円×（勤続年数－20年）}＋800万円

※勤続１年未満の端数は切上げとする

（退職一時金－退職所得控除額）× 2分の1 ＝ 退職所得（課税対象額）

③　前ページの表より、Q さんの退職所得控除は、
40 万円× 15 年＝ 600 万円（退職所得控除額）
となる。よって退職所得の額は以下のように計算できる。
（689 万円－ 600 万円）× 2 分の 1 ＝ 44.5 万円

正解 ⇨ 3

《問 3》

①　60 歳から 65 歳まで 5 年間、運用利率 3％で運用したときに、毎年 60 万円受け取るのに必要な 60 歳時の資金額を求める。年金現価係数を使う。
運用期間 5 年、運用利率 3％の年金現価係数…………4.7171
60 万円× 4.7171 ≒ 283 万円……………………………60 歳時必要額
※万円未満切捨て。以下同じ

②　65 歳から 20 年間、運用利率 3％で運用したときに、毎年 90 万円受け取るのに必要な 60 歳時の資金額を求める。
運用期間 20 年、運用利率 3％の年金現価係数…………15.3238
90 万円× 15.3238 ≒ 1,379 万円…………………………65 歳時必要額
1,379 万円は 65 歳時に必要な額であるので 60 歳時に必要な額を求めるには現価係数を使う。
運用期間 5 年、運用利率 3％の現価係数………0.8626
1,379 万円× 0.8626 ≒ 1,189 万円………………………60 歳時必要額

③　60 歳時に準備しなければならない不足額を求める。
60 歳時に必要な額から 60 歳時に受け取る額を差し引けば不足額が出る。
60 歳時に必要な額………① + ② = 283 万円 + 1,189 万円 = 1,472 万円
60 歳時に受け取る額……退職一時金 689 万円、個人向け国債 600 万円
1,472 万円－（689 万円 +600 万円）= 183 万円………60 歳時不足額

正解 ⇨ 2

【設例8】 老後資金計画と不足資金の把握

チェック欄 □□□

Rさんは45歳で、厚生年金保険のみに加入している企業年金のない会社に勤務するサラリーマン（定年は60歳）である。65歳からは年金給付を合算して毎年200万円を受け取る予定である。そのほかに、銀行預金が現在600万円ある。65歳以降の必要額は年300万円であり、今から不足分を計画的に準備したいと思っている。

《問1》 Rさんは不足分を補うために、確定拠出年金(個人型年金)に60歳まで加入するか、50歳で起業して自営業者となり、小規模企業共済に加入するか迷っている。次の記述のうち不適切なものはどれか。

1） 確定拠出年金（個人型年金）に加入し月額掛金を25,000円にする。
2） 起業と同時に小規模企業共済に加入し、月額掛金を70,000円にする。
3） 確定拠出年金は原則中途脱退できないが、小規模企業共済は中途解約することができる。
4） 確定拠出年金の加入条件には年齢上限があるが、小規模企業共済の加入条件には年齢上限がない。

《問2》 Rさんの65歳時点での余命が20年として、希望どおり65歳以降300万円を年金として受け取るには、年金給付と銀行預金に加えて、65歳までに積み立てる必要のある原資について、最も近い金額は次のうちどれか。ただし、税金、手数料等は考慮しないものとし、銀行預金の運用利率、年金計算の利率ともに年利2％とする（352･353ページの係数表を利用すること)。

1）約900万円
2）約860万円
3）約820万円
4）約780万円

《問３》 Rさんが前問で求めた必要額を20年で積み立てるには、毎年均等に積み立てるとして、いくら積み立てればよいか。運用利率を年利2％として、次のうち最も近い金額はどれか（352・353ページの係数表を利用すること）。ただし、税金、手数料等は考慮しないものとする。

1）約54万円　2）約46万円　3）約38万円　4）約30万円

《問４》 Rさんが65歳になったときの収入は次のとおりとする。雑所得の金額として適切なものはどれか。なお、公的年金等に係る雑所得以外の所得に係る合計所得金額は1,000万円以下とする。

公的年金等収入……200万円

個人年金収入………300万円（個人加入で必要経費230万円）

1）70万円　2）80万円　3）150万円　4）160万円

（参考）2020年改正後の公的年金等控除額

〔65歳未満〕

公的年金等の収入金額(A)	公的年金等に係る雑所得以外の所得に係る合計所得金額		
	1,000万円以下	1,000万円超 2,000万円以下	2,000万円超
130万円以下	60万円	50万円	40万円
130万円超 410万円以下	(A)×25％＋ 27万5,000円	(A)×25％＋ 17万5,000円	(A)×25％＋ 7万5,000円
410万円超 770万円以下	(A)×15％＋ 68万5,000円	(A)×15％＋ 58万5,000円	(A)×15％＋ 48万5,000円
770万円超 1,000万円以下	(A)×5％＋ 145万5,000円	(A)×5％＋ 135万5,000円	(A)×5％＋ 125万5,000円
1,000万円超	195万5,000円	185万5,000円	175万5,000円

〔65歳以上〕

公的年金等の収入金額(A)	公的年金等に係る雑所得以外の所得に係る合計所得金額		
	1,000万円以下	1,000万円超 2,000万円以下	2,000万円超
330万円以下	110万円	100万円	90万円
330万円超 410万円以下	(A)×25％＋ 27万5,000円	(A)×25％＋ 17万5,000円	(A)×25％＋ 7万5,000円
410万円超 770万円以下	(A)×15％＋ 68万5,000円	(A)×15％＋ 58万5,000円	(A)×15％＋ 48万5,000円
770万円超 1,000万円以下	(A)×5％＋ 145万5,000円	(A)×5％＋ 135万5,000円	(A)×5％＋ 125万5,000円
1,000万円超	195万5,000円	185万5,000円	175万5,000円

（注）1. 年齢はその年の12月31日で判断する
2. (A)は公的年金等収入金額

■ 解答・解説

設例のねらいと解答のポイント

年金給付全体の知識が頻繁に出題されているので、国民年金基金、確定拠出年金、小規模企業共済の関係、相違点を整理しておくこと。また、公的年金だけでなく個人年金も含めて雑所得の計算ができるようにしておくこと。試験問題には減債基金係数表、資本回収係数表は記載されていないので、それぞれ、年金終価係数、年金現価係数を使用して解答できるようにすることが必要である。

《問1》

〔企業従業員の確定拠出年金の拠出限度額(月額)〕

	企業型年金	個人型年金
他の企業年金がない場合	55,000円	55,000円－事業主掛金(上限20,000円)
他の企業年金がある場合	27,500円	27,500円－事業主掛金(上限12,000円)
他の企業年金のみの場合	――	12,000円(年間144,000円)
企業型年金もない場合	――	23,000円(年間276,000円)

(注) 1. 企業型年金がある場合は企業型・個人型とも月額拠出のみ(年単位拠出不可)
2. 他の企業年金がある場合、企業型年金は2024(令6)年12月より「月額55,000円－他の企業年金の掛金相当額(個別に算定)」が掛金拠出限度額となる

1) 不適切。企業従業員の個人型年金加入者で、企業型年金も他の企業年金もない場合の拠出限度額は23,000円である。(法69条、施行令36条)

2) 適切。掛金は月額1,000円から70,000円まで500円きざみで選択できる。(小規模企業共済法4条)

3) 適切。小規模企業共済はいつでも中途脱退できる。(小規模企業共済法7条)

4) 適切。小規模企業共済制度とは、小規模な個人事業主や会社等の役員が、事業を廃止、あるいは役員を退職した際、積み立ててきた掛金に応じて、共済金を受け取ることのできる共済制度である。なお、確定拠出年金は最大65歳に達した時点で資格を喪失する。(法11条、62条)

正解 ⇨ 1

《問２》

毎年の不足額は、300 万円－200 万円(年金給付）＝100 万円である。

① 100 万円を 20 年、運用利率年利２％として、毎年受け取るための資金は 100 万円×16.6785（年金現価係数）＝1,667 万 8,500 円(65 歳時点で必要な原資)

② ただし、銀行預金 600 万円があるので、R さんが 65 歳になるまでの 20 年、運用利率年利２％として計算すると、

600 万円×1.4859（終価係数)＝891 万 5,400 円(65 歳時の預金残高)

③ 上記から、年金給付と銀行預金の他に必要な原資は、以下の計算式である。

1,667 万 8,500 円－891 万 5,400 円≒777 万円である。

正解 ⇨ 4

《問３》

前問の必要額 777 万円を運用利率年利２％として、20 年で積み立てるには毎年いくらの積み立てが必要かを計算する。

777 万円÷24.7833（年金終価係数)≒32 万円(毎年の積立金)

正解 ⇨ 4

《問４》

R さんの雑所得は公的年金等収入と個人年金収入であるから、次のように計算できる。

(公的年金等の雑所得）＋（公的年金等以外の雑所得)

＝（200 万円－110 万円）＋（300 万円－230 万円）＝160 万円

(注) 110 万円は公的年金等控除額、230 万円は必要経費

正解 ⇨ 4

Part

4

総合編（実践演習）

実践演習模試1
実践演習模試2
法制度改正・重要事項確認演習

※実践演習模試は、「DC プランナー認定試験（2 級）」の本番試験の形式（四答択一式 30 問、総合問題 10 題〈各小問 2 問〉）と同じ構成にした模擬試験問題である。「1 問 2 点× 50 問＝ 100 点満点」の配点となっている

※解答にあたって必要な場合は、352・353 ページの係数表を使用すること

実践演習模試1

四答択一式

《問1》国民年金の被保険者に関する次の記述のうち、最も適切なものはどれか。

A チェック欄 □□□

1) 第3号被保険者とは、第2号被保険者の被扶養配偶者で20歳以上65歳未満の者が該当する。

2) 第3号被保険者は国内居住要件があるが、夫の海外赴任に同行する妻が外国に居住する場合は第3号被保険者となれる。

3) 20歳前の会社員(国民年金第2号被保険者)が退職して自営業者になった場合、国民年金任意加入被保険者となれる。

4) 国民年金の第1号被保険者は、60歳の誕生日に第1号被保険者の資格を喪失する。

《問2》老齢基礎年金の繰上げ支給および繰下げ支給に関する次の記述のうち、適切なものはどれか。

A チェック欄 □□□

1) 1962(昭37)年7月1日生まれの男性が63歳到達月に老齢基礎年金の繰上げ請求をした場合、減額率は12%となる。

2) 65歳から付加年金と振替加算を受けられる者が、老齢基礎年金を繰上げ請求した場合、繰上げ支給開始時から老齢基礎年金と同率で減額された付加年金と振替加算も支給開始となる。

3) 老齢基礎年金の繰下げ請求は老齢厚生年金と同時に行う必要はない。

4) 老齢基礎年金の繰下げ請求では、66歳到達時から起算して1カ月につき0.7%増額される。

《問３》在職老齢年金に関する次の記述のうち、不適切なものはどれか。

A チェック欄 □□□

1)　65歳前の在職老齢年金では、基本月額が10万円、総報酬月額相当額が30万円の場合、６万円が支給停止となる。

2)　65歳以降の在職老齢年金では、年金月額に含まれるのは報酬比例部分のみで、加給年金、経過的加算、老齢基礎年金は含まれない。

3)　65歳前の在職老齢年金受給者は65歳になるまでは退職しないと年金額が改定されない。

4)　退職日が月末の場合、退職日の翌月から年金額が改定される。

《問４》障害年金に関する次の記述のうち、適切なものはどれか。

A チェック欄 □□□

1)　20歳前に初診日がある場合、障害認定日が20歳以降にあるときに限り、障害基礎年金が受けられる。

2)　障害厚生年金の１級と２級には、18歳未満等の一定の要件を満たす子がいる場合、子の人数に応じて加給年金額の加算がある。

3)　障害認定日とは、初診日から１年経過した日またはそれ以前に症状が固定した日となる。

4)　65歳以降は障害基礎年金と老齢厚生年金の併給ができる。

《問５》遺族年金に関する次の記述のうち、適切なものはどれか。

A チェック欄 □□□

1)　遺族基礎年金には子の加算があるが、子が１人で遺族基礎年金を受給するときは、子の加算は支給されない。

2)　遺族厚生年金の中高齢寡婦加算は、要件を満たした妻が60歳から64歳までの５年間受給できる。

3)　夫の遺族厚生年金を選択していた妻は、65歳以降は自分の老齢厚生年金の４分の３と遺族厚生年金の４分の３を受給することができる。

4)　夫の死亡時に40歳以上65歳未満の妻であっても、夫の厚生年金保険の被保険者期間が通算20年以上でないと中高齢寡婦加算は受けられない。

《問6》確定給付企業年金に関する次の記述のうち、不適切なものはどれか。

A チェック欄 □□□

1）　確定給付企業年金の給付として規約で定めなければならないのは、老齢給付金と脱退一時金である。

2）　確定給付企業年金の老齢給付金(一時金)および退職時の脱退一時金は、退職所得として退職所得控除が適用される。

3）　リスク対応掛金は、リスク分担型企業年金を導入していなければ算定する必要はない。

4）　確定給付企業年金が終了(制度廃止)した場合、年金資産は企業年金連合会または個人型年金(国民年金基金連合会)へ移換することができる。

《問7》中小企業退職金共済（中退共）と特定退職金共済（特退共）に関する次の記述のうち、適切なものはどれか。

A チェック欄 □□□

1）　中退共加入者の掛金(月額18,000円以下)を増額する場合、事業主に増額分の2分の1を増額月から1年間助成する。

2）　中退共には試用期間中の者などを除き、すべての従業員を加入させなければならず、掛金も全員一律としなければならない。

3）　中小企業でなくなったときは、確定給付企業年金、確定拠出年金(企業型、個人型)、特退共へ解約手当金相当額の資産移換ができる。

4）　特退共の掛金月額は1,000円から設定できる。

《問8》小規模企業共済に関する次の記述のうち、適切なものはどれか。

A チェック欄 □□□

1）　小規模企業共済の掛金は、月額1,000円から7万円まで1,000円刻みで設定できる。

2）　小規模企業共済の解約手当金は、掛金納付月数が120カ月以上あれば掛金合計額を上回る。

3)　小規模企業共済の共済金を分割して受け取るには、共済金の額が300万円以上あることが必要である。

4)　中退共に加入している会社の経営者が小規模企業共済の要件を満たしていても、小規模企業共済には加入できない。

《問９》国民年金基金に関する次の記述のうち、適切なものはどれか。

A チェック欄 □□□

1)　国民年金保険料の半額免除者は、国民年金基金に加入できる。

2)　国民年金基金の老齢年金は終身年金２種類と確定年金５種類があるが、いずれも年金の種類により５年から15年の保証期間がある。

3)　35歳で会社員となって10年加入していた国民年金基金から脱退した場合、年金資産は国民年金基金連合会に移換される。

4)　国民年金基金の掛金は終身年金の年金額が確定年金の年金額以下になるように設定しなければならない。

《問10》退職給付会計に関する次の記述のうち、不適切なものはどれか。

A チェック欄 □□□

1)　退職給付債務とは、退職給付見込額のうち期末までに発生していると認められる額を現在価値に割り引いて計算した額である。

2)　退職給付引当金は、退職給付債務から年金資産を差し引いた差額である。

3)　退職給付費用は、退職給付債務のうち、当期発生分に対応する費用見積額である。

4)　簡便法は、原則として従業員300人以下の企業で使うことができる。

《問11》確定拠出年金の企業型年金の加入者資格に関する次の記述のうち、適切なものはどれか。

B チェック欄 □□□

1)　会社の役員（使用人兼務役員を除く）は企業型年金の加入者とすることができない。

2)　一定の加入者資格で、「希望する者」を規約で定めた場合、選択後に本人の希望により企業型年金に加入または脱退することができる。

3）　一定の勤続期間以上の者を企業型年金加入者とすることを規約で定める場合、勤続期間は3年以上にしなければならない。

4）　企業型年金の老齢給付金を年金で受給している63歳の者が再就職した場合、再就職先の企業型年金の加入者となることはできない。

《問12》確定拠出年金の企業型年金の受給権および給付に関する次の記述のうち、最も適切なものはどれか。　B チェック欄 □□□

1）　企業型年金の老齢給付金の請求は60歳以上70歳未満の任意の時期に行い、受給開始できるが、請求をすることなく75歳に達すると自動的に裁定されて老齢給付金が支給される。

2）　60歳以降の加入者で通算加入者等期間を有しない場合は、加入日から起算して3年経過後から老齢給付金の請求が可能になる。

3）　勤続年数3年以上で退職した場合、事業主は個人別管理資産を返還させることができず、全額を転職先等に移換することができる。

4）　60歳到達時点で企業型年金の加入者期間が5年ある者は、その後61歳まで1年間、運用指図者として運用すれば、62歳から老齢給付金を請求できる。

《問13》確定拠出年金の個人型年金の加入者資格に関する次の記述のうち、最も適切なものはどれか。　B チェック欄 □□□

1）　個人型年金の加入者が60歳に達したときは、その日に加入者資格を喪失する。

2）　個人型年金の加入者資格を取得した月にその資格を喪失した場合は、その月は加入者期間に算入される。

3）　定年退職して企業型年金の老齢給付金（一時金）を受給した62歳の者が国民年金に任意加入した場合、個人型年金にも加入できる。

4）　海外居住の国民年金任意加入被保険者は、個人型年金に加入できない。

《問14》確定拠出年金の個人型年金の受給権および給付に関する次の㋐～㋒の記述のうち、適切なものはいくつあるか。　B チェック欄 □□□

> ㋐　個人型年金加入者が死亡した場合、生計維持されていた兄弟姉妹は死亡一時金が支給される遺族の範囲に含まれる。
> ㋑　障害給付金は、65歳到達日前日（誕生日の2日前）までに請求しないと請求できなくなる。
> ㋒　老齢給付金の支給方法は、年金または一時金の選択ができるようにする必要がある。

1)　1つ　　2)　2つ　　3)　3つ　　4)　0（なし）

《問15》確定拠出年金の掛金（月額換算）に関する次の記述のうち、不適切なものはどれか。　B チェック欄 □□□

1)　企業型年金のみを実施している企業の企業型年金の掛金が月額3万円の場合、企業型年金加入者の個人型年金拠出限度額は2万円である。
2)　確定給付企業年金のみを実施している企業の個人型年金掛金拠出限度額は月額12,000円である。
3)　簡易企業型年金では定額の掛金としなければならない。
4)　自営業者等（第1号加入者）の個人型年金掛金拠出限度額は、国民年金の付加保険料を納付している場合、月額67,600円である。

《問16》確定拠出年金の運用の指図に関する次の記述のうち、適切なものはどれか。　B チェック欄 □□□

1)　運用の指図は、加入者等が運用関連運営管理機関等に示すことによって行う。
2)　指定運用方法が提示されている場合は、加入者等が指定運用方法を指定すれば、運営管理機関に運用の指図を一任することができる。
3)　運営管理機関等が提示する運用の方法は、リスク・リターン特性の異なるもので、提示数の上限は25本である。

4)　運用の方法の指図(変更)は少なくとも3カ月に1回以上できるものでなければならない。

《問 17》確定拠出年金のポータビリティに関する次の記述のうち、最も不適切なものはどれか。　B チェック欄 □□□

1)　退職後に企業型年金の個人別管理資産の移換手続きを行わなくても、転職先の企業型年金や個人型年金に加入した場合は加入先に自動的に移換される。
2)　転職先の企業型年金に加入する場合、転職前の企業型年金の個人別管理資産は転職先の企業型年金へも国民年金基金連合会へも移換できる。
3)　企業型年金の加入者が退職した場合、企業型年金の個人別管理資産は、企業年金連合会に移換して通算企業年金とすることはできない。
4)　確定給付企業年金の加入者が退職した場合、脱退一時金相当額は、確定拠出年金(企業型、個人型)に移換できる。

《問 18》確定拠出年金における事業主等の行為準則に関する次の記述のうち、不適切なものはどれか。　B チェック欄 □□□

1)　事業主が退職者に対して個人別管理資産額を踏まえた手続きの説明を行うため、脱退一時金の受給要件の判定に必要な範囲内で個人別管理資産額に関する情報を活用するのは業務の遂行に必要な範囲内に含まれる。
2)　事業主が運営管理機関を選任するときは、加入者等の利益のみを考慮して複数の機関に適正な評価を行う必要があるが、合理的な理由があると認められたときは自社の関連会社を運営管理機関に選任してもよい。
3)　運営管理機関は、客観的事実に基づき確実に利益が出ると判断される運用商品については、加入者等に指図を勧めてもよい。
4)　運営管理機関の営業職員は、一定の運営管理業務を兼務できるが、運用方法の選定はすることができない。

《問 19》確定拠出年金の投資教育に関する次の記述のうち、不適切なものはどれか。
B チェック欄 □□□

1）事業主は、加入者等に対する継続投資教育を行うことが努力義務となっている。
2）加入者等に元本確保型の運用方法を含めて運用プランモデルを示すときは、元本確保型のみで運用する運用プランモデルも含め、選定した運用方法間の比較ができるように工夫し、提示する必要がある。
3）提示した運用の方法は、過去10年間（10年間に満たない場合は当該期間）の利益または損失の実績を加入者等に提供しなければならない。
4）国民年金基金連合会は企業年金連合会に継続投資教育を委託することができない。

《問 20》確定拠出年金の税務上の取扱いに関する㋐～㋒の記述のうち、適切なものはいくつあるか。
B チェック欄 □□□

㋐　個人型年金の加入者掛金は小規模企業共済等掛金控除、企業型年金の加入者掛金は生命保険料控除が適用される。
㋑　確定拠出年金の脱退一時金、確定給付企業年金の脱退一時金相当額は退職所得として退職所得控除が適用される。
㋒　確定拠出年金の障害給付金、死亡一時金は非課税である。

1）1つ　2）2つ　3）3つ　4）0（なし）

《問 21》投資信託の仕組みや特徴に関する次の記述のうち、適切なものはどれか。
C チェック欄 □□□

1）株式の組入比率が50％以上のものを株式投資信託、公社債の組入比率が50％以上のものを公社債投資信託という。
2）単位型の投資信託では、募集期間終了後の追加購入ができない。
3）投資信託には設立形態により、契約型と会社型があり、上場不動産投資信託（J-REIT）は契約型の投資信託である。

4）ファミリーファンドでは、投資家はマザー・ファンドを購入し、集めた投資資金を運用会社がベビー・ファンドと呼ばれる個別の投資信託に投資する。

《問22》投資信託の運用スタイル等に関する次の記述のうち、不適切なものはどれか。　C チェック欄 □□□

1）パッシブ運用とは、一定のベンチマークに連動する運用成績を目指す運用手法である。
2）アクティブ運用とは、一定のベンチマークを上回る運用成績を目指す運用手法である。
3）パッシブ運用のベンチマークとしては、国内株式市場では日経平均株価や東証株価指数(TOPIX)が使われる。
4）パッシブ運用では、一般的にアクティブ運用と比較して手数料などのコストが高くなる。

《問23》金融商品投資におけるリスクとリターンに関する次の記述のうち、不適切なものはどれか。　C チェック欄 □□□

1）複数の投資期間の過去の運用実績を表す場合は、算術平均リターンより幾何平均リターンのほうが適している。
2）リターンが正規分布に従うとした場合、実現するリターンが「期待リターン±1標準偏差」の範囲に入る確率は約68%である。
3）相関係数の値が大きくなるほどポートフォリオのリスク低減効果は大きくなる。
4）システマティック・リスクは分散投資によって軽減することができないが、アンシステマティック・リスクは分散投資によって軽減することができる。

《問24》金融商品Aと金融商品Bにより構成されるポートフォリオが以下のとおりであったとき、ポートフォリオの期待リターンとリスクの組み合わせで最も適切なものはどれか。なお、計算結果は小数点以下第3位を四捨五入すること。　C チェック欄 □□□

金融商品	期待リターン	リスク（標準偏差）	組入比率	相関係数
A	2.1%	6.2%	30%	− 0.2
B	3.2%	7.5%	70%	

1）　期待リターン　2.65%　　リスク　6.85%
2）　期待リターン　2.87%　　リスク　5.21%
3）　期待リターン　2.87%　　リスク　7.11%
4）　期待リターン　5.10%　　リスク　4.47%

《問25》株価指数に関する次の㋐〜㋒の記述のうち、適切なものはいくつあるか。　C チェック欄 □□□

㋐　日経平均株価は、東京証券取引所プライム市場に上場している225銘柄から選定され、権利落ちなどの調整を行った修正平均株価である。
㋑　東証株価指数(TOPIX)は、東京証券取引所プライム市場およびスタンダード市場の全銘柄のうち時価総額100億円以上の銘柄で構成される時価総額加重平均方式の株価指数である。
㋒　MSCI-World指数は日本を除く先進22カ国の主要銘柄で構成される株式指数である。

1）　1つ　　2）　2つ　　3）　3つ　　4）　0（なし）

《問26》投資信託のパフォーマンス評価に関する次の記述のうち、不適切なものはどれか。　C チェック欄 □□□

1）　パフォーマンス評価には定量評価と定性評価があるが、パフォーマンス測定は定量評価の手法である。

2） シャープ・レシオは無リスク資産のリターンに対してどれだけリターンが上回ったかを示す値である。
3） インフォメーション・レシオはベンチマークのリターンに対してどれだけリターンが上回ったかを示す値である。
4） シャープ・レシオの値が高ければインフォメーション・レシオの値も高くなる。

《問27》アセットアロケーションに関する次の記述のうち、最も不適切なものはどれか。 C チェック欄 □□□

1） 期待リターンとリスクの最適な資産配分の組み合わせを効率的ポートフォリオという。
2） アセットアロケーションの投資資産の対象は外貨建て金融商品のようにリスクの大きい商品は含めるべきではない。
3） 同じ年齢で、資産・負債状況が同じ投資家でも、リスク許容度が同じになるとは限らない。
4） リバランスとは、当初設定したアセットアロケーションの配分が大きく乖離した場合に、配分比率を元に戻すことである。

《問28》一般的なリタイアメントプランニングに関する次の記述のうち、最も不適切なものはどれか。 C チェック欄 □□□

1） 厚生労働省の簡易生命表(令和4年)によると平均寿命は男性81.05歳、女性は87.09歳となっている。
2） 生命保険文化センターの「生活保障に関する調査」(令和4年度)によれば、夫婦2人の老後生活費で必要と考える最低日常生活費は月額23.2万円、ゆとりある老後生活に必要と考える生活費は月額37.9万円(いずれも平均)となっている。
3） キャッシュフロー分析で年間収支がマイナスになる年がある場合は、見直す必要がある。
4） 可処分所得とは収入金額から税金と社会保険料を控除した額である。

《問 29》老後の資産形成を見積もる計算に使用する各種係数に関する次の記述のうち、不適切なものはどれか。　C チェック欄 □□□

1)　100 万円を 5 年間、年利 2 ％で複利運用した残高を求めるには終価係数を使い、運用残高は 110.41 万円となる。

2)　10 年後に 200 万円を得たい場合、年利 2 ％で複利運用したときに必要な原資を求めるには現価係数を使い、原資は 164.06 万円となる。

3)　毎年 30 万円ずつ積立て、年利 3 ％で複利運用したときの 20 年後に得られる運用残高を求めるには年金終価係数を使い、運用残高は 830.295 万円となる。

4)　25 年後に 1,200 万円を得たい場合、年利 2 ％で複利運用したときに毎年いくら積み立てればよいかを求めるには年金現価係数を使い、毎年の積立額は 60.26 万円となる。

《問 30》退職金、年金の税額計算等に関する次の記述のうち、最も適切なものはどれか。　C チェック欄 □□□

1)　65 歳未満の公的年金に適用される公的年金等控除額は、公的年金等が 130 万円以下で公的年金等以外の所得が 1,000 万円以下の場合、70 万円である。

2)　退職一時金を受け取ったとき、「退職所得の受給に関する申告書」を提出していないと税額計算で退職所得控除が適用されない。

3)　勤続 5 年の一般従業員が退職したとき、退職一時金が 300 万円を超える場合は、退職一時金の金額から退職所得控除を差し引いた額が退職所得金額となる。

4)　退職所得控除額は、勤続 25 年以下の部分が「40 万円×勤続年数（最低保障 80 万円）」、勤続 25 年超の部分が「70 万円×勤続年数」である。

総合問題

公的年金の老齢給付等

【第1問】次の設例に基づき、各問に答えなさい。

設　例

Aさんは、1965（昭40）年5月10日生まれで59歳の会社員(厚生年金保険被保険者期間37年)、妻のBさんは1966年8月15日生まれで58歳の専業主婦(厚生年金保険被保険者期間3年、国民年金第3号被保険者期間34年)である。Aさんの勤務するX社は資本金3,000万円、従業員80人の食品スーパーであり、退職給付制度は退職一時金のみである。X社の定年は60歳であるが、再雇用制度により希望すれば65歳になるまで社会保険に加入しながら働くことができる。さらに、条件によっては65歳以降も70歳になるまでの雇用延長制度が設けられている。

※特に断りのないかぎり、以上の条件以外は考慮せず、各問に従うこと

《問31》Aさんは60歳以降も再雇用制度を利用して65歳になるまで勤務するつもりであるが、Aさんの受けられる公的年金等の公的な給付に関する次の記述について不適切なものはどれか。なお、高年齢雇用継続給付は2024（令6）年7月1日現在の内容として解答すること。

A チェック欄 □□□

1）Aさんは、60歳時点の給与が月額40万円であるが、再雇用後は月額24万円（賞与なし）となる。そのため、高年齢雇用継続給付の対象となり、60歳から65歳になるまで高年齢雇用継続基本給付金が支給される。給与月額が変わらないとすると給付金の額は毎月3.6万円となる。

2）Aさんは、64歳から報酬比例部分のみの特別支給の老齢厚生年金を在職老齢年金として受給することができる。年金月額は10万円の見込みで、給与との合計は34万円であり、支給停止調整額の50万円より少ないので年金は全額受給できる。ただし、高年齢雇用継続給付との併給調整により

月額給与 24 万円の 6 % である 1.44 万円の支給停止がある。したがって、年金月額は 1.44 万円減額された 8.56 万円の受給となる。

3)　A さんの妻 B さんは、厚生年金保険の被保険者期間が 20 年未満であるので、A さんの年金には加給年金額が加算されるが A さんが 65 歳からの支給になる。

《問 32》A さんは 65 歳以降については、まだ決めていないが、60 歳以降に X 社で勤務を続けていくにあたって受けられる給付に関する次の記述のうち、適切なものをすべて選びなさい。 A チェック欄 ☐☐☐

1)　X 社は、退職給付制度を手厚くするため、中退共（中小企業退職金共済）の導入を検討している。X 社が中退共を導入した場合、60 歳を過ぎた A さんも加入することができる。

2)　妻の B さんは、64 歳から特別支給の老齢厚生年金を受給できるが、B さんが 65 歳になると A さんの加給年金が支給停止になる代わりに、B さんが受給開始する老齢基礎年金に振替加算額が上乗せされるようになる。

3)　A さんが 65 歳以降も勤務を続け、その後、転職のために退職した場合、雇用保険の高年齢者求職者給付金（一時金）の受給ができる。

公的年金の繰上げ支給・繰下げ支給

【第２問】次の設例に基づき、各問に答えなさい。

設　例

Cさん（1961〈昭36〉年7月15日生まれ）は、定年退職後の継続雇用（社会保険加入）でY社で働く63歳の男性会社員である。Y社の継続雇用は70歳になるまで可能だが、妻をうならせるほどの料理の腕を生かしてレストランを開業したい気持ちもある。そこで、今後の生活資金を考えるうえで公的年金の受給開始時期を検討することにした。

※Cさんの収入は月額給与20万円（賞与・昇給なし）、高年齢雇用継続基本給付金3万円。65歳からの公的年金（月額）は老齢厚生年金10万円、老齢基礎年金6万円。なお、65歳以降の厚生年金保険加入分の増額は考慮しないものとする

※特に断りのないかぎり、以上の条件以外は考慮せず、各問に従うこと

《問33》Cさんが検討している公的年金の繰上げ請求、繰下げ請求に関する次の記述について不適切なものはどれか。なお、在職中の年金の増額は考慮しないものとする。　A チェック欄 □□□

1）Cさんが、65歳前に繰上げ請求するときは、老齢基礎年金と老齢厚生年金を同時に繰り上げなければならない。

2）Cさんが、そのままY社での勤務を続け、66歳で繰下げ請求（老齢基礎年金、老齢厚生年金）をしたときの総収入は403,440円である。

3）Cさんの独立開業が67歳になった場合は、繰下げ請求ではなく一時金請求もできるがその場合の老齢厚生年金の一時金額は、240万円になる。

《問34》Cさんが繰上げ請求や繰下げ請求をした場合の減額率や増額率に関する次の記述のうち、適切なものをすべて選びなさい。請求月はいずれも年齢到達月とする。　A チェック欄 □□□

1）Cさんが64歳で繰上げ請求した場合の減額率は4.8％である。

2）Cさんが68歳で繰下げ請求した場合の増額率は25.2％である。

3）Cさんが72歳で繰下げ請求した場合の増額率は58.8％である。

在職老齢年金

【第３問】次の設例に基づき、各問に答えなさい。

設　例

現在 63 歳の D さん(1961〈昭 36〉年 3 月 5 日生まれの男性)は 60 歳の定年退職後、継続雇用(社会保険加入)で Z 社で働いている。D さんとしては、公的年金を受給しながら継続雇用の上限である 70 歳になるまで働くつもりである。妻は 3 歳年下(1964〈昭 39〉年 3 月 10 日生まれ)で厚生年金保険は 22 年被保険者歴がある。

※ D さんの収入は月額給与 26 万円(賞与・昇給なし)、高年齢雇用継続基本給付金 3.9 万円。65 歳からの公的年金(月額)は老齢厚生年金 10 万円、老齢基礎年金 6 万円

※特に断りのないかぎり、以上の条件以外は考慮せず、各問に従うこと

《問 35》D さんの在職老齢年金等に関する次の記述のうち、不適切なものをすべて選びなさい。　A チェック欄 □□□

1)　D さんは、64 歳から報酬比例部分の老齢厚生年金を受給できる。

2)　D さんの妻は厚生年金保険に 20 年以上の被保険者期間があるので、D さんの老齢厚生年金には 65 歳から加給年金額は加算されない。

3)　D さんは在職老齢年金による支給停止はないので、高年齢雇用継続基本給付金による在職老齢年金の支給停止もない。

《問 36》D さんの在職老齢年金の在職定時改定に関する次の記述のうち、適切なものをすべて選びなさい。　A チェック欄 □□□

1)　D さんは在職定時改定により、在職老齢年金の支給開始から 70 歳になるまで毎年年金額が増えていく。

2)　D さんの場合、在職定時改定の基準日は誕生月の 3 月 1 日となる。

3)　D さんは在職定時改定により年金額が増額されるが、毎年 10 月分の年金額から反映されて改定される。

自営業者の公的年金と老後資金の確保

【第４問】次の設例に基づき、各問に答えなさい。

設　例

Ｅさん(30歳)は、５年前からパン屋を営む個人事業主である。素材にこだわり、個性あるパンが人気を呼び、今のところ事業は順調である。しかし、まだ若いＥさんは、今後も事業が好調を維持していけるかどうかはわからないので、今から老後資金づくりもしっかり意識しておこうと考えている。28歳の妻のＦさんは子供が生まれたため、今は専業主婦となっている。

現在、Ｅさん夫妻が加入している公的な制度は国民年金だけである。自営業者として検討できる老後資産づくりの公的な手段としてどのようなものがあるかをDCプランナーであるＧさんに相談して、アドバイスをもらった。なお、開業準備に追われたため、夫婦とも開業前３年間、国民年金の未納期間がある。

※特に断りのないかぎり、以上の条件以外は考慮せず、各問に従うこと

《問37》Ｅさんは自分で調べた老後資産づくりの制度についてDCプランナーのＧさんに確認した。Ｅさん夫妻が加入できる制度に関する次の記述について、適切なものはどれか。　Ａ チェック欄 □□□

1）　国民年金基金と確定拠出年金（個人型年金）に夫婦とも加入し、掛金は夫のＥさんがすべて払い、Ｅさんが全額の所得控除を受ける。夫婦とも63歳まで加入を続ける予定である。

2）　Ｅさんは国民年金基金、個人型年金とともに小規模企業共済にも加入し、妻のＦさんは国民年金基金と個人型年金に加入する。

3）　夫のＥさんは個人型年金と小規模企業共済に加入し、国民年金の付加保険料を納める。妻のＦさんは、国民年金基金に加入し、国民年金の付加保険料を納める。

《問38》Eさんは国民年金基金、個人型年金、小規模企業共済の掛金について、より詳しく知りたいと思った。これらの制度に関する次の記述のうち、適切なものをすべて選びなさい。　A チェック欄 ☐☐☐

1)　国民年金基金は、年金の種類別（終身年金２種類、確定年金５種類）、性別、年齢別に１口の掛金の額が定められており、限度額の範囲内であれば自由に口数を組み合わせられる。加入は、最低１口から申し込めるが最初の１口は終身年金から選択しなければならない。１口目の掛金額は、同じ年齢なら妻のＦさんより夫のＥさんのほうが高くなる。

2)　国民年金基金、個人型年金、小規模企業共済はいずれも掛金の年払いが可能である。さらに、国民年金基金、小規模企業共済は年払いだと掛金が安くなる。

3)　個人型年金は月額5,000円以上1,000円単位で拠出限度額まで設定できる。小規模企業共済の掛金は1,000円以上500円単位で７万円まで設定できる。個人型年金・小規模企業共済とも掛金は全額が小規模企業共済等掛金控除が適用され非課税である。

確定拠出年金の加入と給付

【第5問】次の設例に基づき、各問に答えなさい。

設例

R社では、確定拠出年金の企業型年金を導入しているが、規約により資格喪失年齢を65歳と定めている。この度、60歳台の3人の転職者がR社に入社した。いずれも厚生年金保険被保険者となる。Kさんは62歳でこれまで確定拠出年金の加入歴がない。Lさんは63歳で転職前の企業型年金の運用指図者となっており給付は受けずに運用だけを続けている。Mさんは61歳で企業型年金の加入歴はなく、60歳のときに個人型年金を一時金で受給している。

《問39》Kさん、Lさん、Mさん3人のR社の企業型年金への加入に関する次の記述について不適切なものはどれか。　B チェック欄 □□□

1）Kさんは、今まで確定拠出年金への加入歴がなく、60歳を超えているので今後加入しても通算加入者等期間が発生しない。そのため、R社の企業型年金には加入できない。

2）Lさんは、転職前の企業型年金の資格を喪失し、企業型年金の運用指図者となっている。ただし、まだ裁定請求はせずに運用指図者として運用を続けている。そのため、R社の企業型年金加入者となることができ、転職前の企業型年金から個人別管理資産をR社の企業型年金移換することもできる。

3）Mさんは、個人型年金の裁定請求をして個人型年金を一時金で受給済みである。しかし、企業型年金の加入歴がないのでR社の企業型年金加入者となることができる。

《問 40》Ｋさん、Ｌさん、Ｍさん３人は 65 歳になるとＲ社の企業型年金の資格を喪失するが、給付に関する次の㋐～㋒の記述のうち、適切なものはいくつあるか。。

B チェック欄 □□□

㋐　Ｋさんは、67 歳からＲ社の企業型年金の老齢給付金を請求することができる。

㋑　Ｌさんは、退職または 65 歳で資格喪失した時点でＲ社の企業型年金の老齢給付金を請求することができる。

㋒　Ｍさんは 66 歳からＲ社の企業型年金の老齢給付金を請求することができる。

1）　1つ　　2）　2つ　　3）　3つ　　4）　0（なし）

確定拠出年金等のポータビリティ

【第６問】次の設例に基づき、各問に答えなさい。

設　例

Ｓ社では、確定拠出年金の企業型年金を実施している。Ｉさんは現在35歳で、大卒で入社したときからＳ社の企業型年金加入者で、加入歴は12年である。個人型年金には加入していない。この度、一身上の都合により退職することになったが、企業型年金の個人別管理資産（350万円）をどのように移換するかで迷っている。退職時点で転職先は決まっておらず、実家の父が経営する町工場で働くことも考えている。実家の町工場では厚生年金保険はあるが確定拠出年金は導入していない。

《問41》Ｉさんの退職後の個人別管理資産の移換に関する次の記述のうち、適切なものをすべて選びなさい。　Ⓑ チェック欄 □□□

1)　Ｓ社では、企業型年金規約によって、退職者に対して最大３年間分の個人別管理資産の返還を定めている。Ｉさんは、入社３年目までの事業主掛金分を返還する必要がある。

2)　Ｉさんは、再就職か実家の町工場か決めかねているので、とりあえず個人別管理資産を個人型年金か企業年金連合会に移換することとした。企業年金連合会に移換した場合は、そのまま連合会の通算企業年金をすることも選択肢だと考えている。

3)　Ｉさんは、Ｓ社の企業型年金の個人別管理資産を国民年金基金連合会に移換して個人型年金運用指図者となっていたが、その後Ｔ社に再就職することになった。Ｔ社では企業型年金を実施しており、ＩさんもＴ社の企業型年金加入者となった。Ｉさんはしばらく様子をみることにしてＴ社の企業型年金への個人別管理資産の移換は保留した。

《問 42》Iさんが退職後に企業型年金の個人別管理資産の移換手続きを行わなかった場合に関する次の記述について、最も適切なものはどれか。

B チェック欄 □□□

1) Ｉさんは、Ｓ社を退職してから３カ月後、Ｕ社に再就職してＵ社の企業型年金加入者となった。この場合、移換手続きを行わなくても、Ｕ社の企業型年金の加入者となったことが確認された時点でＩさんの個人別管理資産はＵ社の企業型年金に移換される。

2) Ｉさんは、Ｓ社を退職してから８カ月後、実家に入ることを決意し、実家で働き始めるとともに個人型年金に加入した。この場合、移換手続きを行わなくても、個人型年金の加入者となったことが確認された時点でＩさんの個人別管理資産は個人型年金に移換される。

3) Ｉさんが退職後、企業型年金の加入や個人型年金の加入がないまま資格喪失月から６カ月経過するとＩさんの個人別管理資産は国民年金基金連合会へ自動移換される。

企業型年金への移行

【第7問】次の設例に基づき、各問に答えなさい。

設　例

S社では、退職給付制度としては退職一時金制度があるだけである。総合的に検討した結果、現行の退職一時金制度から確定拠出年金の企業型年金に移行することとなった。制度変更日時点の数値の状況は以下のとおりである。

自己都合要支給額：14億円　　会社都合要支給額：21億円

《問43》S社の退職一時金制度から企業型年金への移行に関する次の記述のうち、適切なものをすべて選びなさい。　B チェック欄 □□□

1)　退職一時金から企業型年金に移換できる額は、全部移行の場合、制度移行日の自己都合要支給額となる。

2)　退職一時金制度から企業型年金への移行では、過去勤務期間部分の資産移換はできるが、将来勤務部分の資産移換はできない。

3)　退職一時金制度から企業型年金に移行するときに積立不足がある場合、全部移行であれば積立不足を一括解消しなければならないが、一部移行であれば移行部分の積立不足だけを一括解消すればよい。

《問44》S社は退職一時金制度から全部移行で企業型年金に移行することとした。資産移換は法令上の最長期間で行うこととしたが、、毎年の移換額について、次のうち適切なものはどれか。　B チェック欄 □□□

1)　3億円

2)　2億6,250万円

3)　2億円

4)　1億7,500万円

ポートフォリオのリターンとリスク

【第８問】次の設例に基づき、各問に答えなさい。

設　例

Hさんは企業型年金で提示されている２つの投資信託を選択した。以下の組入比率でポートフォリオを構築した場合のポートフォリオの分散投資効果を確認したいと思っている。

	期待リターン	リスク（標準偏差）	組入比率
A投資信託	2.5%	5.5%	40%
B投資信託	5.4%	8.4%	60%
ポートフォリオ	①	②	

《問45》投資信託A、Bの期待リターンの相関係数が－0.1であるとき、ポートフォリオの期待リターンとリスクの組合せとして、次のうち適切なものはどれか。答は小数点以下第３位を四捨五入すること。

C チェック欄 □□□

1)　①期待リターン　3.95%　　②リスク（標準偏差）　5.29%
2)　①期待リターン　3.95%　　②リスク（標準偏差）　6.95%
3)　①期待リターン　4.24%　　②リスク（標準偏差）　5.29%
4)　①期待リターン　4.24%　　②リスク（標準偏差）　6.95%

《問46》ポートフォリオのリスク（標準偏差）が4.2%だった場合、投資信託A、Bの期待リターンの相関係数の値として、次のうち適切なものはどれか。答は小数点以下第３位を四捨五入すること。

C チェック欄 □□□

1)　－0.21　　2)　－0.57　　3)　0.57　　4)　0.21

パフォーマンス評価

【第9問】次の設例に基づき、各問に答えなさい。

設　例

Ｉさんは企業型年金の運用商品である投資信託を組み合わせたポートフォリオを構築することにした。最終的に２つに絞り込んだが、以下のデータから、どちらのポートフォリオを選ぶか検討している。

	期待リターン	リスク（標準偏差）
ポートフォリオＡ	3.0%	5.0%
ポートフォリオＢ	4.2%	6.4%

《問47》リスクフリーレートの年平均値が1.1％、トラッキングエラーを0.5%とした場合、ポートフォリオA、Bのシャープ・レシオとして、次のうち適切なものはどれか。答は小数点以下第３位を四捨五入すること。　C チェック欄

1）　ポートフォリオＡ　0.38　　ポートフォリオＢ　0.48
2）　ポートフォリオＡ　0.50　　ポートフォリオＢ　0.58
3）　ポートフォリオＡ　1.82　　ポートフォリオＢ　2.00
4）　ポートフォリオＡ　3.80　　ポートフォリオＢ　6.20

《問48》投資信託のパフォーマンス評価に関する次の記述のうち、適切なものをすべて選びなさい。　C チェック欄

1）　パフォーマンス評価は、評価対象の投資信託に対して、過去の実績リターンとリスクだけを比較するのが最も確実である。
2）　シャープ・レシオやインフォメーション・レシオは値が大きいほど優れたパフォーマンスだったと評価される。
3）　ベンチマークをリスクフリーレートとした場合、トラッキングエラー（アクティブリスク）は標準偏差と同じ値となる。

老後の必要資金と老後資産づくり

【第10問】次の設例に基づき、各問に答えなさい。

設　例

Ｊさん（40歳）は勤務先Ｕ社の企業型年金（確定拠出年金）に加入している。Ｕ社にはほかに退職一時金制度があるが、他の退職給付制度はない。Ｕ社の事業主掛金は月額２万円である。Ｊさんは個人型年金にも掛金の限度額を拠出し、退職一時金と合わせて65歳から20年間、毎年150万円を受給したいと考えている。

※企業型年金、個人型年金とも60歳になるまで20年間掛金拠出、65歳になるまでは運用指図者として運用。退職一時金は60歳時に1,000万円支給され、65歳になるまで５年間運用。運用利率はいずれも年率２％とする

※特に断りのないかぎり、以上の条件以外は考慮せず、各問に従うこと

《問49》Ｊさんの確定拠出年金に関する次の記述のうち、不適切なものをすべて選びなさい。　B　チェック欄 □□□

1）Ｊさんの個人型年金の掛金拠出限度額は月額２万円である。

2）Ｊさんが転職し転職先の企業型年金に加入する場合、転職前の企業型年金の個人別管理資産は転職先の企業型年金に移換しなければならない。

3）Ｊさんの個人型年金掛金は小規模企業共済等掛金控除が適用されるのでＪさんの社会保険料が安くなる。

《問50》Ｊさんの60歳時点の確定拠出年金の運用残高と毎年150万円受給の65歳時点の原資の不足額との組合せで最も近いものはどれか。税金・手数料等は考慮しないものとする。　C　チェック欄 □□□

1）60歳残高　約1,000万円　　原資不足額　約95万円

2）60歳残高　約1,200万円　　原資不足額　約85万円

3）60歳残高　約1,400万円　　原資不足額　約45万円

4）60歳残高　約1,600万円　　原資不足額　約30万円

実践演習模試1 解答・解説

■正解と配点、分野一覧

〔四答択一式〕配点60点

問題番号	問1	問2	問3	問4	問5	問6	問7	問8	問9	問10	問11	問12	問13	問14	問15
正　解	2	3	1	4	1	3	4	3	3	2	4	3	3	1	4
配　点	2	2	2	2	2	2	2	2	2	2	2	2	2	2	2
分　野	A	A	A	A	A	A	A	A	A	A	B	B	B	B	B

問題番号	問16	問17	問18	問19	問20	問21	問22	問23	問24	問25	問26	問27	問28	問29	問30
正　解	4	3	3	4	4	2	4	3	2	1	4	2	3	4	2
配　点	2	2	2	2	2	2	2	2	2	2	2	2	2	2	2
分　野	B	B	B	B	B	C	C	C	C	C	C	C	C	C	C

〔総合問題〕配点40点

	第1問		第2問		第3問		第4問		第5問		第6問		第7問	
問題番号	問31	問32	問33	問34	問35	問36	問37	問38	問39	問40	問41	問42	問43	問44
正　解	2	1、3	2	2、3	2、3	3	2	2、3	1	3	2、3	2	1、2	4
配　点	2	2	2	2	2	2	2	2	2	2	2	2	2	2
分　野	A	A	A	A	A	A	A	A	B	B	B	B	B	B

	第8問		第9問		第10問	
問題番号	問45	問46	問47	問48	問49	問50
正　解	3	2	1	2、3	2、3	2
配　点	2	2	2	2	2	2
分　野	C	C	C	C	B	C

A分野：年金・退職給付制度等
B分野：確定拠出年金制度
C分野：老後資産形成マネジメント

◆解答のポイントと解説

〔四答択一式〕

問1《正解 2》

1)不適切。「65歳未満」ではなく、60歳未満である。（国年法7条）

2)最も適切。海外赴任の夫（第2号被保険者）に同行する妻は海外特例として国内居住要件が適用されず、第3号被保険者となれる。この他、留学、ボランティア活動、観光など日本国内に生活の基礎があると認められる者も海外特例が適用される。（国年法7条1項3号）

3)不適切。20歳前で国民年金の任意加入被保険者になることはできない。自営業者の場合は20歳から第1号被保険者となる。（国年法7条1項）

4)不適切（国年法9条）。第1号被保険者の資格喪失日は「60歳に達した日」である。60歳に達した日（法律上の年齢到達日）とは60歳の誕生日の前日である（民法143条）。

問2《正解 3》

1)不適切。2022（令4）年4月1日以降に60歳を迎える1962（昭37）年4月2日生まれの者から繰上げ支給の減額率が1カ月につき0.4%に緩和された。本肢の場合「0.4% × 24カ月 = 9.6%」の減額率となる。なお、1962年4月1日生まれ以前の者が63歳到達月で繰上げ請求した場合は、改正前の減額率が適用され、「0.5% × 24カ月 = 12%」の減額率となる。（国年法附則9条の2、同施行令12条）

2)不適切。付加年金は老齢基礎年金と同じ減額率で支給開始となるが、振替加算は65歳からの支給開始となり減額はない。（国年法附則9条の2）

3)適切。繰下げ請求は老齢基礎年金と老齢厚生年金で別々に行うことができる。なお、繰上げ請求は老齢基礎年金と老齢厚生年金を同時に行わなければならない。（厚年法附則7条の3第1項）

4)不適切。繰下げ請求は66歳到達時まで請求できないが、増額率の起算は65歳到達時からになる。（国年法28条1項、同施行令4条の5）

問3《正解 1》

1) 不適切。法改正により2022（令4）年4月からは、65歳前と65歳以降の在職老齢年金の支給停止のルールが統一され、支給停止調整額がともに47万円(改正前は65歳前28万円、65歳以降47万円)となった。そのため支給停止額＝(総報酬月額相当額＋基本月額－47万円〈2024年度は50万円〉)÷2となる。本肢の場合は(30万円＋10万円)≦50万円となるので支給停止はなく10万円の年金が全額支給される。
2) 適切
3) 適切。60歳台前半の在職老齢年金には退職定時改定が適用されないので、従来どおり退職時か65歳時の改定となる。
4) 適切。資格喪失日(退職日の翌日)でないことに注意。在職老齢年金の支給停止解除も同様に退職日の翌月となる。

問4《正解 4》

1) 不適切。20歳前に初診日のある傷病(先天性障害含む)でも、障害認定日に1級または2級の障害状態と認定されれば、障害基礎年金が受けられる。支給は障害認定日以降に20歳に達したとき(障害認定日が20歳以降であれば障害認定日)から開始になる。(国年法30条の4)
2) 不適切。障害厚生年金(1級または2級)に加算されるのは、配偶者の加算である。子の加算は障害基礎年金で受けられる。(国年法33条の2、厚年法50条の2)
3) 不適切。「1年経過した日」ではなく、1年6カ月経過した日である。なお、人工透析の場合は透析を初めて受けた日から3カ月経過した日など治療の種類によって障害認定日が決められている場合もある。(国年法30条)
4) 適切。1人1年金の原則により、支給事由(老齢、障害、遺族)の異なる年金は併給されず、いずれか1つの年金の選択になる。ただし、65歳以降は、「障害基礎年金と老齢厚生年金」など例外的に併給できるケースがある。このほかにも、「障害基礎年金と遺族厚生年金」「老齢基礎年金と遺族厚生年金」などの併給が可能である。

問5《正解 1》

1)適切。遺族基礎年金は「子のある配偶者」が受給する場合、子の加算(2024〈令6〉年度)は2人目まで1人につき234,800円、3人目以降は1人につき78,300円である。しかし、子のみの受給の場合は、1人目は支給されず、2人目が234,800円、3人目以降は1人につき78,300円となる。

2)不適切。中高齢寡婦加算の支給期間は妻が40歳以上65歳未満の期間である。国民年金第1号被保険者(自営業者等)の独自給付である寡婦年金は妻が60歳から64歳までの5年間の有期年金である。(厚年法62条)

3)不適切。65歳になるまでは妻自身の老齢厚生年金と遺族厚生年金はどちらかの選択となる。65歳以降はまず妻自身の老齢厚生年金を受給し、夫の遺族厚生年金との差額分だけが遺族厚生年金として支給される。また、65歳以降の場合、妻の老齢厚生年金の2分の1と遺族厚生年金の3分の2(夫の老齢厚生年金の2分の1)の合計額が遺族厚生年金額より多い場合は、この合計額と妻の老齢厚生年金額の差額が遺族厚生年金額となる。(厚年法60条、64条の2)

4)不適切。夫が在職中(厚生年金保険の被保険者期間中)の死亡であれば、被保険者期間に関係なく中高齢寡婦加算は受けられる。在職中に初診日のない退職後の死亡であれば、通算20年以上の被保険者期間が必要となる。(厚年法62条)

問6《正解 3》

1)適切。老齢給付金と脱退一時金の給付は必須であるが、障害給付金と遺族給付金は任意であるので支給する場合のみ規約に定める。(確給法29条)

2)適切。確定拠出年金の脱退一時金は一時所得となるので混同しないこと。

3)不適切。リスク対応掛金は財政悪化リスク相当額(20年に1回の頻度で発生する損失に相当する額)であるが、すべての確定給付企業年金に算定義務がある。ただし、リスク分担型企業年金を導入していなければ拠出は任意である。

4)適切。退職時には確定給付企業年金の年金資産を個人型年金に移換することは可能だったが、制度終了時には個人型年金には移換できなかった。法改正により、2022（令4）年5月からは制度終了時にも個人型年金への移換が可能になり、退職時・終了時とも確定給付企業年金の年金資産を企業年金連合会（通算企業年金とすることが可能）または確定拠出年金の個人型年金に移換することができるようになった。

問7《正解 4》

1）不適切。「2分の1」ではなく、3分の1である。なお、中退共の制度に新規加入事業主の場合は「掛金金額の2分の1を加入後4カ月目から1年間助成する」ことと合わせて覚えておく。

2）不適切。中小企業退職金共済制度を運営する勤労者退職金共済機構との退職金共済契約はすべての従業員について締結（全員加入）しなければならないが、掛金は従業員ごとに任意に設定できる。なお、試用期間中の者や短時間労働者、休職期間中の従業員などは加入させなくてもよい。

3）不適切。確定拠出年金の個人型年金には資産移換できない。

4）適切。中退共の掛金月額は一般従業員で5,000円からであるのに対し、特退共は企業にとって低い掛金負担で加入できるメリットがある。

問8《正解 3》

1）不適切。「1,000円刻み」ではなく、500円刻みである。

2）不適切。「120カ月」（10年）ではなく、240カ月（20年）である。

3）適切。小規模企業共済の共済金の受取方法には、「一括受取り（一時金）」「分割受取り（年金）」「一括受取りと分割受取りの併用」の3種類がある。分割受取りは10年または15年で、毎年6回（奇数月〈1月、3月、5月、7月、9月、11月〉）の支給となる。共済金を分割で受け取るには、以下のすべての要件を満たしている必要がある。

・共済金Aまたは共済金Bであること

・共済契約者の死亡による請求ではないこと

・60歳以上であること

・分割受取りの場合は共済金の額が一定以上であること
　分割受取り……300 万円以上
　一括受取りと分割受取りの併用……一括受取り部分 30 万円以上、
　　　　　　　　　　　　　　　　分割受取り部分 300 万円以上

4)不適切。中退共は従業員、小規模企業共済は小企業経営者・自営業者を対象とした退職金制度である。中退共に加入している会社であっても経営者は中退共の加入者となれないので、要件を満たしていれば小規模企業共済に加入することができる。

問9《正解 3》

1)不適切。国民年金保険料の申請免除者の場合、全額免除者（納付猶予者含む）だけでなく、一部免除者であっても国民年金基金には加入できない。全額免除者では、法定免除者（障害基礎年金受給者など）のうち保険料を納付した者と産前産後免除者は国民年金基金に加入できる。

2)不適切。終身年金B型のみ保証期間はない。

3)適切。国民年金基金を 60 歳未満で脱退した場合、加入期間が 15 年未満であれば、中途脱退者として年金の現価相当額が国民年金基金連合会に移換される。脱退一時金の制度はない。移換された年金資産は将来老齢年金（死亡の場合は遺族一時金）として国民年金基金連合会より支給される。

4)不適切。掛金は終身年金の年金額が確定年金の年金額を上回る必要がある。つまり、全体の年金額の半分超が終身年金でなければならない。

問 10《正解 2》

1)適切。退職給付見込額は、退職給付の対象となる全員に対する最終的な給付の見込額である。このうち、当期末（現時点）時点で発生していると認められる部分の額が退職給付債務であり、割引計算により現在価値に換算する。（退職給付に関する会計基準 16 項）

2)不適切。退職給付引当金は「退職給付債務－年金資産－未認識債務」で求められる。未認識債務とは、まだ処理（費用計上）されていない退職給付債務のことで、「過去勤務費用」と「数理計算上の差異」がある。

3) 適切。退職給付費用は「(勤務費用＋利息費用＋未認識債務償却費用)－期待運用収益」で求められる。(退職給付に関する会計基準 14 項)

4) 適切(退職給付に関する会計基準の適用指針 47 項)

問 11《正解 4》

1) 不適切。会社の役員であっても、70 歳未満の第 1 号厚生年金被保険者であれば企業型年金の加入者になれる。なお、代替措置を講じれば、企業型年金の規約の定め(一定の職種)により、加入者としないことができる。(法令解釈第 1-1 (1)①、同第 1-1 (2))

2) 不適切。「希望する者」のみを企業型年金の加入者とする選択制を一定の資格として定めた場合、加入者を選択しなかった者が後から企業型年金の加入者になることはできるが、企業型年金加入者を選択した者が後から任意に脱退することはできない。(法令解釈第 1-1 (1)④)

3) 不適切。勤続期間の設定に特に年数の制限はない。(法令解釈第 1-1(1)③)

4) 適切。法改正により 2022 (令 4)年 5 月から、60 歳時の継続雇用者だけでなく 60 歳以上で転職した者も再就職先の企業型年金に加入できるようになった。ただし、企業型年金の老齢給付金の裁定(一時金、年金)を受けた者は、企業型年金への再加入はできない。なお、個人型年金の老齢給付金の裁定を受けていなければ、個人型年金には加入できる。

問 12《正解 3》

1) 不適切。法改正により、2022 (令 4)年 4 月から老齢給付金(企業型年金、個人型年金)の請求は 60 歳以上 75 歳未満の任意の時期に受給開始できるようになった。なお、1952 (昭 27)年 4 月 1 日生まれ以前の者は改正前の 70 歳が受給開始年齢の上限で、70 歳到達までに請求がないと老齢給付金が自動的に支給される。(法 34 条)

2) 不適切。「3 年経過後」ではなく、5 年経過後である。法改正により、2022 (令 4)年 5 月から 60 歳以降も確定拠出年金に加入できるようになったことに伴い、60歳以降に初めて確定拠出年金に加入するケースも出てきた。60歳以降に初めて加入した場合、通算加入者等期間(60以降の加入者期間等は算入されない)を有しないことになるため、加入日から5年経過後に老齢給付金の請求ができることとなった。(法33条)

3)最も適切(法3条3項10号)

4)不適切。通算加入者等期間に算入されるのは60歳到達月までで、それ以降の加入者期間や運用指図者期間は算入されない。したがって、本肢の場合は通算加入者等期間が5年となり、老齢給付金の請求は63歳からとなる。(法33条1項、2項)

問13《正解 3》

1)不適切。法改正により、2022（令4)年5月からは国民年金の任意加入被保険者も個人型年金に加入できるようになったため、年齢要件ではなく、国民年金の被保険者資格の喪失が要件となった。(法62条4項2号)

2)不適切。「その資格を取得した日にさかのぼって、個人型年金加入者でなかったものとみなす」こととされている。(法62条5項)

3)最も適切。企業型年金の裁定と個人型年金の裁定は別のものとして扱われるため、企業型年金の裁定(一時金、年金)をしていても、個人型年金の裁定を受けていなければ個人型年金の加入者にはなれる。再就職で会社員となった場合でも、再就職先の企業型年金には加入できないが、国民年金第2号被保険者なので個人型年金には加入できる。

4)不適切。法改正により、2022年5月から国民年金任意加入被保険者が個人型年金に加入可能となったのに伴い、海外居住の国民年金任意加入被保険者(20歳以上65歳未満)も個人型年金に加入できるようになった。

問14《正解 1》

㋐適切。確定拠出年金の死亡一時金が受けられる遺族の範囲は、主に、生計維持されていた配偶者、子、父母、孫、兄弟姉妹となっている。遺族厚生年金では遺族の範囲に兄弟姉妹は含まれないが、確定拠出年金の遺族の範囲はより広くなっている。さらに、子、父母、孫、兄弟姉妹については生計維持がなくても遺族の対象となり、生計維持があればその他の親族も遺族となれる。(法41条、73条)

㋑不適切。「65歳到達日前日」ではなく、75歳到達日前日である。公的年金の障害年金(障害基礎年金、障害厚生年金)が原則65歳到達日前日までの請求であることと混同しないようにする。確定拠出年金の障害給付金の請求期限は、老齢給付金の受給開始上限年齢と同じであるが、老齢給付金の上限が拡大されたのに伴い、2022（令4)年4月より障害給付金の請求期限も75歳到達日前日までとなった。(法37条、73条)

㋒不適切。年金支給は必須だが、一時金支給は規約の定めが必要である。個人型年金規約では、一時金支給については運営管理機関の定めによるとなっている。(法35条、73条、個人型年金規約111条)

問15《正解 4》

1) 適切。企業型年金のみを実施している場合の企業型年金掛金拠出限度額は月額55,000円であるが、企業型年金加入者が個人型年金との同時加入をする場合は、月額55,000円から企業型年金掛金を差し引いた額が個人型年金の掛金拠出限度額となる(2024.12改正あり→p.82問13参照)。本肢では「55,000円－30,000円＝25,000円」だが、上限が2万円のため2万円が個人型年金の掛金拠出限度額となる。また、他の企業年金(確定給付企業年金など)がある場合は、「27,500円－企業型年金掛金額＝個人型年金掛金拠出限度額(上限12,000円)」となる。なお、同時加入の場合は、企業型・個人型とも月額拠出限度額の範囲内の月額拠出にする必要があり、年単位管理拠出の場合は個人型年金との同時加入はできなくなる。

2) 適切

3) 適切(法19条2項、施行令10条の3)

4) 不適切。個人型年金の掛金は5,000円以上1,000円単位の月額で設定しなければならない。そのため、付加保険料を納付している場合は月額67,000円が掛金拠出限度額となる。

問 16《正解 4》

1）不適切。「運用関連運営管理機関等」ではなく、記録関連運営管理機関等である。加入者等からの運用の指図のとりまとめは、記録関連運営管理機関の業務である。（法 25 条）
2）不適切。指定運用方法は、加入者等が一定期間経過しても運用の指図を行わない場合に、一定の手順を経て加入者等が運用の指図をしたとみなして運用することを目的とした運用方法（運用商品）である。加入者等は他の運用方法と同様に指定運用方法を選択することができるが、運用の指図は加入者等が自ら行わなければならない。（法 25 条の 2）
3）不適切。運用方法（運用商品）の提示数の上限は「25 本」ではなく、35 本である。（法 23 条 1 項、施行令 15 条の 2）
4）適切（法 4 条 1 項 5 号）

問 17《正解 3》

1）適切。移換手続きをせずに資格喪失日（退職日の翌日）の翌月起算で 6 カ月経過すると国民年金基金連合会に自動移換される。ただし、企業型年金や個人型年金に加入したことが確認されると移換手続きをしなくても自動的に新たな加入先制度に個人別管理資産が移換される。国民年金基金連合会への自動移換前であれば資格喪失日の翌月から 6 カ月経過後、自動移換後であれば、新しい制度の加入確認がされた時点で移換される。
2）適切。転職前の個人別管理資産は、必ずしも転職先の企業型年金に移換しなければならないということはない。
3）最も不適切。法改正により、2022 年 5 月から退職者の企業型年金の個人別管理資産は、企業年金連合会へ移換することも可能になった。移換した資産は、通算企業年金（終身年金）として将来受給できるほか、再就職した際に再就職先の企業型年金や個人型年金への再移換もできる。
4）適切。脱退一時金相当額はこの他、企業年金連合会へも移換できる。

問18《正解 3》

1）適切（法43条2項、法令解釈第9-1（2）①ア）
2）適切（法43条1項、法令解釈第9-1（1）①）
3）不適切。運営管理機関は、特定の運用方法（商品）の指図を行うことも、指図を行わないことも加入者等に勧めてはならない。（法100条6号）
4）適切。2019（令元）年7月の法改正により、営業職員による運営管理業務の兼務規制が緩和された。運用業務のうち「運用商品の提示及び情報提供」など大部分は営業職員でもできるようになったが、中立性確保の観点から「運用商品の選定」は専任職員でないとできない。（法令解釈第9-2（5）②）

問19《正解 4》

1）適切。継続投資教育については、以前は配慮義務だったが、加入時投資教育に比べて実施率が低いことが問題視され、2018（平30）年5月から努力義務に強化された。（法22条、法令解釈第3-2（2））
2）適切（法令解釈第3-3（4））
3）適切（施行規則20条1項1号、2号）
4）不適切。法改正により2020（令2）年6月5日からは、国民年金基金連合会も運営管理機関だけでなく企業年金連合会への委託が可能になった。

問20《正解 4》

㋐不適切。個人型年金、企業型年金とも加入者が拠出した掛金は小規模企業共済等掛金控除が適用される。なお、確定給付企業年金の加入者掛金は生命保険料控除の適用になるので併せて覚えておきたい。（所得税法75条）
㋑不適切。確定給付企業年金の脱退一時金相当額は退職所得だが、確定拠出年金の脱退一時金は一時所得となる。（所得税法31条3号、34条）
㋒不適切。障害給付金は非課税だが、死亡一時金はみなし相続財産として相続税が課税される。ただし、法定相続人一人につき500万円までは非課税となる。なお、請求せずに死亡日から3年経過すると一時所得に変わり、5年経過すると通常の相続財産（遺産分割の対象）の扱いになる。

問21《正解 2》

1)不適切。公社債投資信託は公社債だけで運用され、株式を一切組み入れることができない。少しでも株式を組み入れていれば株式投資信託となる。なお、実際の運用で株式を組み入れていなくても約款上株式組み入れ可能であれば株式投資信託となる。

2)適切。単位型(ユニット型)に対して、設定後(募集開始後)にいつでも追加購入(追加設定)ができるのが追加型(オープン型)の投資信託である。また、単位型は一定の期間は解約に応じないが、追加型はいつでも解約ができる。

3)不適切。J-REITは会社型の投資信託である。会社型の投資信託は、投資を目的とする法人を設立し、証券を発行して投資家に購入してもらう仕組みの投資信託である。一方、契約型の投資信託とは、信託契約に基づいて運営される形態であり、受益者(投資家)、販売会社(証券会社など)、委託者(投資信託委託会社〈運用会社〉)、受託者(信託銀行)の4者で構成される。わが国ではほとんどが契約型の投資信託である。

4)不適切。投資家はベビー・ファンドを購入し、運用会社はマザー・ファンドに投資する。

問22《正解 4》

1)適切。なお、ベンチマークとして市場を代表する指数(インデックス)が採用されるため、パッシブ運用のことをインデックス運用ともいう。ただし、指数への連動を目指すのがインデックス運用であり、インデックスとベンチマークはもともとの意味が異なる。正確には、パッシブ運用は市場全体を意識して連動する運用成績を目指す運用手法であり、代表例がインデックス運用といってよい。

2)適切

3)適切。海外株式市場のベンチマークとしては、米国株式市場ではダウ工業株30種平均(ダウ平均)やナスダック総合指数などがある。世界の株式市場を対象としたベンチマークとしては、MSCI-KOKUSAI（日本を除く先進22カ国の主要上場銘柄で構成）などが広く利用されている。

4）不適切。アクティブ運用は、ファンドマネジャーが投資戦略に基づいてベンチマークを上回る運用成績を目指すため、手間やコストがかかる。これに対して、パッシブ運用は、ベンチマークに連動するように機械的に運用できるのでコストを抑えることができる。そのため、一般的にはパッシブ運用はアクティブ運用に比較してコストが低くなる。

問23《正解 3》

1）適切。算術平均リターンは将来の期待リターンを表すのに適している。

2）適切。期待リターンが実現する確率の範囲は以下のとおりである。

　期待リターン±1標準偏差……約68％（約3分の2）

　期待リターン±2標準偏差……約95％

3）不適切。相関係数は1から－1の間の値をとる。値が小さくなるほどポートフォリオのリスク低減効果が大きくなり、相関係数が－1のときリスク低減効果は最大となる。

4）適切。2つのリスクの内容は以下のとおりである。

・システマティック・リスク…………市場全体のリスク（市場の変動による価格変動など）で分散投資で軽減・除去できないリスク

・アンシステマティック・リスク……個別の投資対象（個別銘柄）に起因するリスクで分散投資で軽減・除去できるリスク

問24《正解 2》

金融商品Aと金融商品Bのポートフォリオの期待リターンは、以下のように計算できる。AとBの期待リターンの加重平均である。

（Aの期待リターン×Aの組入比率）＋（Bの期待リターン×Bの組入比率）

＝（2.1％×0.3）＋（3.2％×0.7）＝2.87％

金融商品Aと金融商品Bのポートフォリオのリスク（標準偏差）は、以下のように計算できる。

$$\sqrt{(\text{Aのリスク}^2\times\text{Aの組入比率}^2)+(\text{Bのリスク}^2\times\text{Bの組入比率}^2)+2\times\text{相関係数}\times\text{Aのリスク}\times\text{Bのリスク}\times\text{Aの組入比率}\times\text{Bの組入比率}}$$

$$=\sqrt{(6.2^2\times0.3^2)+(7.5^2\times0.7^2)+2\times(-0.2)\times6.2\times7.5\times0.3\times0.7}$$

$$=\sqrt{27.1161}=5.207\cdots\cdots\fallingdotseq5.21(\%)$$

問 25《正解 1》

㋐適切。2022（令 4）年 4 月 4 日より東京証券取引所（東証）の市場再編で旧第 1 部市場に替わる最上位市場としてプライム市場が誕生した。市場再編に伴い、日経平均株価の銘柄選定市場も旧第 1 部からプライム市場に変更になった。基本的に変更はないが、2022（令 4）年 10 月から株価の算出ルールなどの見直しが行われている。

㋑不適切。東証の市場再編前は東証第 1 部上場の全銘柄が TOPIX の構成対象だったが、市場再編後は市場区分に関係なく市場を代表する銘柄で構成されることになった。選定は原則的に時価総額 100 億円以上の銘柄から選定されることになっており、経過措置を経て 2025 年 2 月以降は時価総額 100 億円未満の銘柄はなくなる。

㋒不適切。「日本を除く先進 22 カ国」ではなく、日本を含む先進 23 カ国である。日本を除く先進 22 カ国の主要銘柄で構成される株価指数は、MSCI-KOKUSAI である。

問 26《正解 4》

1）適切。パフォーマンス評価は、一般的に定量評価と定性評価を組み合わせて行われる。評価機関では、定量評価として主にシャープ・レシオやインフォメーション・レシオなどのパフォーマンス測定が行われている。

2）適切。無リスク資産のリターン（リスクフリーレート）とは、銀行の定期預金のようにリスクを取らずに得られるリターン（利息）のことである。

3）適切。ベンチマークに対する評価なので、アクティブリターンのパフォーマンス評価（実績評価）となる。

4)不適切。シャープ・レシオもインフォメーション・レシオも値が大きいほどパフォーマンスが優れていると評価される。ただし、シャープ・レシオの値とインフォメーション・レシオの値が一致するとは限らない。シャープ･レシオが無リスク資産のリターンを基準にするのに対し、インフォメーション・レシオはベンチマークのリターンを基準にしているからである。高いリターンをあげても、ベンチマークのリターンを下回っていればインフォメーション・レシオの評価はマイナスとなってしまう。

問27《正解 2》

1)適切。効率的ポートフォリオは無数の組み合わせがあり、この組み合わせを結んだ曲線が有効フロンティア(効率的フロンティア)である。
2)最も不適切。アセットアロケーションの投資対象は、投資家の状況により決めるべきものである。投資可能であれば外貨建て金融商品も含めてよいが、外国為替レートの変動リスクや地政学的リスクなどを十分に考慮する必要がある。
3)適切。資産・負債状況や年齢はリスク許容度に大きな影響を与える要因ではあるが、リスク許容度を決める要因にはさまざまなものがある。例えば、収入、運用目的、投資金額、投資期間などによっても違ってくる。
4)適切。資産配分の調整には、もう１つリアロケーションという方法がある。当初設定の資産配分そのものを変える調整方法である。

問28《正解 3》

1)適切。大まかに男性約81歳、女性約87歳とつかんでおけばよい。ただし、リタイアメントプランニングでは、平均寿命ではなく平均余命(現在の年齢から後何年生きられるか)を意識してプランを作成する。本肢の簡易生命表では、定年退職年齢である60歳の平均余命は、男性23.59歳(83.59歳)、女性28.84歳(88.84歳)となっている。つまり、男性は約85歳、女性は約90歳まで生きることを考慮したプランづくりが必要である。
2)適切。2024（令6)年度の公的年金額は、老齢基礎年金が月額68,000円(68

歳以下の満額)、厚生年金(夫婦２人分の老齢基礎年金を含む標準的な年金額。妻は専業主婦)が月額230,483円となっている。夫婦２人であれば、老齢基礎年金のみの自営業者の夫婦は月額約13万円、夫が厚生年金の夫婦は月額約23万円となる。本肢の生命保険文化センターの調査等を参考にしながら不足額の確保や上乗せ資金の確保を考慮したリタイアメントプランニングを進める必要がある。

3)最も不適切。年間収支がマイナスになる年があっても、住宅の建て替え費用など一時的な支出で長期的な貯蓄残高に影響がなければ必ずしも見直す必要はない。ただし、年間収支のマイナスが継続したり貯蓄残高がマイナスになる場合にはキャッシュフロー表の見直しが必要となる。

4)適切。給与から差し引かれるものとして、生命保険料、各種掛金、社内預金などもあるが、これらは可処分所得に含まれる。つまり、支給される手取り額が必ずしも可処分所得というわけではない。

問29《正解 4》

1)適切。元本を追加の積立てなしに運用する運用残高を求める場合には、終価係数を使う。

100万円×1.1041（年利２％、５年の終価係数）＝110.41万円

2)適切。追加の積立てなしに目標積立額を得るために必要な原資を求める場合には、現価係数を使う。

200万円×0.8203（年利２％、10年の現価係数）＝164.06万円

3)適切。確定拠出年金の掛金拠出のように毎年の積立てをしながら運用する場合の運用残高を求める場合には、年金終価係数を使う。

30万円×27.6765（年利３％、20年の年金終価係数）＝830.295万円

4)不適切。目標積立額に対して毎年の積立てをしながら運用する場合の毎年の積立額を求める場合には、年金終価係数を使う。3)の逆の計算となる。

1,200万円÷32.6709（年利２％、25年の年金終価係数）≒36.73万円

年金現価係数は、毎年の年金額(受取額)を一定年数受け取るときの原資を求める場合に使う。

問 30《正解 2》

1）不適切。「70万円」ではなく、60万円である。税制改正により2020（令2）年分より公的年金等控除額が10万円引き下げられ、公的年金等以外の所得区分も新設された。そのため、公的年金等控除額の最低額は65歳未満で「70万円→60万円」、65歳以上で「120万円→110万円」となったが、基礎控除が38万円から48万円に引き上げられたため、公的年金等以外の所得が1,000万円以下であれば税負担は変わらない。

2）最も適切。「退職所得の受給に関する申告書」を提出していないと退職所得控除はされずに税額計算され、退職所得の金額に一律20.42％（復興特別所得税含む）の税率で源泉徴収される。その場合は、確定申告で還付を受ける必要がある。「退職所得の受給に関する申告書」を提出していれば、原則として確定申告の必要はない。

3）不適切。退職所得金額（課税所得額）は「{退職一時金（退職所得収入額）－退職所得控除額} ×２分の１」で計算されるが、勤続年数が５年以下の場合は２分の１を乗じない金額が退職所得金額となる。従来、法人役員等だけに適用されていたが、2022年１月分からは一般従業員にも拡大された。ただし、一般従業員の場合は、300万円を超える部分のみが適用になり、300万円以下の部分は２分の１を乗じた金額が退職所得金額となる。

4）不適切。勤続年数の区分は「25年」ではなく20年である。すなわち、勤続20年以下の部分が「40万円×勤続年数（最低保障80万円）」、勤続20年超の部分が「70万円×勤続年数」である。

〔総合問題〕

【第1問】

問31《正解 2》

1)適切。60歳時点の賃金が75％未満に低下したときに高年齢雇用継続基本給付金の支給対象となる。本肢では月額40万円が月額24万円に下がり、60％に減額になっているので、新賃金24万円の15％（61％以下は最大支給率）となる3.6万円が支給される。なお、2025（令7)年4月に60歳になる者(1965〈昭40〉年4月2日生まれ以降)から、最大支給率は「15％→10％」に縮小される(本肢のケースでは「3.6万円→2.4万円」となる)。

2)不適切。特別支給の老齢厚生年金は男性の場合、1961（昭36)年4月1日生まれの以前の者が対象である。Aさんは1965（昭40)年5月生まれなので、特別支給の老齢厚生年金は受けられない。仮に、特別支給の老齢厚生年金(報酬比例部分)が受けられるとすれば、本肢のような内容になる。なお、厚生年金保険に加入せず、雇用保険のみの加入であれば、在職老齢年金と高年齢雇用継続基本給付金の併給調整(減額)はない。

3)適切。加給年金額の加算は、特別支給の老齢厚生年金に定額部分がある場合は定額部分開始時から、報酬比例部分のみの場合や特別支給の老齢厚生年金が支給されない場合は65歳の老齢厚生年金受給開始時からとなる。本肢の場合、妻のBさんが65歳になるまでの約2年間Aさんの老齢厚生年金に加算される。

問32《正解 1、3》

1)適切。中退共には、試用期間中の者や短時間労働者などを除いて一般の従業員は原則として全員加入させなければならない。加入者(従業員)に年齢制限はないので、中退共が導入されればAさんも加入対象となる。なお、加入できる中小企業としての小売業の要件は、資本金5,000万円以下または従業員50人以下である。X社は、資本金3,000万円、従業員80人なので、従業員要件は満たさないが資本金要件を満たしているので中退共を導入できる。

2）不適切。加給年金の対象になっていた妻（配偶者）が65歳になると夫（受給者）への加給年金額の加算は終了になり、代わって妻自身の老齢基礎年金に加算が始まるのが振替加算額である。ただし1966（昭41）年4月1日生まれの以前の妻が対象である。Bさんは1966年8月生まれなので、振替加算額の加算はない。

3）適切。65歳以降も雇用保険への加入は続くが、65歳以降の退職の場合は雇用保険の基本手当は受けられない。代わりに、高年齢求職者給付金が一時金として受けられる。給付額は雇用保険の被保険者期間が1年未満の場合は基本手当日額30日分、1年以上の場合は50日分となる。Aさんは50日分の給付が受けられる。なお、高年齢求職者給付金は基本手当のような老齢年金との併給調整はない。

【第2問】

問33《正解 2》

1）適切。なお、繰下げ請求は、老齢基礎年金と老齢厚生年金を別々に繰り下げることができる。

2）不適切。Cさんの公的年金の支給額は1年分で0.7％×12カ月＝8.4％増額される。増額後の年金月額は以下のとおりである。

老齢基礎年金 ＝ 6万円×108.4％＝ 65,040円
老齢厚生年金 ＝10万円×108.4％＝108,400円

65歳からは高年齢雇用継続基本給付金は支給されなくなるので、66歳時点のCさんの月額の総収入は以下の額となる。

20万円＋（65,040円＋108,400円）＝373,440円

3）適切。繰下げ請求時には、増額で受給開始するか65歳からの増額なしの本来額を一時金で受給するかを選択できる。Cさんの老齢厚生年金は65歳からの2年間分「10万円×24カ月＝240万円」が一時金で受給できる。なお、2023（令5）年5月からは70歳を超えて一時金選択をした場合、時効で失われる分の救済策として5年前の増額率で一時金額が計算される。

問 34《正解 2、3》

1) 不適切。C さんは 1961（昭 36）年生まれなので繰上げ支給の減額率は 1 カ月につき 0.5％となり、64 歳で繰上げ請求すると「0.5％ × 12 カ月（1 年）＝ 6％」となる。法改正後の繰上げ減額率（1 カ月につき 0.4％）が適用されるのは、施行時（2022〈令 4〉年 4 月 1 日）に 60 歳に達する 1962（昭 37）年 4 月 2 日生まれ以降の者からである。
2) 適切。繰下げ支給の増額率は 1 カ月につき 0.7％である。
3) 適切。70 歳以降も増額率は 1 カ月につき 0.7％で変わらない。

【第 3 問】

問 35《正解 2、3》

1) 適切。D さんは 1961（昭 36）年 3 月生まれの男性である。生年月日が 1959 年 4 月 2 日～ 1961（昭 36）年 4 月 1 日の男性は、65 歳前の特別支給の老齢厚生年金が報酬比例部分のみ 64 歳から受給できる。
2) 不適切。D さんの老齢厚生年金には 65 歳から妻が 63 歳になるまで加給年金額が加算される。D さんの妻は 3 歳年下の 1964（昭 39）年 3 月生まれの女性なので 63 歳から特別支給の老齢厚生年金（報酬比例部分）が支給開始になる。夫婦ともに厚生年金保険の被保険者期間が 20 年以上である場合は夫婦のどちらにも加給年金は支給されないが、配偶者の受給権発生までは支給される。したがって、D さんが加給年金額が加算される 65 歳時点では妻が 62 歳であるため、妻が 63 歳で報酬比例部分の受給権が発生するまでは加給年金額が加算される。妻は D さんと同月（3 月）生まれなので 1 年間のみの加算となる。なお、妻が 65 歳になっても振替加算は支給されない。
3) 不適切。在職老齢年金の支給停止の有無にかかわらず、在職老齢年金と高年齢雇用継続給付（高年齢雇用継続基本給付金）を受給している場合は、高年齢雇用継続給付による在職老齢年金の支給停止がある。65 歳前の在職老齢年金の支給停止調整額は、従来の 28 万円から 65 歳以降と同じ 47 万円（2024 年度は 50 万円）に引き上げられた。そのため、在職老齢年金による支給停止のケースは少なくなり、高年齢雇用継続給付による在職老齢年金の支給停止分だけ年金額が減額されるケースが一般的になった。

問36《正解 3》

1)不適切。Dさんは64歳から在職老齢年金の支給が始まるが、在職定時改定が適用されるのは65歳からである。

2)不適切。在職定時改定の基準日は毎年9月1日で、受給者の生年月日とは関係しない。

3)適切。基準日(毎年9月1日)に前年9月から当年8月までの被保険者期間と保険料を追加し、10月分の年金額から改定される。なお、初回の改定対象は65歳の誕生月から基準日(9月1日)までの期間となるので、Dさんの場合、初回は3月から8月の6カ月分の保険料と期間が反映される。

【第4問】

問37《正解 2》

1)不適切。Eさんは、妻Fさんの個人型年金の掛金分の所得控除は受けられない。国民年金基金は社会保険料控除、個人型年金は小規模企業共済等掛金控除である。社会保険料控除は家族の分の社会保険料(公的年金、健康保険、介護保険)や国民年金基金の掛金を支払った場合、支払った者の所得から控除できる。一方、小規模企業共済等掛金控除は加入者本人の所得からしか控除できない。なお、国民年金基金と個人型年金は原則60歳で資格喪失となるが、国民年金の任意加入被保険者であれば60歳以降も最大65歳になるまで加入できる。Eさん夫妻は3年間の国民年金未納期間があるため、63歳になるまで国民年金に任意加入すれば国民年金基金や個人型年金にも加入できる。

2)適切。Eさんは、国民年金基金、個人型年金、小規模企業共済に同時加入が可能である。一方、妻のFさんは専業主婦なので小規模企業共済には加入できない。家族でもFさんが共同経営者であればEさんとともに小規模企業共済に加入できる。

3)不適切。国民年金基金に加入した場合は、国民年金の付加保険料を納めることはできなくなる。個人型年金に加入した場合は、付加保険料の納付は可能である。したがって、妻のＦさんは付加保険料を納めることはできない。

問 38《正解 2、3》

1)不適切。妻のＦさんのほうが掛金額が高くなる。国民年金基金の終身年金は寿命を元に掛金が設定されているので、平均寿命の長い女性のほうが掛金が高くなっている。確定年金は支給期間が決まっているので、同じ年齢であれば男女とも同じ掛金額である。

2)適切。個人型年金の場合、年１回の拠出とすれば毎年 12 月の年払いが可能である。なお、国民年金基金、小規模企業共済は前納であるのに対し、個人型年金は後納となる。

3)適切。自営業者の場合、個人型年金の拠出限度額が月額 68,000 円(年間 816,000 円)までと大きく、掛金額を増やせば節税効果が大きく見込めるのがメリットである。また、小規模企業共済も最大月額７万円(年間 84 万円)の所得控除が可能である。自営業者は厚生年金がない分、こうした制度で補完することができる。

【第５問】

問 39《正解 1》

1)不適切。2022（令 4)年５月の法改正により、60 歳以上の転職者も企業型年金への加入が可能になったため、60 歳以上で初めて確定拠出年金に加入するケースが出てきた。老齢給付金の受給には通算加入者等期間が最低１カ月以上あることが必要だが、60 歳以降の確定拠出年金(企業型年金、個人型年金)の加入期間および運用指図者期間は通算加入者等期間に算入されない。そのため、通算加入者等期間を有しない場合は、加入者となった日等から起算して５年経過した日から老齢給付金の請求ができることとなった。(法 33 条１項、73 条)

2）適切。企業型年金の老齢給付金（一時金、年金）の裁定請求をしてしまうと新たに企業型年金には加入できなくなる。Lさんは運用指図者ではあるものの裁定請求はしていないので、新たな企業型年金に加入することができる。

3）適切。個人型年金の老齢給付金（一時金、年金）の裁定請求をしてしまうと新たに個人型年金には加入できなくなる。Mさんは個人型年金の裁定請求をしているので個人型年金にはもう加入できない。しかし、企業型年金には加入歴がないため企業型年金の裁定請求をしていない。そのため、企業型年金に加入することができる。

問40《正解 3》

㋐適切。通算加入者等期間を有しない者は企業型年金加入者となった日等から起算して5年経過した日から老齢給付金の請求ができることとなっている。62歳で加入したKさんは、5年経過後の67歳から老齢給付金の請求ができる。

㋑適切。Lさんは、すでに通算加入者等期間を満たして老齢給付金の受給権は発生しているが、企業型年金加入者であるうちは裁定請求をすることができない。そのため、退職によって加入者資格を失うかR社の規約喪失年齢の65歳で加入者資格を喪失した時点で老齢給付金の請求ができる

㋒適切。Mさんは個人型年金の制度が終了しているので、Kさんと同様、通算加入者等期間を有しない。そのため61歳の加入時から5年経過後の66歳から老齢給付金の請求ができる。

【第6問】

問41《正解 2、3》

1）不適切。退職者に対する事業主掛金の返還は勤続3年未満で退職した場合に限られる。勤続3年以上の退職者には全額の資産移換を認めなければならない。したがって、勤続12年のIさんは個人別管理資産の全額を移換できる。

2)適切。法改正により、2022（令4)年5月から企業型年金加入者が退職した場合、企業年金連合会への個人別管理資産の移換も選択できるようになった。企業年金連合会へ移換した場合、将来連合会の通算企業年金(終身年金)として受給することも可能であるが、転職先の企業型年金や個人型年金に再移換することもできる。

3)適切。転職先で新たに企業型年金加入者となった場合、個人別管理資産を新たに加入した企業型年金に移換できるが、移換時期は任意に決めることができる。

問42《正解 2》

1)不適切。S社を退職して資格喪失した翌月から6カ月経過時点で個人別管理資産の移換が行われる。なお、6カ月経過して国民年金基金連合会への自動移換後であれば転職先の企業型年金への加入が確認された時点での資産移換となる。

2)最も適切。6カ月経過してIさんの個人別管理資産は国民年金基金連合会へ自動移換されているが、自動移換後であれば個人型年金への加入が確認された時点での資産移換となる。

3)不適切。国民年金基金連合会へ自動移換は、「資格喪失月から6カ月経過後」ではなく、資格喪失月の翌月から6カ月経過後である。

【第7問】

問43《正解 1、2》

1)適切。一部移行の場合は、制度変更日前後の自己都合要支給額の差額が移換額となる。

2)適切。企業年金と異なり、退職一時金制度の場合、実際の外部積立資産がないため、過去勤務部分(過去に受給の権利が発生し、企業に支給義務が発生している部分)を新たに積み立てて企業型年金の資産に充当するのが資産移換である。

3)不適切。退職一時金制度からの移行では、全部移行、一部移行にかかわらず積立不足の解消は不要である。確定給付企業年金等から企業型年金への移行では、本肢の内容のような積立不足の解消が求められる。

問 44《正解 4》

企業型年金への資産移換は、移行日の属する年度から4年度以上8年度以内で規約に定めることができ、各年度に均等分割で移換する。したがって、法令上の最長期間は8年度であり、毎年の移換額は以下のとおりである。

自己都合要支給額÷8年度＝14億円÷8年度＝1億7,500万円

【第8問】

問 45《正解 3》

A投資信託とB投資信託のポートフォリオの期待リターンは、以下のように計算できる。

(Aの期待リターン×Aの組入比率)＋(Bの期待リターン×Bの組入比率)

＝(2.5%×0.4)＋(5.4%×0.6)＝4.24%

A投資信託とB投資信託のポートフォリオのリスク(標準偏差)は、以下のように計算できる。

$$\sqrt{(\text{Aのリスク}^2\times\text{Aの組入比率}^2)+(\text{Bのリスク}^2\times\text{Bの組入比率}^2)+2\times\text{相関係数}\times\text{Aのリスク}\times\text{Bのリスク}\times\text{Aの組入比率}\times\text{Bの組入比率}}$$

$$=\sqrt{(5.5^2\times0.4^2)+(8.4^2\times0.6^2)+2\times(-0.1)\times5.5\times8.4\times0.4\times0.6}$$

$$=\sqrt{28.024}\ =\ 5.293\cdots\cdots\fallingdotseq5.29(\%)$$

問 46《正解 2》

前問のポートフォリオのリスクを求める計算式に当てはめると

$$\sqrt{(5.5^2\times0.4^2)+(8.4^2\times0.6^2)+2\times\text{相関係数}\times5.5\times8.4\times0.4\times0.6}\ =\ 4.2$$

となる。ここから、以下の手順で相関係数を求める。

$$\sqrt{30.2416+(22.176\times\text{相関係数})}=4.2$$

$30.2416+(22.176\times 相関係数)=4.2^2$

相関係数＝(17.64－30.2416)÷22.176＝－0.5682……≒－0.57

ここで、ポートフォリオリスクが低くなれば(5.29％から4.2％へ低減)、相関係数の値が小さくなる(－0.1から－0.57に縮小)ことがわかる。相関係数は－1に向かってポートフォリオのリスクを軽減させ、分散効果が高まることがHさんはわかった。

【第9問】

問47《正解 1》

シャープ・レシオは、以下の計算式によって求められる。

$$シャープ・レシオ＝\frac{ファンドの期待リターン－リスクフリーレート}{ファンドのリスク(標準偏差)}$$

ポートフォリオA、Bのシャープ・レシオは以下のとおりである。

$$ポートフォリオA＝\frac{3.0\%-1.1\%}{5.0\%}＝0.38$$

$$ポートフォリオB＝\frac{4.2\%-1.1\%}{6.4\%}＝0.484\cdots\cdots\fallingdotseq 0.48$$

問48《正解 2、3》

1)不適切。過去の実績リターンとリスクだけでなく、ベンチマークやリスクフリーレートとの比較なども行うべきである。ベンチマークやリスクフリーレートによる比較によって、リターンとリスクを加味したパフォーマンス評価ができる。

2)適切

3)適切。インフォメーション・レシオは、ベンチマークに対する超過リターンを表すものなので、ベンチマークをリスクフリーレートとした場合、シャープ・レシオと同じ計算式になる。

【第10問】

問49《正解 2、3》

1）適切。企業型年金のみ（他の企業年金がない）を実施している場合の個人型年金の掛金拠出限度額は「月額55,000円（法定拠出限度額）－事業主掛金拠出額（企業型年金拠出額）」である。U社の場合、「55,000円－20,000円＝35,000円」だが、上限が月額2万円なので、Jさんの個人型年金の掛金拠出限度額の上限も月額2万円となる。

2）不適切。転職前の企業型年金の個人別管理資産は、個人型年金（国民年金基金連合会）へ移換する選択も可能である。

3）不適切。小規模企業共済等掛金控除は所得控除であり、所得税・住民税は軽減されるが、社会保険料には影響しない。

問50《正解 2》

①　60歳時点の運用残高は、以下のように計算できる。

{企業型年金掛金拠出額（年額）＋個人型年金掛金拠出額（年額）}
×年金終価係数
＝（24万円＋24万円）×24.7833（年率2％、20年の年金終価係数）
＝<u>11,895,984円</u>

②　65歳時点の運用残高は、以下のように計算できる。

（①＋退職一時金）×終価係数
＝（11,895,984円＋1,000万円）×1.1041（年率2％、5年の終価係数）
≒24,175,355円

③　毎年150万円を20年間受給する原資は、以下のように計算できる。

150万円×16.6785（年率2％、20年の年金現価係数）
＝25,017,750円

④　65歳時点の原資の不足額は、以下のように計算できる。

③－②＝<u>842,395円</u>

実践演習模試2

四答択一式

《問1》国民年金の受給資格期間と年金額に関する次の記述のうち、適切なものはどれか。　A チェック欄 □□□

1) 20歳未満および60歳以上の第2号被保険者期間は、保険料納付済期間として老齢基礎年金の年金額に反映される。
2) 海外居住の日本人が1961（昭36）年4月1日以降で国民年金に任意加入しなかった20歳以上65歳未満の期間は合算対象期間となる。
3) 学生納付特例制度の適用期間は受給資格期間として算入されるが、保険料を納付しないので老齢基礎年金額への算入はされない。
4) 65歳時点で受給資格期間を満たしていない者は最大75歳になるまで国民年金任意加入被保険者となれる。

《問2》繰上げ支給および繰下げ支給に関する次の記述のうち、不適切なものはどれか。　A チェック欄 □□□

1) 繰上げ支給の老齢基礎年金を請求すると事後重症による障害基礎年金を受給できなくなる。
2) 繰上げ支給の老齢基礎年金を受給している妻は、寡婦年金と繰上げ支給の老齢基礎年金はどちらかの選択となる。
3) 老齢厚生年金を受給している場合、老齢基礎年金の繰下げ待機をしていても、加給年金が支給停止になることはない。
4) 1952（昭27）年4月2日生まれの者が72歳で年金請求を行う場合、本来額の58.8％増で受給開始するか、本来額の16.8％増（67歳時の増額率）で5年分の一時金を受給して16.8％増で受給開始するかを選択できる。

《問3》老齢厚生年金に関する次の記述のうち、最も適切なものはどれか。

A チェック欄 □□□

1) 1964（昭39）年4月1日生まれの会社員の女性は、特別支給の老齢厚生年金が63歳から支給される。
2) 会社員の65歳からの年金は、老齢基礎年金と老齢厚生年金（報酬比例部分）であるが、老齢基礎年金には経過的加算が上乗せされる。
3) 老齢厚生年金に加給年金が加算されるためには、原則として厚生年金保険に25年以上の被保険者期間があることが必要である。
4) 65歳以上の障害基礎年金と老齢厚生年金は支給事由が異なる（障害と老齢）ので、組み合わせて受給することはできない。

《問4》在職老齢年金に関する次の記述のうち、最も適切なものはどれか。

A チェック欄 □□□

1) 基本月額が10万円、総報酬月額相当額42万円の場合、老齢厚生年金は月額2万円が支給停止となる（2024年7月1日現在）。
2) 2024年7月の総報酬月額相当額の計算で、標準賞与額の対象は2024年6月から2023年7月までの1年間である。
3) 在職老齢年金受給者に在職老齢年金による支給停止がない場合でも、高年齢雇用継続給付による支給停止はある。
4) 在職老齢年金による支給調整は、在職定時改定による増額は反映されずに支給停止額の計算が行われる。

《問5》遺族年金に関する次の記述のうち、最も適切なものはどれか。

A チェック欄 □□□

1) 2024（令6）年度の遺族基礎年金額および子の加算額は受給する配偶者の年齢によってそれぞれ2種類の金額となる。
2) 生計を維持する16歳の子がいても、死亡した妻が第3号被保険者の場合、夫は遺族基礎年金を受給できない。
3) 夫の死亡時に30歳未満で、遺族基礎年金の支給を受けることができない子のない妻の遺族厚生年金は、５年間の有期給付となる。

4)　遺族厚生年金の対象となる遺族は、一定の要件を満たした配偶者、子、父母、祖父母、兄弟姉妹である。

《問６》確定給付企業年金に関する次の記述のうち、最も適切なものはどれか。　A チェック欄 □□□

1)　確定給付企業年金の掛金は、事業主拠出は損金算入、従業員拠出は小規模企業共済等掛金控除適用となる。

2)　老齢給付金を年金として受給する場合の雑所得は、「公的年金等以外の雑所得」の区分となる。

3)　脱退一時金の支給要件として、５年を超える加入者期間を定めてはならない。

4)　遺族給付金は年金として支給することも、一時金として支給することもできる。

《問７》中小企業退職金共済（中退共）と特定退職金共済（特退共）に関する次の記述のうち、最も適切なものはどれか。　A チェック欄 □□□

1)　中退共に加入するためには、常時雇用する従業員の数または資本金等の額による基準を満たす必要がある。

2)　中退共加入者である従業員が退職したときは、退職金が事業主(会社)を経由して退職者に支給される。

3)　特退共へは個人事業主自身も加入できる。

4)　会社が特退共の契約を解除したときは、解約手当金が事業主(会社)に支払われる。

《問８》小規模企業共済に関する次の記述のうち、最も適切なものはどれか。　A チェック欄 □□□

1)　小規模企業共済の掛金は、小規模企業共済等掛金控除の対象となるが、事業上の損金または必要経費とすることはできない。

2）　個人事業主は、要件を満たせば小規模企業共済に加入できるが、共同経営者は、小規模企業共済に加入することができない。

3）　掛金の増額は任意にできるが、減額は一定の要件を満たす場合に限られる。

4）　小規模企業共済の対象になる企業規模は、原則として常時使用する従業員が20人以下の事業者だが、宿泊業はサービス業なので５人以下となる。

《問９》国民年金基金に関する次の記述のうち、最も適切なものはどれか。

A チェック欄 □□□

1）　国民年金基金の給付には、老齢年金のほか、障害一時金と遺族一時金がある。

2）　加入時に選択した１口目の終身年金は、確定年金に変更することはできないが、他の終身年金に変更することはできる。

3）　国民年金基金の掛金は、加入時の年齢、性別、選択した年金の種類（型）によって異なるが、同じ年金の種類であれば女性のほうが高くなる。

4）　国民年金基金の掛金は、社会保険料控除として所得控除ができる。

《問10》退職給付会計に関する次の㋐～㋒の記述のうち、適切なものはいくつあるか。

A チェック欄 □□□

㋐　退職給付見込額の計算では、期末時点で受給権が発生していない従業員は計算の対象から除かれる。 ㋑　確定給付企業年金を廃止して確定拠出年金に全部を移行する場合は退職給付制度の「終了」、廃止ではなく一部を確定拠出年金に移行する場合は「減額」となる。 ㋒　簡便法では、退職一時金制度の場合、期末自己都合要支給額を退職給付債務とすることができる。

1）　1つ　　2）　2つ　　3）　3つ　　4）　0（なし）

《問 11》確定拠出年金の加入者資格に関する次の記述のうち、最も不適切なものはどれか。　B チェック欄 □□□

1）日本国籍のない外国人労働者でも、企業型年金の加入者とすることはできる。

2）65 歳定年の企業でも、65 歳以下で企業型年金の加入者資格を喪失させることはできる。

3）25 歳の農業者年金の被保険者は国民年金基金には加入できないが、確定拠出年金の個人型年金には加入できる。

4）個人型年金の老齢給付金を一時金で受給後は、65 歳未満の国民年金任意加入被保険者であっても、個人型年金に加入できない。

《問 12》確定拠出年金の受給権および給付に関する次の記述のうち、最も不適切なものはどれか。　B チェック欄 □□□

1）企業型年金の障害給付金は年金として支給するが、企業型年金規約で定めれば一時金として支給することもできる。

2）企業型年金の給付を受ける権利は、受給権者の請求に基づいて、企業型運用関連運営管理機関が裁定する。

3）個人型年金の脱退一時金は、最後の資格喪失日（企業型年金または個人型年金）から 2 年以内に請求する必要がある。

4）個人型年金の老齢給付金を請求することなく 75 歳に達したときは、自動的に老齢給付金が支給される。

《問 13》確定拠出年金の掛金に関する次の記述のうち、最も不適切なものはどれか。　B チェック欄 □□□

1）企業型年金と中小企業退職金共済がある企業の企業型年金掛金の拠出限度額は、月額 55,000 円（年間 66 万円）である。

2）企業型年金と個人型年金に同時加入する場合、企業型年金または個人型年金が年単位拠出（拠出区分期間が各月でない場合）になっているときは、各月拠出に変更しなければならない。

3） 企業型年金加入者を個人型年金に加入させる場合は、企業型年金のみを実施している企業の企業型年金の掛金拠出限度額は月額35,000円となる。
4） マッチング拠出のある企業型年金加入者は、加入者掛金を拠出していなければ個人型年金に加入することができる。

《問14》企業型年金の加入者（40歳）が退職し、個人別管理資産の移換の申出を行わずに再就職をした場合（障害給付金受給権者ではなく、個人型年金加入者〈または運用指図者〉でもない）の取扱いに関する次の記述のうち、最も適切なものはどれか。 B チェック欄 □□□

1） 再就職が退職日の翌日から6カ月を過ぎていれば、個人別管理資産は国民年金基金連合会に自動移換になっている。
2） 再就職先の企業に企業型年金がない場合、退職前の企業型年金に個人別管理資産は残るが、企業型年金運用指図者として取り扱われる。
3） 再就職先の企業で企業型年金加入者となった場合、退職前の企業型年金喪失から所定期間内であれば、所定期間経過時点で再就職先の企業型年金に個人別管理資産が移換される。
4） 退職して3カ月後に公務員として再就職した場合、再就職時点で国民年金基金連合会に個人別管理資産が自動移換される。

《問15》確定拠出年金を実施する事業主等の責務と行為準則に関する次の記述のうち、最も不適切なものはどれか。 B チェック欄 □□□

1） 事業主は、加入者等に対して自己または加入者等以外の第三者に運用の指図を委託することを勧めてはならない。
2） 事業主は、委託している運営管理機関が提示する商品群の多くが1金融グループに属する運用会社のものである場合、もっぱら加入者等の利益のみを考慮して、適切に行われているかを確認するよう努める必要がある。
3） 運営管理機関は、運用関連業務に関して加入者等の損失を補てんする行為はできないが、利益に上乗せ給付することはできる。
4） 運営管理機関は、加入者等から運用の方法について質問または照会を受けた場合でも、特定の金融商品への指図の推奨・助言はできない。

《問 16》確定拠出年金の運営管理機関の役割等に関する次の記述のうち、最も適切なものはどれか。　B チェック欄 □□□

1)　運用関連運営管理機関は、運用商品の提示の際、利益の見込みや損失の可能性等の情報を提供すれば、商品を選定した理由を示す必要はない。

2)　記録関連運営管理機関は、加入者等の運用の指図を取りまとめて資産管理機関等に通知する役割がある。

3)　運営管理機関は、運営管理業務の全部または一部を他の運営管理機関に再委託することができる。

4)　記録関連業務と運用関連業務は、１つの運営管理機関に委託しなければならない。

《問 17》国民年金基金連合会が行う確定拠出年金に関する次の㋐～㋓の事務のうち、ほかの機関に委託することができないものはいくつあるか。　B チェック欄 □□□

㋐　個人型年金加入者の資格の確認に関する事務
㋑　積立金の管理に関する事務
㋒　給付(脱退一時金を含む)の支給に関する事務
㋓　掛金の限度額の管理に関する事務

1)　1つ　　2)　2つ　　3)　3つ　　4)　4つ

《問 18》確定拠出年金の簡易企業型年金と中小事業主掛金納付制度に関する次の記述のうち、最も適切なものはどれか。　B チェック欄 □□□

1)　簡易企業型年金では、対象となる従業員に一定の資格を定めることができる。

2)　簡易企業型年金でマッチング拠出を導入する場合は、加入者掛金を１つ(全員同額)としてもよい。

3） 中小事業主掛金納付制度は、企業型年金を実施していなければ、確定給付企業年金を実施している企業でも導入できる。
4） 中小事業主掛金納付制度では、対象となる従業員に一定の資格を定めることはできない。

《問 19》確定拠出年金の投資教育と情報提供に関する次の記述のうち、最も適切なものはどれか。 B チェック欄 □□□

1） 投資教育は事業主の加入者等に対する義務であり、運営管理機関に委託することはできない。
2） 投資教育は、一般的なレベルの投資知識について画一的に実施することが望ましい。
3） 加入時の投資教育は、資料やビデオの配布（電磁的方法による提供を含む）ではなく、集合教育を行わなければならないとされている。
4） 金融商品について、利子、配当その他の利益の分配方法に関する情報を提供する必要がある。

《問 20》確定拠出年金の税務上の取扱いに関する次の記述のうち、不適切なものはどれか。 B チェック欄 □□□

1） 企業型年金加入者がマッチング拠出を選択した場合、加入者掛金は事業主への損金算入、個人型年金を選択した場合の掛金は小規模企業共済等掛金控除が適用される。
2） 企業型年金の場合、事業主掛金も加入者掛金も運用益には課税されない。
3） 老齢給付金を一時金で受け取る場合、退職所得控除額の計算に使われる勤続年数は確定拠出年金の加入期間のうち掛金拠出期間となる。
4） 脱退一時金は一時所得となるが、50 万円の所得控除がある。

《問 21》投資信託の種類と特徴に関する次の記述のうち、最も不適切なものはどれか。 C チェック欄 □□□

1） 公社債投資信託は、信託約款で定められている公社債の組入比率が

95％以上のものをいう。

2)　投資信託の分類のうち、オープン・エンド型は発行者による解約（換金）が可能で、クローズド・エンド型は解約できない。

3)　ブル型ファンドとは、ベンチマークのリターン（価格）が上昇した場合に、上昇幅を上回る運用成果を目指すファンドである。

4)　ファンド・オブ・ファンズは複数の投資信託に投資する投資信託なので、一般の投資信託よりリスクの低減効果が期待できる。

《問22》額面100円、利率年２％、償還期間10年、残存期間５年の既発債（利付国債）を101円で購入し、満期償還日まで所有した場合の最終利回りとして、最も適切なものは次のうちどれか。なお、答は小数点以下第３位を四捨五入すること。税金・手数料等は考慮しないものとする。　C チェック欄 □□□

1)　1.68％　　2)　1.78％　　3)　1.88％　　4)　1.98％

《問23》保険商品と外貨建て投資に関する次の記述のうち、最も不適切なものはどれか。　C チェック欄 □□□

1)　利率保証型積立生命保険は、一般勘定で運用されており、確定拠出年金では元本確保型商品となっている。

2)　外貨建て商品への投資には為替による損益を考慮する必要があり、円安では為替差益、円高では為替差損が発生する。

3)　外貨建て投資の際に為替予約を行えば、換金時点の為替レートが保証されるので、予約時点に比べて換金時点の為替レートによる為替差益が出ていれば為替差益が得られる。

4)　購買力平価は、２国間の通貨の購買力の差が等しいように為替レートが決定されるという為替レート決定要因の考え方の１つである。

《問24》金融商品投資におけるリターンとリスクに関する次の記述のうち、最も適切なものはどれか。 C チェック欄 □□□

1） リスクの高い運用を選択すれば、リスクの低い運用よりも常に高い運用成績が得られる。

2） リターンの算術平均は、幾何平均に等しいか幾何平均より大きくなる。

3） 4年間のリターンが1年目3％、2年目－1％、3年目－2％、4年目4％の場合、4年間のリスク(標準偏差)は約1％である。

4） 月次リスク(標準偏差)が0.2％の場合、年率に換算すると2.4％になる。

《問25》さまざまな収益率に関する次の記述のうち、最も不適切なものはどれか。 C チェック欄 □□□

1） 算術平均収益率は、複数の期間の収益率の単純平均収益率である。

2） 幾何平均収益率は、複数の期間の累積収益率を平均した収益率である。

3） 時間加重収益率は、資金の途中入出の影響を取り除いた収益率であり、ファンドマネジャーの運用能力の評価には適さない。

4） 金額加重収益率は、資金の途中入出を含んだ収益率である。

《問26》アセットアロケーションと有効フロンティアに関する次の記述のうち、最も適切なものはどれか。 C チェック欄 □□□

1） アセットクラスとは、リスク・リターン特性の異なる複数の金融資産をまとめて1つの資産グループとしたものである。

2） 最適なアセットアロケーションを決定するには、投資家の年齢と保有資産の2つの要素に絞って検討する。

3） 有効フロンティアと効用曲線の接点が、リスク回避的な投資家にとっての最適ポートフォリオとなる。

4） リスク許容度の低い投資家には、積極的な運用配分のアセットアロケーションによる投資が向いている。

《問 27》投資信託のパフォーマンス評価にについて、以下のデータに基づいて計算したシャープ・レシオとインフォメーション・レシオの値として適切な組み合わせはどれか。 C チェック欄 □□□

ファンドのリターン	5%
リスクフリーレート	1%
ベンチマークのリターン	3%
ファンドのリスク（標準偏差）	8%
トラッキングエラー	10%

1）　シャープ・レシオ　0.25　インフォメーション・レシオ　0.4
2）　シャープ・レシオ　0.4　インフォメーション・レシオ　0.25
3）　シャープ・レシオ　0.2　インフォメーション・レシオ　0.5
4）　シャープ・レシオ　0.5　インフォメーション・レシオ　0.2

《問 28》一般的なライフプランニングとリタイアメントプランニングに関する次の記述のうち、最も適切なものはどれか。 C チェック欄 □□□

1）　平均余命が長くなっていることを考慮すると退職後の老後期間も資産を取り崩すのではなく、積極的なリスクを取った投資を続けるべきである。
2）　夫婦のリタイアメントプランニングでは、一般的に長生きする女性に合わせ、妻の平均余命まで夫婦で過ごせる生活資金の確保を検討する。
3）　資産、負債、純資産残高の状況を把握するためのバランスシートの作成では、自宅などの不動産、株式などの金融資産は購入時の価額で計上する。
4）　家族のライフイベントを一覧表形式で時系列で見られるようにしたものがライフイベント表である。

《問 29》税制に関する次の記述のうち、最も不適切なものはどれか。

C チェック欄 □□□

1）「退職所得の受給に関する申告書」を提出していない場合、退職所得の源泉徴収税率(所得税および復興特別所得税の合計)は 20.42%である。
2）「公的年金等の受給者の扶養親族等申告書」を提出していない場合、公的年金等の源泉徴収税率(所得税および復興特別所得税の合計)は10.21％である。

3) 公的年金等の収入金額が400万円以下で、公的年金等に係る雑所得以外の所得金額が20万円以下であるときは、原則として所得税の確定申告の必要はない。

4) 配偶者が老人控除対象配偶者である場合、納税者本人の合計所得金額が900万円以下であれば、配偶者控除額は48万円となる。

《問30》Aさんは、交通事故で障害を負ったため勤務できなくなり、23年2カ月勤務したX社を退職した。Aさんは退職金(一時金)として1,600万円を受け取ったが、退職金に係る退職所得の金額として、最も適切なものは次のうちどれか。Aさんは他に退職手当等の収入はない。

C チェック欄 □□□

1) 0円　2) 210万円　3) 260万円　4) 420万円

総合問題

公的年金の老齢給付等

【第１問】次の設例に基づき、各問に答えなさい。

設　例

Aさんは、1974（昭49）年7月10日生まれで50歳になる。高校卒業後に実家の鮮魚店で働き、父親の死後はそのまま家業を継いでいる。妻は3歳年下で店を手伝っており、子供2人はすでに成人して別居している。夫妻ともに厚生年金保険加入歴はなく、20歳から国民年金のみに加入している。また、Aさん夫婦は全額免除の期間が1年間ある。国民年金のみでは老後の生活が不安なため、年金の受け取り方や今からできる資産形成の方法についてDCプランナーのBさんのアドバイスを受けた。

※特に断りのないかぎり、以上の条件以外は考慮せず、各問に従うこと

《問31》Bさんがアドバイスした公的年金の受け取り方に関する次の記述のうち、適切なものをすべて選びなさい。　**A** チェック欄 □□□

1)　全額免除の期間については10年以内であれば追納して年金額を減らさないようにすることができる。

2)　全額免除期間を追納しなかった場合、他に未納期間がなければ加入期間が480カ月となるので60歳以降に国民年金に任意加入はできない。

3)　Aさん夫婦は65歳からの老齢基礎年金を繰下げ受給できるが、受給開始年齢は夫婦別々にするなど状況に応じて選択できる。

《問32》Bさんがアドバイスした現時点で可能な公的年金以外の資産形成に関する次の記述のうち、適切なものをすべて選びなさい。

A チェック欄 □□□

1)　夫婦とも国民年金基金に加入できる。

2)　夫婦とも確定拠出年金（個人型）に加入できる。

3)　夫婦とも小規模企業共済に加入できる。

定年後の継続雇用と公的年金等

【第２問】次の設例に基づき、各問に答えなさい。

設　例

Cさん(1965〈昭40〉年9月20日生まれ)は59歳で、定年(60歳)を間近に控えたX社の従業員である。X社では、継続雇用(社会保険加入)により、希望すれば70歳になるまで働くことが可能となっている。Cさんはとりあえず定年後65歳までは継続雇用を選択することにしているが、60歳以降の収入について知りたいと思っている。

Cさんは1966（昭41)年10月15日生まれの妻と２人暮らしで、妻はCさんの健康保険の被扶養者となっている。

※Cさんの60歳時点の賃金は月額45万円、継続雇用後は月額26万円(賞与・昇給なし)、65歳からの公的年金(月額)は老齢厚生年金10万円、老齢基礎年金6万円とする。Cさんの妻は結婚前の５年間だけ厚生年金保険に加入しており、公的年金(月額)は老齢厚生年金5,000円、老齢基礎年金6万円とする

※特に断りのないかぎり、以上の条件以外は考慮せず、各問に従うこと

《問33》Cさんの65歳になるまでの収入に関する以下の文章の空欄①～③にあてはまる語句等の組合せとして、次のうち最も適切なものはどれか。なお、高年齢雇用継続給付は2024（令6）年7月1日現在の内容として解答すること。　A チェック欄 □□□

Cさんは、60歳になると継続雇用でX社の従業員として引き続き働き続けることができるものの、賃金は月額45万円から月額26万円へと減少する。継続雇用で60歳以後の賃金が60歳時点の(　①　)未満に低下したときは、雇用保険の(　②　)という給付金を受けることができる。Cさんの場合は、給付金の額として、(　③　)が支給される。そのため、65歳になるまでの5年間は月額26万円に③を加えた収入を得ることができる。

1）　① 80%　　② 高年齢雇用継続基本給付金　　③ 19,000円
2）　① 75%　　② 高年齢再就職給付金　　　　③ 19,000円
3）　① 80%　　② 高年齢雇用継続基本給付金　　③ 39,000円
4）　① 75%　　② 高年齢雇用継続基本給付金　　③ 39,000円

《問34》Cさんが65歳以降も継続雇用を続けた場合に関する次の記述のうち、適切なものをすべて選びなさい。　A チェック欄 ☐☐☐

1）　Cさんは65歳時点で賃金月額26万円に加えて、老齢基礎年金6万円、老齢厚生年金10万円、加給年金（3万円とする）が支給されるため、月額45万円が総収入となる。在職老齢年金による支給停止はない。
2）　Cさんは約1年間加給年金が受けられるが、妻が65歳になると加給年金が打ち切られ、支給開始になる妻の老齢基礎年金に振替加算が支給されるようになる。
3）　Cさんが老齢基礎年金のみ繰り下げて70歳で退職し、繰下げ請求を行った場合、妻の年金と合わせた70歳時点の総収入は月額257,200円になる。なお、65歳以降の厚生年金保険加入による増額分は月額7,000円とする。

在職定時改定、在職老齢年金、繰下げ支給

【第3問】次の設例に基づき、各問に答えなさい。

設　例

Dさん(1959〈昭34〉年11月15日生まれの男性)は60歳の定年退職後、継続雇用(社会保険加入)によりY社で働いている。この度65歳を迎えるが、さらにY社の継続雇用の上限である70歳になるまで働くつもりである。公的年金の受給についてはどうするか考慮中で、まだ年金請求の手続きはしていない。妻は3歳年下(1962〈昭37〉年11月20日生まれ)で、厚生年金保険は結婚前の3年間に被保険者歴があり、結婚後はずっと第3号被保険者であった。

※Dさんは月額給与32万円(賞与・昇給なし)で、継続雇用中は変わらないものとする。65歳からの公的年金(月額)は老齢厚生年金12万円(報酬比例部分)、老齢基礎年金6万円とする

※特に断りのないかぎり、以上の条件以外は考慮せず、各問に従うこと

《問35》Dさんの在職老齢年金の在職定時改定に関する以下の文章の空欄①～③にあてはまる語句等の組合せとして、次のうち最も適切なものはどれか。

A チェック欄 □□□

Dさんは、要件を満たした3歳年下の妻がいるため、65歳から老齢厚生年金を受給開始して加給年金を得ることを有力な選択肢として考えている。老齢厚生年金を受給開始した場合、在職定時改定による毎年の増額もある。初回の在職定時改定は65歳の(　①　)から最初の基準日である(　②　)の前月までの月数分が増額される。Dさんの場合、1年間の老齢厚生年金の増額分を21,000円とすると最初の在職定時改定では、(　③　)が増額される。

1)　① 誕生月　　② 4月1日　　③ 10,500円
2)　① 誕生月　　② 9月1日　　③ 17,500円
3)　① 誕生月の翌月　　② 9月1日　　③ 15,750円

4)　① 誕生月の翌月　　② 12 月 1 日　　③　1,750 円

《問 36》D さんは年金受給方法としてさまざまな選択肢が可能である。65 歳以降に取り得る年金受給の選択等に関する次の記述のうち、適切なものをすべて選びなさい。

A チェック欄

1)　D さんが 65 歳から老齢厚生年金を受給開始した場合、受給開始時点では在職老齢年金による支給停止はない。在職定時改定により毎年年金額が増えていくが、今後も在職老齢年金の支給停止になる可能性は低い。

2)　D さんが老齢厚生年金を 70 歳到達時点まで繰り下げた場合、繰下げ増額による 42％増の年金額に 65 歳からの厚生年金保険加入分が上乗せされるが、在職定時改定による毎年の上乗せ分は反映されない。

3)　D さんは、老齢基礎年金のみを 75 歳到達まで繰り下げることとした。万が一、72 歳到達時点で死亡した場合は、D さんの妻が老齢基礎年金の未支給年金として 67 歳時点の増額率（16.8％増）で 5 年分を受給できる。

企業型年金と個人型年金の同時加入

【第４問】次の設例に基づき、各問に答えなさい。

設　例

Ｅさん(30歳)の勤める従業員500人のＺ社は、確定拠出年金の企業型年金を導入しており、マッチング拠出の制度もある。確定給付企業年金など他の退職給付制度はない。企業型年金の事業主掛金は月額３万円であり、マッチング拠出の加入者掛金は限度額まで加入者が任意に選択できるようになっている。

現在、Ｅさんは企業型年金に事業主掛金のみの拠出となっているが、マッチング拠出への加入者掛金拠出や個人型年金への加入なども検討している、また、Ｅさんには共働きの会社員である妻Ｆさん(27歳)がおり、Ｆさんは自身の勤めるＷ社で確定拠出年金の企業型年金に加入していて、事業主掛金は月額２万円である。Ｆさんは妊娠中であるため、出産後は退職し、Ｅさんの被扶養者として専業主婦になる予定である。

以上を踏まえて、ＥさんはDCプランナーのＧさんからアドバイスを受けている。

※特に断りのないかぎり、以上の条件以外は考慮せず、各問に従うこと

《問37》Ｇさんがアドバイスした確定拠出年金の加入と掛金に関する次の記述のうち、適切なものをすべて選びなさい。　B チェック欄 ▢▢▢

1)　Ｅさんが個人型年金に加入する場合、掛金は月額２万円まで拠出可能だが、企業型年金のマッチング拠出はできなくなる。

2)　Ｅさんの個人型年金の掛金は年間拠出限度額以内の年単位管理とし、６月と12月のボーナス月の２回の拠出にする設定とすることができる。

3)　妻Ｆさんは、退職して専業主婦になった場合、Ｗ社の企業型年金の個人別管理資産を国民年金基金連合会に移換し、個人型年金に加入することができる。掛金は月額23,000円まで増やすことができる。

《問 38》Ｅさんは、マッチング拠出を選択するか、個人型年金を選択するかで迷っている。Ｇさんがアドバイスした以下の文章の空欄①～③にあてはまる語句等の組合せとして、次のうち最も適切なものはどれか。

B チェック欄 □□□

マッチング拠出には、「事業主掛金と加入者掛金の合計は、確定拠出年金の法定拠出限度額以内であること」と「加入者掛金は事業主掛金を超えることができない」という２つのルールを同時に満たしていなければなりません。そのためＺ社の場合、加入者掛金の限度額は（　①　）となります。一方、Ｅさんの個人型年金拠出限度額は（　②　）です。よって、Ｅさんの場合は（　③　）のほうが掛金を多く拠出できて有利となります。

1）　① 20,000 円　　② 25,000 円　　③ 個人型年金加入
2）　① 25,000 円　　② 20,000 円　　③ マッチング拠出
3）　① 27,500 円　　② 20,000 円　　③ マッチング拠出
4）　① 27,500 円　　② 25,000 円　　③ マッチング拠出

確定拠出年金の加入から給付まで

【第5問】次の設例に基づき、各問に答えなさい。

設　例

R社では、退職給付制度が退職一時金のみであったが、このほど確定拠出年金の企業型年金を導入することとなり、従業員への制度の説明会が開かれた。R社が導入する企業型年金では、事業主掛金は一律月額35,000円の拠出とし、加入対象者のうち希望する者のみを加入者とすることになっている。R社の定年年齢は62歳であるが継続雇用制度があり、希望すれば65歳になるまで社会保険加入で勤務可能である。説明会に参加した企業型年金の加入対象者となるHさん(35歳)は、説明と配布資料から、自分が加入したときから給付を受けるときまでのいくつかの不明点について、会社側に質問して確認した。

※特に断りのないかぎり、以上の条件以外は考慮せず、各問に従うこと

《問39》Hさんの企業型年金への加入と加入期間中に関する次の記述について適切なものをすべて選びなさい。　B チェック欄 □□□

1）Hさんが企業型年金に加入しなかった場合、後に企業型年金に加入することはできるが、企業型年金を選択した場合は、その後に企業型年金の脱退を選択することはできない。

2）Hさんは、企業型年金に加入するか、しないかのどちらを選択したとしても個人型年金に加入できるが、加入しなかった場合、個人型年金の掛金拠出限度額は月額23,000円となる。

3）Hさんは、企業型年金に提示された運用メニューから任意の数の運用商品を指定し、拠出する掛金の配分比率を任意に決めて、運用を開始する。運用商品の変更や掛金の配分比率などの運用指図は、法令上は少なくとも3カ月1回以上、できなければならないとされている。R社の場合、1カ月に一度可能となっている。

《問 40》Hさんが、今後R社の企業型年金への加入を続け、60歳に達したときの対応等に関する次の記述について適切なものをすべて選びなさい。

B チェック欄 □□□

1) 企業型年金は70歳になるまで加入可能であるが、定年退職年齢を超えて資格喪失年齢を設定することはできない。R社は62歳が定年退職年齢のため、Hさんは継続雇用で引き続き働いたとしても最大62歳で企業型年金の資格喪失となり、老齢給付金の裁定請求をするか、R社の企業型年金運用指図者として運用を続けるか、国民年金基金連合会に個人別管理資産を移換するかを選択することになる。
2) R社では、企業型年金規約で資格喪失年齢が60歳より遅く設定されている。Hさんは、60歳で老齢給付金の請求可能年齢に達するが、継続雇用を選択した場合、60歳時点で老齢給付金の裁定請求を行うことはできない。
3) Hさんが60歳でR社を退職し、R社の企業型年金の老齢給付金を一時金で受給したとする。その後、企業型年金のあるS社に転職して厚生年金保険被保険者となった場合、年齢的に加入対象者であってもS社の企業型年金に加入することはできないが、個人型年金に加入することはできる。

確定拠出年金等のポータビリティ

【第6問】次の設例に基づき、各問に答えなさい。

設　例

T社では、確定拠出年金の企業型年金を実施している。Iさんは大学卒業後にT社に入社した26歳の女性であるが、自己都合により退職することとなった。T社では4年間勤務し、企業型年金にも4年間加入している。また、個人型年金にも加入しており、加入歴は2年である。退職時点の企業型年金の個人別管理資産は104万円(うち事業主掛金96万円)、個人型年金の個人別管理資産は25万円である。退職時点で転職先は決まっていないが、退職して5カ月後に、職場の同僚だった2歳年上の男性と結婚する予定である。

※特に断りのないかぎり、以上の条件以外は考慮せず、各問に従うこと

《問41》Iさんの退職後の個人別管理資産の移換に関する次の記述のうち、不適切なものをすべて選びなさい。　B チェック欄

1) Iさんは、再就職するか結婚後に専業主婦になるか決めていないので、T社の企業型年金の移換手続きをしばらく保留しようかと思っている。しかし、Iさんは個人型年金加入者なので、特に移換手続きをしなくても、退職時点でT社の企業型年金の個人別管理資産はIさんの個人型年金に自動的に移換される。

2) Iさんが3カ月後に再就職して転職先の企業型年金加入者となった場合、T社の企業型年金の個人別管理資産は転職先の企業型年金に移換することができる。また、T社の企業型年金の個人別管理資産を個人型年金に移換して、転職先の企業型年金は新たに開始することもできる。

3) Iさんは、T社の企業型年金の個人別管理資産を個人型年金の個人別管理資産とともに企業年金連合会に移換すれば、将来、通算企業年金として終身年金を受給することも可能である。また、再就職した場合に、再就職先の企業型年金へ個人別管理資産を企業年金連合会から再移換することも可能である。

《問 42》Ｉさんの加入していたＴ社の企業型年金の事業主掛金拠出は月額２万円、Ｉさんの個人型年金の掛金拠出は月額１万円であった。Ｉさんの運用成果に関する次の㋐～㋒の記述のうち、適切なものはいくつあるか。なお、掛金の拠出は便宜上年初に１回行うものとして計算し、税金・手数料等は考慮しないものとする。　C チェック欄 □□□

㋐　Ｔ社は企業型年金規約において、自己都合退職時には個人別管理資産を事業主に返還する定めを設けている。そのため、Ｉさんは、４年間の事業主掛金 96 万円のうち３年分の 72 万円は事業主に返還しなければならない。

㋑　Ｉさんは、Ｔ社の企業型年金を４年間で年利約３％で運用した。

㋒　Ｉさんは、個人型年金を２年間で年利約１％で運用した。

1）　1つ　　2）　2つ　　3）　3つ　　4）　0（なし）

企業型年金の導入と規約

【第７問】次の設例に基づき、各問に答えなさい。

設　例

U 社には現在、退職一時金制度があるが、新たに確定拠出年金の企業型年金の導入を検討することとなった。導入手順と企業型年金規約についてDC プランナーのJ さんから説明を受けた。

《問 43》J さんに確認した企業型年金の導入手順の内容に関する次の記述のうち、適切なものをすべて選びなさい。　B チェック欄 □□□

1）　企業型年金を導入するには、第１号等厚生年金被保険者の３分の２以上で組織する労働組合等の同意が必要となる。

2）　作成した企業型年金規約は厚生労働大臣の認可を受ける必要がある。

3）　導入するのが簡易企業型年金の場合は、運営管理機関や資産管理機関との契約書の提出は省略することができる。

《問 44》J さんに確認した企業型年金規約に定める内容に関する次の記述のうち、不適切なものをすべて選びなさい。　B チェック欄 □□□

1）　企業型年金加入者が個人型年金に同時加入できるようにするためには、企業型年金規約に定める必要がある。

2）　企業型年金の実施に要する事務費の負担に関する事項については、企業型年金規約に定める必要がある。

3）　50 歳以上 70 歳未満の一定の年齢に達したときに企業型年金加入者の資格を喪失することを企業型年金規約で定めることができる。

ポートフォリオのリターンとリスク

【第８問】次の設例に基づき、各問に答えなさい。

設　例

Ｋさんは企業型年金で提示されているＡ、Ｂ、Ｃの３つの投資信託を選択して運用している。さらにＤ投資信託を追加してポートフォリオを組みたいと思っている。

	期待リターン	リスク（標準偏差）	組入比率
Ａ投資信託	2.8%	5.8%	40%
Ｂ投資信託	5.6%	8.6%	50%
Ｃ投資信託	1.2%	0.4%	10%

〈追加するＤ投資信託〉

シナリオ	Ⅰ	Ⅱ	Ⅲ
生起確率	20%	50%	30%
予想収益利率	3.0%	10.5%	▲2.8%

《問45》投資信託Ａ、Ｂ、Ｃで構成されるポートフォリオの期待リターンとして、次のうち最も適切なものはどれか。答は小数点以下第２位を四捨五入すること。　C チェック欄 □□□

1）　3.2%　　2）　4.0%　　3）　4.8%　　4）　9.6%

《問46》Ｄ投資信託の期待リターンが6.2%だった場合、Ｄ投資信託のリスク（標準偏差）の値として、次のうち最も適切なものはどれか。答は小数点以下第２位を四捨五入すること。　C チェック欄 □□□

1）　3.3%　　2）　3.6%　　3）　6.0%　　4）　10.7%

パフォーマンス評価

【第９問】次の設例に基づき、各問に答えなさい。

設　例

Ｌさんは勤務先で加入している企業型年金の運用商品のうち、投資信託Ａと投資信託Ｂを以下の比率で組み合わせたポートフォリオＸとポートフォリオＹを比較して検討している。

	期待リターン	リスク（標準偏差）
投資信託Ａ	7.0％	5.0％
投資信託Ｂ	10.2％	12.4％
ポートフォリオＸ（Ａ：60％、Ｂ：40％）	8.28％	6.5％
ポートフォリオＹ（Ａ：70％、Ｂ：30％）	7.96％	5.8％

《問47》投資信託Ａと投資信託Ｂで構成されるポートフォリオの相関係数の値として、次のうち適切なものはどれか。答は小数点以下第３位を四捨五入すること。

C チェック欄 □□□

1）0.04　2）0.09　3）0.17　4）0.29

《問48》リスクフリーレートの年平均値が1.3％とした場合、ポートフォリオＸ、Ｙのシャープ・レシオとパフォーマンス評価について、次の記述のうち適切なものはどれか。計算結果は小数点以下第３位を四捨五入すること。

C チェック欄 □□□

	Ｘのシャープレシオ	Ｙのシャープレシオ	評価
1）	1.07	1.15	Ｘが優れている
2）	1.07	1.15	Ｙが優れている
3）	1.47	1.60	Ｘが優れている
4）	1.47	1.60	Ｙが優れている

老後の必要資金と老後資産づくり

【第10問】次の設例に基づき、各問に答えなさい。

設　例

V社に転職したMさん（35歳）はV社の企業型年金（確定拠出年金）に加入することとなった。V社には他の退職給付制度はなく、MさんにV社の企業型年金に移換できる転職前の資産はない。V社の事業主掛金は月額2万円である。Mさんの家族は妻（32歳）と長女（3歳）である。V社の定年は60歳であり、継続雇用で65歳になるまで働くことはできるが企業型年金は60歳で資格喪失となる。Mさんは65歳になるまでの継続雇用の収入を生活資金にあてるとして、65歳以降の資金状況を検証してみることとした。なお、Mさんは投資資金として現在100万円があり、運用していく予定である。

※便宜上、掛金は年1回まとめて拠出するものとする。運用利率はいずれも年率2％とし、税金や手数料等は考慮しないものとする。

※特に断りのないかぎり、以上の条件以外は考慮せず、各問に従うこと

《問49》Mさんの60歳時点での資産残高として、最も近いものはどれか。

C チェック欄 □□□

1）約784万円　2）約884万円　3）約948万円　4）約1,048万円

《問50》Mさんは60歳時点の資産残高を65歳まで運用し、公的年金等の補てんとして65歳から20年間、毎年80万円を受け取りたいと考えている。65歳時点で不足する金額として最も近いものはどれか。

C チェック欄 □□□

1）約180万円　2）約290万円　3）約390万円　4）約470万円

実践演習模試2 解答・解説

■正解と配点、分野一覧

〔四答択一式〕配点60点

問題番号	問1	問2	問3	問4	問5	問6	問7	問8	問9	問10	問11	問12	問13	問14	問15
正　解	3	2	1	3	3	4	1	1	4	1	3	2	3	3	3
配　点	2	2	2	2	2	2	2	2	2	2	2	2	2	2	2
分　野	A	A	A	A	A	A	A	A	A	A	B	B	B	B	B

問題番号	問16	問17	問18	問19	問20	問21	問22	問23	問24	問25	問26	問27	問28	問29	問30
正　解	2	2	2	4	1	1	2	3	2	3	3	4	4	2	2
配　点	2	2	2	2	2	2	2	2	2	2	2	2	2	2	2
分　野	B	B	B	B	B	C	C	C	C	C	C	C	C	C	C

〔総合問題〕配点40点

	第1問		第2問		第3問		第4問		第5問		第6問		第7問	
問題番号	問31	問32	問33	問34	問35	問36	問37	問38	問39	問40	問41	問42	問43	問44
正　解	1､3	1､2	4	1､3	2	1､2	1､3	2	1､2､3	2､3	1､3	1	3	1､3
配　点	2	2	2	2	2	2	2	2	2	2	2	2	2	2
分　野	A	A	A	A	A	A	B	B	B	B	B	C	B	B

	第8問		第9問		第10問	
問題番号	問45	問46	問47	問48	問49	問50
正　解	2	3	4	2	3	2
配　点	2	2	2	2	2	2
分　野	C	C	C	C	C	C

A分野：年金・退職給付制度等
B分野：確定拠出年金制度
C分野：老後資産形成マネジメント

◆解答のポイントと解説

〔四答択一式〕

問１《正解 ３》

1)不適切。第２号被保険者期間のうち、老齢基礎年金の年金額に反映されるのは20歳以上60歳未満の期間部分だけである。20歳未満および60歳以上の第２号被保険者期間は合算対象期間(カラ期間)の扱いになり、受給資格期間にはなるが、老齢基礎年金の年金額には反映されない。なお、老齢基礎年金には反映されないが、老齢厚生年金の経過的加算として年金額はカバーされる(ただし、480カ月で頭打ち)。(国年法昭60改正法附則8条4項)

2)不適切。「20歳以上65歳未満」ではなく、20歳以上60歳未満である。(国年法昭60附則8条5項)

3)適切。受給資格期間には算入されるが、一般の全額免除とは異なり老齢基礎年金額には算入されない。なお、障害基礎年金、遺族基礎年金は満額支給される。50歳未満の納付猶予の場合も同じである。

4)不適切。65歳以降の任意加入は老齢基礎年金の受給資格(10年)を得られるまでだが、最大70歳になるまでとなる。(国年法平16年改正法附則23条)

問２《正解 ２》

1)適切。事後重症とは初診日に障害等級２級より軽い(１級、２級に該当しない)者が後になって状態が悪化し、２級以上の状態になった場合をいい、65歳前までは障害基礎年金の請求が可能である。しかし、老齢年金を繰り上げると既に65歳になったものとみなされ、事後重症による請求はできなくなる。(国年法30条の2、同法附則9条の2の3)

2)不適切。繰上げ支給の老齢基礎年金を受給している妻は寡婦年金の受給権は喪失する。

3)適切。なお、老齢厚生年金を繰り下げる場合は、繰下げ待機期間中は加給年金が支給停止となる。

4)適切。なお、1952年4月1日生まれ以前の者は70歳(42%増)までが繰下げの上限であり、70歳以降に一時金選択した場合は過去5年分の本来額受給で本来額による受給開始となる。

問3《正解 1》

1) 最も適切。1962（昭37）年4月2日生まれ～1964（昭39）年4月1日生まれの女性（公務員の女性等除く）の特別支給の老齢厚生年金（報酬比例部分）の支給開始年齢は63歳である。

2) 不適切。経過的加算は老齢厚生年金の一部として支給される。

3) 不適切。「25年以上」ではなく、<u>20年以上</u>である。（厚年法44条）

4) 不適切。65歳前は1人1年金の原則により支給事由（老齢、障害、遺族）の異なる老齢年金と障害年金はどちらかの選択になる。65歳以降はいくつかの例外があり、本問の「障害基礎年金と老齢厚生年金」のほか「障害基礎年金と遺族厚生年金」「老齢基礎年金と遺族厚生年金」の組み合わせも可能である。（厚年法38条、同法附則17条）。

問4《正解 3》

1) 不適切。支給停止額は以下のとおりとなる。

｛（基本月額＋総報酬月額相当額）－支給停止調整額｝÷2

＝｛（10万円＋42万円）－<u>50万円</u>｝÷2＝月額1万円

※支給停止調整額は毎年度見直され、2024年度は前年度の48万円から50万円に改定された（厚年法46条）

2) 不適切。総報酬月額相当額は、その月の標準報酬月額と、その月以前の1年間の標準賞与額の総額を12で除した額を合算した合計額である。「その月以前の1年間」とは、「その月」を含んだ12カ月前までとなる。例えば2024年7月の総報酬月額相当額を計算する場合の「その月以前の1年間」は、2024年7月から2023年8月までになる。（厚年法46条1項）

3) 最も適切。総報酬月額相当額と基本月額（年金月額）の合計額が50万円（支給停止調整額）を超える場合は在職老齢年金の支給停止（50万円を超えた分の半額）に加えて高年齢雇用継続給付による年金額の支給停止がある。

在職老齢年金の支給停止がない場合は、高年齢雇用継続給付による年金額の支給停止のみ適用される。なお、雇用保険のみに加入し、厚生年金保険に加入していない在職者は、特別支給の老齢厚生年金を受給していても支給調整はなく、高年齢雇用継続給付による年金額の支給停止もない。

4)不適切。在職老齢年金の支給停止額は、在職定時改定後の金額を反映して計算される。すなわち、総報酬月額相当額が同じなら、在職定時改定により毎年基本月額が上がっていくので、支給停止額も増えていく。

問5《正解 3》

1)不適切。2024年度の遺族基礎年金額(年額)は68歳以下は816,000円、69歳以上は813,700円である。しかし、子の加算額は1種類で2人目まで1人につき234,800円、3人目以降は1人につき78,300円である。

2)不適切。第3号被保険者の妻の死亡でも、要件を満たしていれば夫は遺族基礎年金を受けられる。なお、生計維持とは生計同一要件(同居等)と収入要件(年収850万円未満)を同時に満たしていることである。

3)最も適切(厚年法63条1項5号)

4)不適切。遺族厚生年金の遺族に兄弟姉妹は入らない。なお、子と孫は年齢要件(18歳年度末まで、障害児は20歳未満)、夫、父母、祖父母は年齢要件(55歳以上)および支給開始年齢要件(60歳から)がある。(厚年法59条)

問6《正解 4》

1)不適切。従業員拠出は「小規模企業共済等掛金控除」ではなく、生命保険料控除である。なお、確定拠出年金(企業型、個人型)の加入者掛金は小規模企業共済等掛金控除、国民年金基金の掛金は社会保険料控除となる。(確給法55条2項、所得税法76条5項4号、6項5号)

2)不適切。「公的年金等以外の雑所得」ではなく、公的年金等の雑所得。なお、加入者掛金がある場合は加入者掛金部分を控除した額となる。また老齢給付金を一時金で受け取る場合は退職所得(加入者掛金部分控除後)となる。

3)不適切。「5年を超える」ではなく、3年を超えるである。(確給法41条3項)

4)最も適切。規約の定めにより年金または一時金として支給できる。確定拠出年金の死亡一時金と混同しないこと。(確給法49条)

問7《正解 1》

1) 最も適切。従業員数か資本金等額のどちらかを満たせばよい。
2)不適切。退職金は勤労者退職金共済機構から直接従業員に支給される。つまり、事業主(会社)にいったん支払われるということはない。(中退共法10条1項)
3)不適切。事業主や法人役員(使用人兼務役員を除く)は特退共や中退共に加入できない。(所得税法施行令73条1項3号)
4)不適切。「事業主」ではなく従業員に支払われる。解約手当金に限らず、いかなる理由があっても、事業主に返還金などが支払われることはない。(所得税法施行令73条1項1号)

問8《正解 1》

1)最も適切。小規模企業共済等掛金控除はあくまでも加入者本人の所得控除であり、事業上の損金(法人役員)または必要経費(個人事業主)とすることはできない。(所得税法75条)
2)不適切。共同経営者は2人まで加入できる。(小規模企業共済法〈以下「小規法」〉施行規則1条2項2号)
3)不適切。掛金は、増額も減額も任意に可能である。以前は、減額には事業経営の著しい悪化等の一定の要件が必要だったが、2016（平28)年4月の改正により、減額要件は不要になった。(小規法8条)
4)不適切。対象となる従業員数は原則20人以下だが、商業・サービス業は5人以下となっている。ただし、商業・サービス業のうち、宿泊業・娯楽業については20人以下となる。(小規法2条、同法施行令1条1項)

問9《正解 4》

1)不適切。国民年金基金には障害一時金はない。

2)不適切。１口目の終身年金は変更することはできない。確定年金へはもちろん、A 型から B 型(または B 型から A 型)へといった他の終身年金への変更もできない。

3)不適切。加入年齢が同じ場合、終身年金は平均寿命の長い女性のほうが高くなるが、確定年金については男女同額である。

4)最も適切。「小規模企業共済等掛金控除」でないことに注意。社会保険料控除は生計同一の親族の保険料等を支払った場合も対象になるのに対し、小規模企業共済等掛金控除は本人掛金のみが対象となる。(所得税法74条、75 条)

問 10《正解 1》

㋐不適切。期末時点で受給権が発生していない従業員も含めて、退職給付見込額が計算される。(退職給付に関する会計基準の適用指針 7 項)

㋑不適切。一部移行の場合も、移行部分について「終了」となる。(退職給付制度間の移行等に関する会計処理 4 項、5 項)

㋒適切。また、企業年金制度の場合、簡便法では直近の年金財政計算上の数理債務(将来の年金給付に必要な額)を退職給付債務ことができる。(退職給付に関する会計基準の適用指針 50 項)

問 11《正解 3》

1)適切。国籍要件は特に問われないので、外国人労働者であっても、第 1 号等厚生年金被保険者であれば企業型年金に加入できる。(法 9 条)

2)適切。企業型年金の資格喪失年齢と定年年齢と一致させる必要はない。ただし、資格喪失年齢を 60 歳未満とすることはできない。(法令解釈第 1-1(1)③)

3)最も不適切。農業者年金の被保険者は、国民年金第 1 号被保険者または任意加入被保険者であるが、国民年金基金にも個人型年金にも加入できない。(法 62 条 4 項 5 号)

4)適切。個人型年金の老齢給付金の裁定(一時金、年金)を受けた者は、個人型年金への再加入はできない。また、老齢基礎年金や老齢厚生年金の繰上げ支給を受けている者も個人型年金に加入できない（特別支給の老齢厚生年金受給者は加入できる）。なお、企業型年金の老齢給付金の裁定を受けていなければ、企業型年金には加入できる。（法62条2項）

問12《正解 2》

1）適切。規約に定めることにより、障害給付金の全部または一部を一時金として支給することができる。なお、老齢給付金も同様に年金と一時金の給付ができるが、死亡一時金を年金で支給することはできない。（法38条）

2）最も不適切。裁定業務を行うのは「企業型運用関連運営管理機関」ではなく「企業型記録関連運営管理機関等」である。「等」とは記録関連業務を自ら行っている事業主のことである。裁定に基づき、資産管理機関は給付金を請求した受給権者に支給する。（法29条）

3）適切。なお、企業型年金の脱退一時金の請求は、最後の企業型年金の資格喪失日の翌月から6カ月以内である。（法付則2条の2、3条）

4）適切。なお、老齢給付金は一時金で支給される。（法34条、73条、個人型年金規約110条）

問13《正解 3》

1）適切。他の企業年金（確定給付企業年金など）がある場合は月額27,500円（年間33万円）だが、中小企業退職金共済は他の企業年金には含まれない。なお、他の企業年金相当額は一律月額27,500円だが、2024年12月からは個別に算定した額となる（→ p.82問13参照）（法20条、施行令11条）

2）適切。事業主掛金（企業型年金）または個人型年金掛金が月額限度額の範囲内の各月拠出になっていない場合は、同時加入はできない。（法62条1項2号、4項6号、施行令34条の2、35条2号）

3）最も不適切。2022（令4）年10月の法改正により、企業型年金の拠出限度額は個人型年金との同時加入には影響されなくなったので、法定限度額（月額55,000円または27,500円）まで拠出可能である。法定限度額から事業主掛金を差し引いた額が個人型年金の掛金拠出限度額（ただし上限2万円ま

たは12,000円）となる。（法69条、施行令36条）

4）適切。法改正により、2022年10月からマッチング拠出導入企業の企業型年金加入者は加入者掛金か個人型年金加入かを個人で任意に選択できるようになった。（法62条4項6号、法令解釈第1-3(2)）

問14《正解 3》

1）不適切。国民年金基金連合会（特定運営管理機関）への自動移換は、「資格喪失日（退職日の翌日）から6カ月経過後」ではなく、資格喪失日の属する月の翌月から6カ月経過後である。（法83条1項）

2）不適切。60歳未満で退職して企業型年金の加入者の資格を喪失した場合、障害給付金受給権者を除き、企業型年金運用指図者となることはできない。（法15条）

3）最も適切。所定期間とは1）の期間（資格喪失日の翌月から6カ月以内）のことである。所定期間内の新たな企業型年金への加入であれば所定期間経過時点（6カ月経過時点）、所定期間経過後であれば新たな加入時点で個人別管理資産が再就職先の企業型年金に移換される。再就職先に企業型年金がなく、退職後に個人型年金に加入した場合の個人型年金への移換も同様である。（法80条2項、83条1項）

4）不適切。「再就職時点」ではなく、企業型年金の資格喪失日の属する月の翌月から6カ月経過後である。（法83条1項）

問15《正解 3》

1）適切。運用の指図は、あくまでも加入者等（加入者および運用指図者）自身が行う必要がある。（法43条3項2号、施行規則23条4号）

2）適切。事業主は、運営管理機関の委託している運営管理業務のうち特に運用関連業務がもっぱら加入者等の利益のみを考慮して、適切に行われているかを確認するよう努める必要がある。（法令解釈第9-1(1)②ア）

3）最も不適切。加入者等に対して上乗せ給付や損失補てんなどの財産上の利益を提供することは禁止されている（運営管理機関自身の責めに帰すべき

事故によるものを除く）。（法100条3号）
4）適切（法100条6号、法令解釈第9-2(4)②）

問16《正解 2》

1）不適切。当該運用商品を選定した理由も加入者等に提示しなければならない。（法23条、施行令12条、法令解釈第4-1(1)）
2）最も適切。企業型年金の場合は資産管理機関、個人型年金の場合は国民年金基金連合会への通知となる。（法2条7項1号ロ、25条）
3）不適切。一部の再委託はできるが、全部の再委託はできない。なお、事業主は運営管理業務の全部または一部を運営管理機関に委託することができる。（法7条1項、2項）
4）不適切。記録関連業務と運用関連業務は別々の運営管理機関に委託することができる。ただし、記録関連業務の一部である運用指図の取りまとめおよび資産管理機関等への通知、給付を受ける権利の裁定の業務は、1つの運営管理機関に委託しなければならない。（法2条7項）

問17《正解 2》

・他の機関に委託することができない事務（法61条1項5号）
　①個人型年金規約の作成および変更
　②加入者資格の確認（設問の㋐）
　③加入者掛金が拠出限度額の範囲内であることの確認（設問の㋓）
・他の機関に委託することができる主な事務（法61条1項、施行規則37条）
　①加入申出の受理に関する事務
　②資産管理業務（積立金の管理、積立金の運用契約に係る預金通帳保管など）（設問の㋑）
　③掛金の収納または還付に関する事務
　④給付（脱退一時金を含む）の支給に関する事務（設問の㋒）

問18《正解 2》

1) 不適切。簡易企業型年金では、対象となる従業員は全員加入させなければならず、一定の資格を定めることはできない。中小事業主掛金納付制度の対象と混同しないようにする。（法3条5項1号）
2) 最も適切。通常の企業型年金の加入者掛金の場合は、複数の具体的な額から選択できるようにしなければならない。（法令解釈第1-3(3)）
3) 不適切。中小事業主掛金納付制度の対象となる企業は、企業年金（企業型年金、その他の企業年金〈確定給付企業年金など〉）を実施していない従業員300人以下の中小企業である。（法55条4号の2）
4) 不適切。中小事業主掛金納付制度の対象となる従業員に一定の資格を定めることはできる。ただし、通常の企業型年金の4つの一定の資格ではなく、「一定の職種」と「一定の勤続期間」の2つに限られる。（法68条の2第2項、法令解釈第2-2(1)）

問19《正解 4》

1) 不適切。投資教育は運営管理機関または企業年金連合会に委託することができる。（法97条、法令解釈第3-1(1)）
2) 不適切。制度への加入時、加入後においても、継続的に、個々の加入者等の知識水準やニーズ等も踏まえつつ、加入者等が十分理解できるよう、必要かつ適切な投資教育を行わなければならない。（法令解釈第3-1(1)）
3) 不適切。加入者等の資産運用の知識・経験等に応じて最適と考えられる方法であれば、資料やビデオの配布も認められ、集合教育が必須ということではない。（法令解釈第3-1(1)、第3-4(1)①）
4) 最も適切（施行規則20条1項1号）

問20《正解 1》

1) 不適切。マッチング拠出、個人型年金とも加入者が拠出した掛金は小規模企業共済等掛金控除が適用される。（所得税法75条）
2) 適切。事業主掛金も加入者掛金も一体として運用され、運用益は非課税である。個人型年金の運用益も同じく非課税である。

3) 適切。通算加入者等期間でないことに注意。(所得税法施行令72条3項7号)

4) 適切。確定拠出年金の脱退一時金は退職所得ではなく一時所得となり、50万円の特別控除を差し引いた額の半分に課税される。一時所得の課税所得の計算式は以下のとおりである。(所得税法34条)

(収入金額－必要経費－50万円)×1／2＝課税所得

※確定拠出年金の脱退一時金には必要経費がないので支給額から50万円を差し引いた額の2分の1が課税所得となる。なお、総合課税なので他の所得がある場合は合算した額が課税対象額となる

問21《正解 1》

1) 最も不適切。投資信託には株式投資信託と公社債投資信託があり、約款上、株式を一切組み入れることができない投資信託が公社債投資信託である。株式と公社債の資産組入比率で株式投資信託か公社債信託かが決まるのではない。(投資信託法施行規則6条1項3号、8条2号、13条2号イ)

2) 適切。オープン・エンド型はいつでも純資産額(時価)による解約(換金)が可能(発行者が買い戻しに応じる)で、クローズド・エンド型は解約ができない(発行者が買い戻しに応じない)。なお、クローズド・エンド型は解約はできないが、証券取引市場で売買(市場価格)することはできる。J-REIT（不動産投資信託)やETF（上場投資信託)がこれに該当する。

3) 適切。逆に、ベンチマークのリターンが下落した場合に、プラスのリターンになる運用成果を目指すファンドが「ベア型ファンド」である。ブル型・ベア型とも先物取引やオプション取引などによるレバレッジ効果を活用する。なお、ベンチマークが逆の動きをした場合(ブル型ではベンチマークが下落、ベア型ではベンチマークが上昇)は、損失が拡大してしまうため、かなりハイリスク・ハイリターン型の投資信託である。基本的には、長期運用の商品としては向いていない。

4) 適切。個別の投資信託の分散投資効果に加え、複数の投資信託の組み合わせによる分散投資効果が働き、より大きなリスク低減効果が期待できる。ただし、ファンド・オブ・ファンズは、投資信託へ投資する投資信託なの

で、信託報酬等の手数料が二重に発生し、コスト高となる可能性がある。

問22《正解 2》

最終利回りは、以下の計算式によって求められる。

$$最終利回り(\%) = \frac{表面利率(年利) + \dfrac{額面-購入価格}{残存期間}}{購入価格} \times 100$$

$$= \frac{\underset{(2円)}{2\%} + \dfrac{100円-101円}{5年}}{101円} \times 100 = 1.782\cdots\cdots \fallingdotseq 1.78\%$$

（注）最終利回りとは、既発債を時価で購入し、満期償還日まで所有した場合の利回り計算である。なお、我が国では債券の利回り計算は１年超の割引債以外は単利計算が一般的

問23《正解 3》

1）適切。利率保証型積立生命保険（GIC）は、生命保険契約者保護機構（預金保険機構の生命保険版）により保証されている元本確保型商品である。「一般勘定」とは、運用実績にかかわらず元本と一定利率が保証される保険料の管理・運用勘定で、定額個人年金保険などが該当する。これに対し、「特別勘定」とは、保険料が分離して管理・運用される勘定で、運用実績に応じて給付金が変動する。変額年金保険などが該当し、確定拠出年金の元本確保型商品とはならない。

2）適切。円安では外貨に対して円の価値が下がるので、外貨を換金するときに多くの円が得られる。円高では逆に外貨に対して円の価値が上がるので、得られる円が少なくなる。

3）最も不適切。外貨建て投資の為替予約では、換金時（買い戻し時）の為替レート（通貨の交換比率）をあらかじめ予約（確定）して為替変動リスクをヘッジする（避ける）ことができる。為替予約によって為替レートが確定するため、換金時点に為替予約時点より円高でも為替差損が発生しない代わりに、円安でも為替差益は発生しない。なお、為替予約により為替変動リスクを基

本的に抑えることはできるが、為替予約にはコストがかかる場合があるため、完全に為替変動リスクをなくせるわけではない。

4) 適切。例えば、日米で同じハンバーガーが米国では１ドル、日本では140円で買えるとすれば、為替レートは１ドル＝140円になるという考え方である(絶対的購買力平価)。また、為替レートは２国間の物価上昇率(インフレ率)の比率に連動するという相対的購買力平価の考え方もある。２国間の基準となる為替レートを設定し、自国の物価上昇率が相手国の物価上昇率より高ければ購買力が低下し、低ければ購買力が高くなる。例えば、日米の基準為替レートが１ドル＝200円と設定の場合、米国の物価が２倍になり日本の物価が変わらなければ、為替レートは１ドル＝100円となる。

問24《正解 2》

1) 不適切。リスクとは、期待値(期待リターン)と運用成績(実現リターン)のブレの大きさなので、リスクの高低は得られる運用成績とは関係がない。例えば、期待リターンが３％の場合、運用成績のブレ(リスク)が±２％であれば運用成績は１％～５％の範囲になる。また、リスクが±３％であれば運用成績は０％～６％の範囲になる。リスクの高い±３％がリスクの低い±２％より高い運用成績が常に得られるとはかぎらない。

2) 最も適切。算術平均と幾何平均のリターンには「算術平均≧幾何平均」の関係が成り立つ。同じになるのは全期間のリターンが同率の場合である。

(例) １期目のリターン２％、２期目のリターン３％

算術平均＝(２％＋３％)÷２期＝2.5％

幾何平均＝$\sqrt{(1+0.02)\ (1+0.03)}-1=2.49\cdots\cdots\%$

※リターンが１期目も２期目も２％なら、上記計算式で算術平均、幾何平均ともリターンは２％になる

3) 不適切。４年間のリターンの平均は以下の計算で求められる。

{(１年目のリターン)＋(２年目のリターン)＋(３年目のリターン)＋(４年目のリターン)} ÷４年

＝ {３％＋(－１％)＋(－２％)＋４％} ÷４年＝１％

4年間のリスク（標準偏差）は以下の計算で求められる。

$$\sqrt{\{(1年目のリターン-平均リターン)^2+\cdots\cdots+(4年目のリターン-平均リターン)^2\}\div 4年}$$

$$=\sqrt{\{(3\%-1\%)^2+(-1\%-1\%)^2+(-2\%-1\%)^2+(4\%-1\%)^2\}\div 4年}=2.549\cdots\cdots\%\fallingdotseq 2.55\%$$

4）不適切。月次リスク（標準偏差）を年率換算する場合は以下の計算で求められる。

年率リスク＝月次リスク×$\sqrt{12}$＝0.2%×$\sqrt{12}$＝0.692……%≒0.7%

問25《正解 3》

1）適切。算術平均収益率とは、各期間の収益率を合計し、期間数で割った収益率である。将来の収益率（期待収益率）を考えるときに適している。

2）適切。幾何平均収益率とは、各期間までの累積収益率を平均した収益率で、過去の平均収益率を考えるときに適している。時間加重収益率と同じ。

3）最も不適切。時間加重収益率とは、資金の入出（資金の追加投入や引き出し）の影響を取り除いた収益率である。そのため、運用担当者（ファンドマネジャー）の運用能力を評価することができる。幾何平均収益率と同じ。

4）適切。金額加重収益率（財産加重収益率）とは、資金の入出を含んだ収益率である。内部収益率（IRR：Internal Rate of Return）とも呼ばれ、資金入出（キャッシュフロー）を含めた期間全体の収益率を知るのに適している。ただし、資金入出はファンドマネジャーがコントロールできないので、ファンドマネジャーの運用能力評価には適さない。

問26《正解 3》

1）不適切。アセットクラスとは、国内株式といったリスク・リターン特性が同じ複数の金融資産をまとめて1つの資産グループとしたものである。アセットクラスの分類としては、国内株式、外国株式、国内債券、外国債券が伝統的4資産といわれる。アセットクラスへの投資配分比率を決めるのが、アセットアロケーションである。

2）不適切。年齢と保有資産のほかにも、リスク許容度、収入、投資金額、投資期間、運用目的など最適なアセットアロケーションにはさまざまな決定要素がある。投資家の状況によって必要な要素を検討する。

3）最も適切。期待リターンとリスクの最適な資産配分が効率的ポートフォリオであり、期待リターンが変化すれば無数に存在する。そのため、効率的ポートフォリオは有効（効率的）フロンティアと呼ばれる曲線を描き、リスク回避的な投資家の効用曲線（リスク許容度を示した曲線で、「効用無差別曲線」ともいう）との交点が最適ポートフォリオとなる。

4）不適切。リスク許容度の低い投資家には、安定的な運用配分のアセットアロケーションによる投資が向いている。

問27《正解 4》

シャープ・レシオは、以下の計算式によって求められる。

シャープ・レシオ＝（ファンドのリターン－リスクフリーレート）÷ファンドのリスク（標準偏差）＝（5％－1％）÷8％＝0.5

インフォメーション・レシオは、以下の計算式によって求められる。

インフォメーション・レシオ＝（ファンドのリターン－ベンチマークのリターン）÷トラッキングエラー＝（5％－3％）÷10％＝0.2

問28《正解 4》

1）不適切。一般的には、老後の資産運用は投資期間が短いので、運用に失敗した場合、挽回する機会が少ない。そのため、単に資産を取り崩すのではなく、運用を続けながら資産寿命を延ばすことは必要であるが、リスクを過度に取り過ぎない安定的な投資を続けることが望ましい。

2）不適切。夫婦で過ごす期間と妻が単身で過ごす期間に合わせて安定した生活資金の確保できるように検討する。なお、60歳時点での平均余命は男性23.59年、女性28.84年（厚生労働省「簡易生命表」2022年）である。そのため、夫の死後、妻が約6年単身で過ごすことを考慮した生活資金の確保を検討することが必要である。

3) 不適切。バランスシートを作成する際、「購入時の価額」（取得価格）ではなく作成時の時価で計上する必要がある。不動産や金融資産等は、購入時から価額が変動している場合、正しい資産状況の把握が困難となるためである。

4) 最も適切。さらに、ライフイベントにそって年間の収入・支出、貯蓄残高の推移を時系列的に一覧できるようにしたものがキャッシュフロー表である。

問 29《正解 2》

1) 適切。「退職所得の受給に関する申告書」を提出していない場合は、退職所得控除が適用されず、退職手当額に一律20.42％が源泉徴収される。精算して還付を受けるためには確定申告が必要となる。(所得税法201条3項)

2) 最も不適切。「10.21％」ではなく5.105％である。従来は、扶養親族等申告書を提出していない場合は、10.21％だったが、税制改正により、2020（令2）年分からは、扶養親族等申告書の提出の有無にかかわらず税率は5.105％で同じとなった。そのため、控除対象となる配偶者や扶養親族がおらず、本人が障害者または寡婦（寡夫）でない場合は扶養親族等申告書の提出は不要となった。障害者控除や配偶者控除等がある場合は扶養親族等申告書を提出していないと受けられない。扶養親族等申告書を提出している場合の公的年金等の源泉徴収税額は以下の計算式で求められる。（所得税法203条の3、同条の6）

（年金支給額－社会保険料－各種控除額）× 5.105％（源泉徴収税率）

※各種控除額は基礎控除、公的年金等控除、配偶者控除、扶養控除などの合計額。扶養親族等申告書を提出しない場合は、基礎控除と公的年金等控除のみが差し引かれる

3) 適切。なお、この場合でも医療費控除等による所得税の還付を受けるためには確定申告が必要となる。また、外国の年金を受給している場合は源泉徴収の対象外なので確定申告が必要である。

4) 適切。老人控除対象配偶者とは、控除対象配偶者のうち、その年12月31日現在の年齢が70歳以上の人をいう。納税者本人の合計所得金額に応じ

て以下のとおり、控除額は変わる。

控除を受ける納税者本人の合計所得金額	控除額	
	一般の控除対象配偶者	老人控除対象配偶者
900万円以下	38万円	48万円
900万円超950万円以下	26万円	32万円
950万円超1,000万円以下	13万円	16万円

問30《正解 2》

退職所得は以下の計算式となる。

（退職金 － 退職所得控除額）× 2分の1 ＝退職所得

退職所得控除額の計算式は以下のとおりである。

勤続年数	退職所得控除額
20年以下	40万円×勤続年数（最低保障80万円）
20年超	{70万円×（勤続年数－20年）}＋800万円

（注）勤続1年未満の端数は切り上げ

Aさんの退職金は1,600万円であるから退職所得控除額の計算式に当てはめると

{70万円×（24年－20年）}＋800万円＝1,080万円

となる。しかし、Aさんの退職理由は障害を負ったためであるので、障害者加算が100万円上乗せされ、1,180万円が退職所得控除額となる。（所得税法30条6項3号）

以上からAさんの退職所得は以下のとおり計算できる。

（1,600万円 － 1,180万円）× 2分の1 ＝ <u>210万円</u>

〔総合問題〕

【第１問】

問 31《正解 1、3》

1)適切。国民年金保険料免除期間(全額免除、一部免除、納付猶予〈学生納付特例等〉)がある場合、10 年以内であれば追納により免除分の保険料を納めて保険料納付済期間に戻すことができる。(国年法 94 条 1 項)

2)不適切。10 年より前の免除期間の追納はできないが、60 歳以降の任意加入により増額ができる。増額目的の任意加入(60 歳以上 65 歳未満)は 480 カ月(満額)に達するまでである。なお、免除期間がある場合、免除期間を含めて 480 カ月を超えても任意加入はできるが、満額を超える加入はできない。設問の場合は、１年間加入して満額となり、免除期間の支給分は算入されない扱いとなる。(国年法附則 5 条)

3)適切(国年法 28 条)

問 32《正解 1、2》

1)適切。なお、妻に収入がない場合、妻の分の掛金も夫が払えば、夫の収入に２人分の社会保険料控除が適用され、節税となる。国民年金基金に加入した場合は、国民年金の付加保険料は納められない。

2)適切。確定拠出年金の掛金も全額所得控除となるが、小規模企業共済等掛金控除なので夫が妻の分を払って節税することはできない。国民年金の付加保険料は夫婦とも納められる。

3)不適切。妻が共同経営者の要件を満たしていない場合は、夫しか小規模企業共済に加入できない。

【第２問】

問 33《正解 4》

① 75%　　② 高年齢雇用継続基本給付金　　③ 39,000 円

60 歳以上 65 歳未満で支給される雇用保険の高年齢雇用継続給付のポイントは以下の点にある。

・雇用保険の被保険者期間が5年以上あって、原則60歳到達時点の賃金が75％未満に低下した場合に支給対象（①）
・給付金（高年齢雇用継続給付）は2種類あり、継続雇用者（基本手当を受けていない）が対象となるのが「高年齢雇用継続基本給付金」（②）、退職後の再就職者（基本手当受給後、基本手当残日数が100日以上）が対象となるのが「高年齢再就職給付金」
・給付額は61％以下に低下した場合は、一律15％
Cさんの場合、26万円÷45万円＝0.577……で、約58％に低下
→新賃金×15％＝26万円×15％＝39,000円（③）
※高年齢雇用継続給付は、2025（令7）年4月に60歳になる者から一律15％が一律10％に縮小され、その後、廃止（時期未定）されることになっている

問34《正解 1、3》

1）適切。在職老齢年金の支給調整対象になるのは、「総報酬月額相当額＋基本月額（年金月額）」が50万円（2024〈令6〉年度）を超える場合である。Cさんは、「26万円＋10万円＝36万円」なので支給停止はなく、全額年金が支給される。総収入は「26万円＋19万円＝45万円」となる。
2）不適切。振替加算の支給対象は1966（昭41）年4月1日生まれの妻までである。Cさんの妻は同年10月生まれなので振替加算は支給されない。
3）適切。Cさんが70歳時点の夫婦の収入（月額）は以下のとおりである。
①Cさんの老齢基礎年金 …………………… 6万円×142％＝85,200円
※増額率＝0.7％×60カ月＝42％
②Cさんの老齢厚生年金 ……………………………………100,000円
③Cさんの老齢厚生年金の増額分（厚生年金保険加入分）………7,000円
④Cさんの妻の老齢基礎年金 ………………………………… 60,000円
⑤Cさんの妻の老齢厚生年金 …………………………………5,000円
以上から、Cさん夫婦の総収入は、以下のとおりとなる。
①＋②＋③＋④＋⑤＝257,200円（月額）

【第3問】

問35《正解 2》

① 誕生月　　② 9月1日　　③ 17,500円

在職定時改定は、毎年9月1日を基準日として、前年9月から当年8月までの厚生年金保険被保険者期間を加えて10月分から年金額を改定する（支給は12月から）制度である。ただし、初回については65歳の誕生月（誕生日の前日の月）から最初の基準日の前月（8月）までの期間が対象となるため、誕生月によって反映される月数が異なってくる。Dさんの場合、11月が誕生月であるため、翌年8月までの10カ月間が対象となる。よって、初回の増額分は「(21,000円÷12カ月)×10カ月＝17,500円」となる。

問36《正解 1、2》

1) 適切。在職老齢年金の支給停止の有無は以下の式で確認する。

　(基本月額＋総報酬月額相当額)＞支給停止調整額(50万円)

　Dさんの場合は、

　(12万円＋32万円)＝44万円≦50万円

　なので、支給停止はない。65歳から5年間の厚生年金の増額は「21,000円×5年＝105,000円」なので最大でも月額8,750円である。基本月額と総報酬月額相当額の合計は最大45万円弱にしかならないため支給停止調整額を下回る。支給停止調整額は毎年改定されるが、5年間で6万円以上低下するのは考えにくいので支給停止になる可能性は低いと考えられる。

2) 適切。繰下げ待機中は在職定時改定が行われないので、在職定時改定による毎年の増額分は、繰下げ請求後の年金には反映されない。Dさんの場合、70歳の繰下げ請求時には、「繰下げ増額年金＋5年間の厚生年金保険被保険者分」が支給される。つまり、{「月額12万円×142%＝17.04万円」＋「月額8,750円」}＝月額17.915万円で支給開始となる。

3) 不適切。受給者本人が繰下げ請求時に一時金選択をした場合は、5年前の増額率の5年分が一括して受け取れるが、死亡した場合に遺族が受け取る未支給年金は本来額の5年分となる。このため、Dさんの妻が受け取る老

齢基礎年金の未支給年金は、「6万円×12カ月×5年＝360万円」となる。

【第4問】

問37《正解 1、3》

1）適切。企業型年金加入者が個人型年金に同時加入する場合、個人型年金の掛金拠出限度額は月額の法定拠出限度額から事業主掛金を差し引いた額となる。Eさんの場合、「55,000円－30,000円＝25,000円」だが、上限が2万円であるため、2万円がEさんの個人型年金掛金の拠出限度額となる。また、個人型年金に加入した場合、企業型年金の加入者掛金は拠出できなくなる（マッチング拠出不可）。

2）不適切。企業型年金と個人型年金に同時加入する場合は、企業型年金、個人型年金とも各月の拠出限度額の範囲内の各月拠出となっていなければならない。そのため、Eさんは年単位管理の掛金拠出で個人型年金に加入することはできない。

3）適切。専業主婦（国民年金第3号被保険者）の場合、個人型年金の掛金は月額23,000円が拠出限度額である。なお、年単位管理の拠出も可能である。

問38《正解 2》

① 25,000円　② 20,000円　③ マッチング拠出

Z社のマッチング拠出による加入者掛金拠出限度額は「55,000円－30,000円＝25,000円（①）」である。一方、Eさんの個人型年金の掛金拠出限度額は法定拠出限度額と事業主掛金との差額だが、上限を超えているので上限の20,000円（②）となる。したがって、Eさんのケースではマッチング拠出（③）を選択したほうが有利となる。

【第5問】

問39《正解 1、2、3》

1）適切。「希望する者」を一定の資格として企業型年金規約に定めた場合は、企業型年金への加入か非加入かを選択できるが、一度加入を選択した場合

は企業型年金の資格を加入者が任意に喪失することはできない。なお、企業型年金に加入しないことを選択した者には、事業主掛金拠出の代替措置（前払い退職金など）が必要である。（法令解釈第1-1(1)④、(2)）

2）適切。企業型年金に加入しない場合は、企業型年金のない企業の個人型年金の掛金拠出限度額が適用される。企業型年金に加入した場合の個人型年金拠出限度額は法定拠出限度額と事業主掛金の差額となるので、Hさんの場合は「55,000円－35,000円＝20,000円」となる。（法69条、施行令36条）

3）適切。R社は法令基準を満たしている。運用指図には、掛金の配分指定・変更とスイッチング（運用商品の一部または全部を売却して他の運用商品を購入する預け替え）がある。（法4条1項5号）

問40《正解 2、3》

1）不適切。定年退職年齢と企業型年金の資格喪失年齢を合わせる必要はない。R社では、企業型年金規約により企業型年金の資格喪失年齢を65歳に設定している。したがって、Hさんは継続雇用で働き続けた場合、最大65歳になるまでR社の企業型年金加入者となる。（Q&A44-2）

2）適切。60歳で通算加入者等期間が10年以上あれば、老齢給付金の裁定請求を行うことができるが、在職中で加入者のまま老齢給付金（年金、一時金）の裁定請求（受給開始）はできない。Hさんの場合、退職するか65歳で資格喪失した時点で裁定請求できる。

3）適切。企業型年金の裁定請求（年金、一時金）をしてしまうと転職しても転職先の企業型年金には加入できない。ただし、個人型年金の裁定請求を行っていなければ、国民年金第2号被保険者なので65歳になるまで個人型年金に加入することができる。なお、裁定請求をせずにR社の企業型年金運用指図者となっている場合は、個人別管理資産をS社の企業型年金か国民年金基金連合会に移換すれば、S社の企業型年金に加入できる。

【第6問】

問41《正解 1、3》

1)不適切。企業型年金加入者が退職した場合、転職先の企業型年金への加入や個人型年金への加入(または運用指図者)が確認された場合は、本人が移換手続きをしなくても自動的に企業型年金の個人別管理資産が移換される。しかし、手続きをしない場合の自動移換は資格喪失日の翌月から6カ月経過後である。Iさんの場合も、移換手続きをしなければT社の企業型年金の個人別管理資産がIさんの個人型年金に移換されるのは退職して資格喪失した翌月から6カ月経過後となる。

2)適切。退職前のT社の企業型年金の個人別管理資産は、企業型年金に移換することも個人型年金に移換することもできる。

3)不適切。退職後に企業型年金の個人別管理資産は企業年金連合会へ移換できるが、個人型年金の個人別管理資産は移換できない。ただし、企業年金連合会に移換した個人別管理資産を個人型年金に移換することはできる。

問42《正解 1》

㋐不適切。退職者に対する事業主掛金の返還は勤続3年未満で退職した場合に限られる。勤続3年以上の退職者には全額の資産移換を認めなければならない。したがって、Iさんは3年間の事業主掛金の返還は不要で、個人別管理資産の全額を移換できる。

㋑適切。Iさんは、T社の企業型年金を月額2万円(年間24万円)拠出して4年間の資産残高が104万円となったので、以下の式が成立する。

24万円×年金終価係数＝104万円

よって、年金終価係数＝104万円÷24万円＝4.333……

運用期間4年の場合の年金終価係数は4.3091が最も近い。よって年利約3％で運用したことになる。

㋒不適切。Iさんは、個人型年金を月額1万円(年間12万円)で拠出して2年間の資産残高が25万円となったので、以下の式が成立する。

12万円×年金終価係数＝25万円

よって、年金終価係数＝25万円÷12万円＝2.08333……

運用期間２年の場合の年金終価係数は2.0909が最も近い。よって年利約３％で運用したことになる。

【第７問】

問43《正解 3》

1)不適切。「３分の２以上」ではなく、過半数である。(法３条１項)

2)不適切。「認可」ではなく、承認である。手続きの種類によって必要なのが承認、認可(企業年金基金の設立など。承認より強い手続き)、届出(最も弱い手続き)のどれにあたるかに注意する。(法３条１項)

3)適切。その他、運営管理機関選任理由書、就業規則等の書類の添付も省略できる。(法３条５項、施行規則３条の2)

問44《正解 1、3》

1)不適切。法改正により、2022（令4)年10月からは、企業型年金規約に定める必要はなくなった。

2)適切(法３条3項11号))

3)不適切。「50歳以上70歳未満」ではなく、60歳以上70歳未満である。企業型年金規約によって50歳以上の者を加入者としないことができるのは、企業型年金導入時や資格取得時点(転職者など)で50歳以上の者に限られる。加入者が一定の年齢に到達したことによる資格喪失を60歳未満とすることはできない。(法９条５項、法令解釈第1-1（1)③、Q&A43)

【第８問】

問45《正解 2》

３つの投資信託(A､B､C)で構成されるポートフォリオの期待リターンは、以下のように計算できる。

(Aの期待リターン×Aの組入比率)＋(Bの期待リターン×Bの組入比率)
＋(Cの期待リターン×Cの組入比率)

$= (2.8\% \times 0.4) + (5.6\% \times 0.5) + (1.2\% \times 0.1) = 4.04\% \fallingdotseq 4.0\%$

問46《正解 3》

リスク（標準偏差）は、予想収益率の期待収益率（期待リターン）に対するブレ（ばらつき）であるから、以下の式で求められる。

$\sqrt{(\text{予想収益率}-\text{期待リターン})^2}$

生起確率とは予想収益率が実現する確率であるから、設問の３つの生起確率がある場合のリスクは加重平均により以下の式で求められる。

$\sqrt{\{(\text{Ⅰの予想収益率}-\text{期待リターン})^2\times\text{Ⅰの生起確率}\}+\{(\text{Ⅱの予想収益率}-\text{期待リターン})^2\times\text{Ⅱの生起確率}\}+\{\text{Ⅲの予想収益率}-\text{期待リターン})^2\times\text{Ⅲの生起確率}\}}$

ここで、設問の数字を当てはめると

$\sqrt{\{(3.0\%-6.2\%)^2\times0.2\}+\{(10.5\%-6.2\%)^2\times0.5\}+\{(-2.8\%-6.2\%)^2\times0.3\}}$

$=5.96\cdots\cdots\% \fallingdotseq 6.0\%$

【第９問】

問47《正解 4》

AとBの２資産から構成されているポートフォリオのリスク（標準偏差）は、以下の式で求められる。

$\sqrt{(\text{Aのリスク}^2\times\text{Aの組入比率}^2)+(\text{Bのリスク}^2\times\text{Bの組入比率}^2)+2\times\text{相関係数}\times\text{Aのリスク}\times\text{Bのリスク}\times\text{Aの組入比率}\times\text{Bの組入比率}}$

ここで､設問の数字を当てはめると

$=\sqrt{(5.0^2\times0.6^2)+(12.4^2\times0.4^2)+2\times\text{相関係数}\times5.0\times12.4\times0.6\times0.4}$

$=\sqrt{33.6016+(29.76\times\text{相関係数})}=6.5(\%)$

ここから､分散（標準偏差を２乗したもの）の計算式に変えると以下のようになる。

$33.6016+(29.76\times\text{相関係数})=6.5^2$

よって、相関係数は以下のように求められる。

相関係数＝(42.25－33.6016)÷29.76＝0.290……　≒ 0.29

なお、2資産間(投資信託AとB)の共分散が与えられている場合は、「(AとBの共分散)÷(Aの標準偏差×Bの標準偏差)」で相関係数を求めることができる。

問48《正解 2》

シャープ・レシオは、以下の計算式によって求められる。

$$シャープ・レシオ＝\frac{ファンドの期待リターン－リスクフリーレート}{ファンドのリスク(標準偏差)}$$

ポートフォリオX、Yのシャープ・レシオは以下のとおりである。

$$ポートフォリオX＝\frac{8.28\%-1.3\%}{6.5\%}＝1.073\cdots\cdots \fallingdotseq 1.07$$

$$ポートフォリオY＝\frac{7.96\%-1.3\%}{5.8\%}＝1.148\cdots\cdots \fallingdotseq 1.15$$

シャープ・レシオの値は、大きいほどパフォーマンスは優れていると評価されるので、ポートフォリオYのほうが優れていることになる。

【第10問】

問49《正解 3》

① 60歳時点の企業型年金の運用残高は、以下のように計算できる。

企業型年金掛金拠出額(年額)×年金終価係数

＝24万円×32.6709（年率2％、25年の年金終価係数）

＝7,841,016円

② 60歳時点の投資資金100万円の運用残高は、以下のように計算できる。

投資資金×終価係数

＝100万円×1.6406（年率2％、25年の終価係数）

＝1,640,600円

③　Mさんの60歳時点の運用残高は、以下のようになる。

①＋②＝ 7,841,016円＋ 1,640,600円＝ 9,481,616円≒ 948万円

問50《正解 2》

①　毎年80万円を20年間受給する原資は、以下のように計算できる。

80万円× 16.6785（年率２％、20年の年金現価係数）

＝ 13,342,800円

②　60歳時点の資産残高を運用した65歳時点の運用残高は、以下のように計算できる。

948万円× 1.1041（年率２％、５年の終価係数）

＝ 10,466,868円

③　65歳時点の原資の不足額は、以下のように計算できる。

①－②＝ 2,875,932円≒ 290万円

法制度改正・重要事項確認演習

※特に指示のない限り2024（令6）年7月1日現在施行の法令等に基づく

A分野

《問1》2024（令6）年度の国民年金の年金額と保険料に関する次の記述のうち、最も適切なものはどれか。

1) 2024（令6）年度の老齢基礎年金額は、新規裁定者は816,000円、既裁定者は813,700円となった。
2) 67歳の新規裁定者とは、その年度（4月2日から翌年4月1日まで）に67歳になる者のことである。
3) 国民年金保険料を当月末に毎月納付する場合は割引がないが、6カ月、1年、2年前納の場合は、割引がある。
4) 国民年金保険料を1年前納する場合、申請手続きは年1回に限られる。

■ 解答・解説

1) 不適切。既裁定者のうち、68歳の者は新規裁定者と同じ816,000円である。2024年度は新規裁定者・既裁定者とも賃金変動率によって年金額が改定されたので基準となる改定率は同じである。しかし、68歳の者は昨年度（2023年度）に新規裁定者であり、昨年度の新規裁定者の年金額を基準に改定されたため、新規裁定者と同じ年金額となる。

2) 最も適切。2024年度の場合、1957（昭32）年4月2日生まれ～1958年4月1日生まれの者が67歳の新規裁定者に該当する。なお、新規裁定者とは67歳以下の者をいうが、老齢年金の支給開始は65歳なので3年間は新規裁定者の年金額が支給される。これは新規裁定者の年金額改定を賃金変動率で行っており、賃金変動率は過去3年間の平均を使っているためである。そこで、賃金変動率の影響がなくなる68歳(その年度に68歳以上になる者)からが既裁定者となる。2024年度の場合、1957年4月1日生まれ以前の者が該当する。(国年法27条の3)

3) 不適切。国民年金第1号被保険者や任意加入被保険者が納める保険料は翌月末が納付期限である。保険料を当月末に納める場合は60円の割引がある(早割)。ただし口座振替に限られ、納付書払い(現金)は割引が適用されない。

4) 不適切。前納の種類としては、早割(当月末振替)の他、6カ月前納、1年前納、2年前納がある。対象期間は、6カ月前納が4月～9月および10月～翌年3月、1年前納が4月～翌年3月、2年前納が4月～翌々年3月である。従来、前納の申請は早割(毎月可)以外は年1回(6カ月前納は2回)だったが、2024(令6)年3月から、年度途中にいつでも申請できるようになった。割引額は申請時期によって異なる。なお、前納による納付方法には、納付書払い、クレジットカード払い、口座振替があり、口座振替の割引額が最も多い。納付書払い、クレジットカード払いの割引額は同額である。2年前納を口座振替で納付した場合が最も割引額が有利になる。2024年度の場合、口座振替の2年前納保険料は397,290円(納付書払い、クレジットカード払い398,590円)で、通常納付に比べて16,590円(同15,290円)の割引となり、1カ月分弱の保険料軽減となる。

正解 ⇨ 2

《問 2》公的年金の繰上げ支給・繰下げ支給に関する次の記述のうち、適切なものはどれか。

チェック欄 □□□

1) 老齢基礎年金の繰上げ支給の請求では、請求した日に受給権が発生し、受給権が発生した月の翌月から支給開始となる。
2) 老齢基礎年金の繰上げ支給では、繰上げ請求月から65歳到達月までの月数に減額率を乗じて得た額が本来額から減額される。
3) 65歳以降も70歳で退職するまで厚生年金保険の被保険者であった者が老齢厚生年金の繰下げ支給を請求した場合、65歳以降の被保険者期間の分も合算して増額率が乗じられる。
4) 65歳以降に在職老齢年金の支給停止を一部でも受けていた場合、繰下げ支給による増額請求はできなくなる。

■ 解答・解説

1) 適切。老齢基礎年金に限らず、公的年金は受給権の発生した日の翌月から受給権の消滅した日の月までが支給期間である。ただし、支給開始は請求した日の翌月からになる。請求前の分は請求後に一括して受け取れる(一時金)が、5年より前の部分は時効により受け取れなくなる。受給権の発生日は老齢年金(老齢基礎年金、老齢厚生年金)の場合、受給開始年齢に到達した日(通常は65歳の誕生日の前日)である。ただし、繰上げ支給の場合には、請求した日に受給権が発生する。なお、繰下げ支給の場合は受給権自体は65歳到達時に発生している。そのため、繰下げ増額による支給開始と受給権発生後の一時金受給による支給開始が選択できるようになっている。受給権の消滅日は死亡した日で、未支給分は未支給年金として一定の遺族が受給できる。また、障害年金の受給権発生日は障害認定日(事後重症は請求日)、遺族年金の受給権発生日は死亡日になる。(国年法18条、厚年法36条、国年法附則9条の2)
2) 不適切。「65歳到達月」ではなく65歳到達月の前月である。(国年法附則9条の2、同法施行令12条)

3)不適切。繰下げ支給の対象となるのは65歳時点の老齢厚生年金額である。65歳以降の厚生年金保険被保険者期間分の年金は増額にならず、通常の年金額計算による額が繰下げ支給で増額された年金額と合算されて支給される。つまり、「繰下げ支給による増額された年金額(65歳時点の年金額が対象)＋65歳以降の年金額(増額なし)＝年金支給額」となる。

4)不適切。在職老齢年金の支給停止部分の額は繰下げによる増額対象にならないが、支給停止以外の部分の額は繰下げ支給の対象になる。例えば、月額10万円の基本月額(年金月額)で4万円の支給停止になっていた場合、支給可能な6万円のみが繰下げ支給の増額対象となる。(厚年法44条の3第4項)

正解 ⇨ 1

《問 3》公的医療保険と雇用保険に関する次の記述のうち、適切なものはどれか。

チェック欄 □□□

1) 協会けんぽの健康保険被保険者が退職後に任意継続被保険者となった場合、被保険者全体の平均より退職時の標準報酬月額が高い場合は、退職時の標準報酬月額を任意継続被保険者の標準報酬月額とすることができる。
2) 退職後の公的医療保険として任意継続被保険者を選択した場合には２年間加入できるが、原則として任意に脱退することはできない。
3) 高年齢雇用継続給付と在職老齢年金を受給する場合には、標準報酬月額の最大 15%が在職老齢年金から支給停止となる。
4) 企業を自己都合退職する場合には、雇用保険の基本手当の受給に待期期間満了後、原則２カ月間の給付制限期間がある。

■ 解答・解説

1) 不適切。「協会けんぽ」ではなく、組合健保である。任意継続被保険者の保険料の基準となる標準報酬月額は、原則として退職時の本人の標準報酬月額だが、被保険者全体の平均より高い場合は平均の標準報酬月額となる。ただし、法改正により組合健保については、2022（令 4）年１月から規約に定めれば平均より高くても退職時の標準報酬月額とすることができるようになった。健保組合の財政負担軽減が目的だが、協会けんぽには認められていない。

2) 不適切。任意継続被保険者は従来、再就職による新たな健康保険への加入や保険料の滞納などによる場合を除いて途中脱退をすることができなかった。法改正により、2022 年１月からは希望すればいつでも任意に脱退できるようになった。任意継続被保険者の保険料を計算する標準報酬月額は原則として２年間変わらないため、収入が大きく減ると２年目の保険料は国民健康保険のほうが安くなることがある。改正後は２年目に保険料が安くなる国民健康保険へ切り替えることもできるようになった。ただし、扶養家族への保険料発生や組合健保の付加給付がなくなるなど総合的にメリットを判断する必要がある。

3)不適切。「15%」ではなく、6%である。15%は高年齢雇用継続給付の最大支給率である。高年齢雇用継続給付は雇用保険の被保険者期間が5年以上ある60歳以上65歳未満の継続雇用等の被保険者が対象で、原則60歳時点の賃金月額が75%未満に低下した場合に低下率に応じて新賃金(標準報酬月額ではないことに注意)の最大15%が支給される。なお、高年齢雇用継続給付は2025(令7)年4月以降に新たに60歳になる者からは最大支給率が「15%→10%」に縮小される。65歳前の在職老齢年金と高年齢雇用継続給付を受給する場合は、高年齢雇用継続給付は全額支給され、支給率に応じて在職老齢年金が支給停止(標準報酬月額の最大6%)される。

4)適切。従来の給付制限期間は3カ月だったが、2020(令2)年10月からは2カ月間に短縮された。ただし、過去5年間に2回までで、3回目以降は3カ月の給付制限期間となる。さらに、2025年4月からは給付制限期間が1カ月(3回目以降は3カ月)に短縮され、一定の教育訓練の受講者等は給付制限がなくなる。なお、定年退職者の場合はもともと給付制限期間がない(待期期間〈7日間〉満了後、基本手当を支給開始)ことも併せて覚えておきたい。

正解 ⇨ 4

《問４》公的年金等の公的制度に関する次の記述のうち、不適切なものはどれか。

チェック欄 □□□

1) 国民年金第１号被保険者（女性）の国民年金保険料産前産後免除（多胎妊娠ではない）期間は、出産予定日の前月から４カ月間で、事前に届出ができる。
2) 短期滞在の外国人が帰国するときに請求できる国民年金の脱退一時金の支給額計算に用いる期間の上限は５年である。
3) 寡婦年金は、夫が障害基礎年金の受給権を得ていた場合には、他の要件を満たしていても支給されない。
4) 65歳以上の老齢基礎年金受給者に対する年金生活者支援給付金は、市町村民税非課税世帯で一定の要件を満たした場合に支給される。

■ 解答・解説

1) 適切。国民年金第１号被保険者の女性（自営業者の妻等）の国民年金保険料産前産後免除は、2019（平31）年４月より始まった（多胎妊娠の場合は、出産予定日の３カ月前から６カ月間の免除期間となる）。市区町村窓口に出産予定日の６カ月前から届出ができる。なお出産後に届け出る場合は、出産予定日ではなく出産日が基準となる。免除期間中は保険料が全額免除となり、全額が老齢基礎年金額に反映される（追納不要）。所得制限はなく、希望により付加保険料のみ納めることもできる。（国年法５条１項、88条の２）

2) 適切。公的年金（国民年金、厚生年金保険）の脱退一時金は、日本国籍を有しない日本在住の外国人が、受給資格期間（10年）を満たさずに出国した場合、保険料の納付実績に応じて受給できる一時金である。出国後（日本に住所を有しなくなった日）２年以内に請求する必要がある。国民年金の場合は、保険料納付済期間（保険料一部免除期間の月数換算含む）が６カ月以上ある（厚生年金保険加入期間は除く）ことなど、厚生年金保険の場合は、厚生年金保険の加入期間が６カ月以上あることなどが支給要件となっている。脱退一時金の額は一定の計算式で算出されるが、国民年金の場合は、以下のようになる。

脱退一時金額＝最後に保険料を納付した月が属する年度の保険料額
×２分の１×支給額計算に用いる数（６～60）

上記式の「支給額計算に用いる数」の月数には上限がある。上限は36カ月（３年）だったが、改正により2021（令3）年４月からは60カ月（５年）となった。同様に、厚生年金保険の脱退一時金は、「被保険者期間の平均標準報酬月額×支給率」で算出されるが、「支給率計算に用いる数」も上限60カ月に改正されている。なお、社会保障協定を結んでいる国で、本国の年金との加入期間の通算ができる場合は、脱退一時金を受けると通算ができなくなってしまうので注意する必要がある。（国年法附則９条の３の２）

3）不適切。以前の要件では、夫が老齢基礎年金の受給権を得ていても受給していなければ寡婦年金の受給は可能だが、障害基礎年金の受給権を得ていた場合は受給していなくても寡婦年金は受給できなかった。法改正により、2021（令3）年４月１日以降の夫の死亡の場合、障害基礎年金も老齢基礎年金と同様、支給を受けていなければ寡婦年金の受給ができるようになった。（国年法49条）

4）適切。年金生活者支援給付金は、年金制度外の福祉的措置で低年金者の生活を支援する目的で2019（令元）年10月から始まった。給付金は年金に上乗せして支給され、老齢、障害、遺族の３種類がある。老齢年金生活者支援給付金の場合、国内居住の65歳以上の老齢基礎年金受給者で一定の所得以下、世帯全員が市町村民税非課税などの要件を満たしている必要がある。2024（令6）年度の場合、所得額等合計（老齢年金収入含む）778,900円以下の者に支給される。また、778,900円超878,900円以下の場合には補足的老齢年金生活者支援給付金が支給される。年金生活者支援給付金の基準額は月額5,000円（年額６万円）で、物価変動に合わせて毎年改定される（2024年度は月額5,310円）。老齢年金生活者支援給付金の場合、基準額をもとに保険料納付済期間等に応じて支給額が計算される。

正解 ⇨ 3

B 分野

《問 1》確定拠出年金の企業型年金の規約に定める加入者資格に関する次の記述のうち、最も適切なものはどれか。

チェック欄 □□□

1) 他の従業員と客観的、合理的に労働条件が異なる第 1 号厚生年金被保険者であるパートタイマーは、加入対象者から除外することができ、代替措置を講じなくてもよい。
2) 40 歳未満の従業員のみを加入者とすることができる。
3) 加入者資格を規約で定めない場合、65 歳未満の第 1 号等厚生年金被保険者であれば、企業型年金の加入対象者となる。
4)「希望する者」を一定の資格として規約に定めた場合は、企業型年金を選択しない従業員に対する代替措置は不要である。

■ 解答・解説

1) 最も適切。合理的な理由がある場合は加入対象者から除外することができる。ただし、「パートタイマー＝代替措置不要」ではない。「短時間・有期雇用労働者及び派遣労働者に対する不合理な待遇の禁止等に関する指針」の「基本的な考え方」を踏まえた対応が必要となる。（法令解釈第 1-1（1）①、Q&A37）

2) 不適切。規約に定めれば「一定の年齢未満」の従業員のみを加入者とすることができるが、一定の年齢を 60 歳より低い年齢とすることはできない。50 歳未満であれば受給開始可能な 60 歳になるまでに 10 年以上の加入期間があり、合理的理由があると認められないためである。ただし、例外的に企業型年金の開始時（制度導入時）または企業型年金加入者の資格取得時（転職者など）に 50 歳以上の従業員については加入者としないことができる。50 歳以上で企業型年金の運用を開始しても運用期間を十分にとることができず、60 歳以降に退職しても給付をすぐに受けられない不都合が生じるおそれがあるためである。（法令解釈第 1-1(1)③）

3) 不適切。「65 歳未満」ではなく、70 歳未満である。なお、条文上は「第1号等厚生年金被保険者」となっているため、70 歳以上でも高齢任意加入被保険者は企業型年金の加入対象者となる。規約で定めれば、60 歳以上70 歳以下で資格喪失年齢とすることができる。(法 9 条)

4) 不適切。企業型年金を選択しなかった従業員に対しては、確定給付企業年金または退職手当制度(退職金前払制度含む)を代替措置として講じる必要がある。(法令解釈第 1-1(2)イ)

正解 ⇨ 1

《問2》確定拠出年金の企業型年金および個人型年金の加入や個人別管理資産に関する次の記述のうち、適切なものはどれか。

チェック欄 □□□

1) 企業型年金（事業主掛金は月額限度額内の各月拠出）に加入している従業員が、個人型年金に加入する場合、個人型年金の掛金を年2回のボーナス時の拠出とすることは可能である。
2) マッチング拠出導入企業で加入者が個人型年金を選択する場合の要件を事業主が定めることができる。
3) 企業型年金と個人型年金に加入していた30歳の者が転職し、転職先の企業型年金加入者となった場合、転職前の企業型年金の個人別管理資産は転職先の企業型年金に移換しなければならない。
4) 退職時に企業型年金の個人別管理資産残高が2万円の場合、他の要件を満たしていれば、企業型年金に脱退一時金を請求できる。

■ 解答・解説

1) 不適切。企業型年金と個人型年金に同時加入する場合は、事業主掛金・個人型年金掛金とも各月拠出にしなければならない。したがって、個人型年金の掛金も月額拠出限度内の各月（毎月）拠出で設定しなければならない。なお、同時加入の場合の個人型年金の掛金は事業主経由で拠出することになっており、本人が直接掛金を払い込むことはできない。
2) 不適切。法改正により、2022（令4）年10月からマッチング拠出導入企業の企業型年金加入者は、マッチング拠出（加入者掛金拠出）をしていなければ個人型年金に加入できるようになった。マッチング拠出か個人型年金加入かの選択は、従業員（企業型年金加入者）ごとの自由な意思で決定できるものでなくてはならない。事業主が個人型年金の運営管理機関を指定したり、個人型年金の掛金額を指定するといったことはできない。（法令解釈第1-3(2)）
3) 不適切。企業年金の制度間ポータビリティはルール改正が目まぐるしく、かなり柔軟に個人別管理資産の移換ができるようになった（→ p.96 問26

の一覧表参照)。転職前の企業型年金の個人別管理資産は､60歳前の場合、企業型年金運用指図者となることはできない(障害者を除く)ので、移換する必要がある。移換先は、転職先の企業型年金のほか、加入中の個人型年金への移換(移換後､運用指図者になることも可)を選択することもできる。転職前に個人型年金に加入していない場合は、新たに個人型年金に加入するか個人型年金運用指図者となって企業型年金の個人別管理資産を移換することもできる。なお、本問の者が移換手続きをしないで企業型年金の資格喪失日の翌月から6カ月以内に転職先の企業型年金に加入した場合は、転職前の企業型年金の個人別管理資産は、転職先の企業型年金に自動的に移換される(個人型年金には移換されない)。(法80条2項、Q&A233-1、233-2)

4) 適切。従来は、企業型年金の脱退一時金を企業型年金に直接請求できるのは1万5,000円以下の個人別管理資産額に限られていた。1万5,000円を超える場合は、いったん個人型年金に移換してから個人型年金(国民年金基金連合会)に請求する必要があった。法改正により、2022(令4)年5月からは、1万5,000円を超えていても企業型年金に直接請求できるようになった。

正解 ⇨ 4

《問 3》確定拠出年金の法制度等に関する次の記述のうち、不適切なものはどれか。

チェック欄 □□□

1) 国民年金基金連合会は、個人型年金の継続投資教育を運営管理機関や企業年金連合会に委託することができる。
2) 確定拠出年金の障害給付金は、65 歳に達する日の前日までに一定の障害状態になったときに請求できる。
3) 企業型年金規約の軽微な変更は厚生労働大臣への届出が必要だが、「運営管理機関の名称、住所の変更」については届出不要となっている。
4) 企業型年金の資格喪失年齢を 65 歳と定めた企業型年金の加入者が 63 歳で退職した場合、企業型年金運用指図者となることができる。

■ 解答・解説

1) 適切。従来、確定拠出年金の投資教育は、主に確定拠出年金の運営管理機関が事業主や国民年金基金連合会から委託を受けて行ってきた。2016（平28）年 7 月からは企業年金連合会にも企業型年金の事業主から投資教育を委託できるようになった。しかし、国民年金基金連合会が企業年金連合会に委託することはできなかった。法改正により、2020（令 2）年 6 月 5 日から国民年金基金連合会も運営管理機関だけでなく企業年金連合会へも投資教育の委託ができるようになった。
2) 不適切。「65 歳」ではなく 75 歳である。公的年金の障害年金の期限である 65 歳と混同しないようにする。法改正により 2022 年 4 月から老齢給付金の受給開始可能年齢が 75 歳まで拡大されたことに伴い、障害給付金の請求可能年齢も 75 歳に引き上げられた。なお、障害給付金は 60 歳前でも障害状態であれば受給できる。一定の障害状態とは国民年金の障害基礎年金 1 級、2 級相当の障害であるが、身体障害者手帳（1 級～3 級）の交付を受けた者なども対象となる。（法 37 条、施行令 19 条、法令解釈第 7）
3) 適切。規約の変更には、「労使合意」「厚生労働大臣の承認」「届出」が必要となる。ただし、「軽微な変更(→ p.106 問 36)」については労使合意と届出だけでよく、「特に軽微な変更」場合には届出のみでよいことになっている。2020（令 2)年 10 月からは、軽微な変更や特に軽微な変更のうち一部については届出も不要になった。設問のほか、「資産管理機関の名称および住所の変更」「市区町村の名称の変更に伴う事業主の住所や事業所の所在地の変更」などもある。(法 5 条、6 条、施行規則 5 条、7 条の 2)

4) 適切。60 歳以上の退職者であれば、資格喪失年齢前の退職でも企業型年金運用指図者となることができる。また、国民年金基金連合会に個人別管理資産を移換して個人型年金運用指図者となることもできる。国民年金任意加入被保険者や転職して厚生年金保険被保険者(国民年金第 2 号被保険者)になれば個人型年金加入者にもなれる。さらに、企業型年金の裁定請求をしていなければ転職先の企業型年金への個人別管理資産の移換も可能である。

正解 ⇨ 2

C 分野

《問 1》2024（令 6）年 1 月から始まった新 NISA に関する次の記述のうち、不適切なものはどれか。

チェック欄 □□□

1)口座は 1 人につき 1 つの金融機関 1 口座に限られるが、つみたて投資枠と成長投資枠とは併用できる。
2)年間投資枠（つみたて投資枠と成長投資枠の合計）の限度額は 360 万円であるが、時価評価額が限度額を超えた場合、超えた分は非課税にならない。
3)つみたて投資枠では投資信託への積立投資のみで、個別株式や一括投資はできないが、成長投資枠では積立投資もできる。
4)生涯限度額を超えても、売却すれば減額分を翌年以降に非課税投資が可能になる。

■ 解答・解説

1)適切。少額投資非課税制度（愛称 NISA；Nippon Individual Savings Account）は、国内に住む 18 歳（1 月 1 日時点）以上の者なら誰でも利用できる。NISA には、つみたて投資枠（年間限度額 120 万円）と成長投資枠（同 240 万円）がある。つみたて投資枠と成長投資枠は、1 つの口座内で併用でき、口座を分けたり、金融機関を分けたりすることはできない。金融機関の変更は、1 年ごとに可能である。なお、海外在住の場合は原則として NISA を利用できないが、2019 年度の税制改正により最長 5 年の海外転勤・赴任であれば NISA 口座を維持（新たな投資や期間中の積立ては不可。売却は可）できるようになった。ただし、金融機関が制度に対応している必要があり、海外転勤・赴任に対応している金融機関は少数で、手続きや条件もさまざまである。

2)不適切。NISA の限度額は、年間限度額・生涯投資枠（総枠）とも買付け金額（簿価残高〈購入時の金額〉）で管理される。そのため、購入後の時価を含めて非課税となる。例えば、成長投資枠でA商品を200万円で購入した年に250万円で売却したとしても、売却益(譲渡益)は全額非課税となる。

3) 適切。つみたて投資枠で投資できるのは、金融庁が定める要件を満たした積立・分散投資に適した一定の投資信託のみである。一方、成長投資枠では個別株式や一括投資のほか、積立投資もできる。例えば、つみたて投資枠・成長投資枠に共通の積立商品であれば、つみたて投資枠の限度額(120万円)を超えた分を成長投資枠で積立投資をすることも可能である。

4) 適切。生涯投資枠の限度額は購入金額で1,800万円である。1,800万円を超えた場合、商品を売却することによって減額金額分の生涯投資枠が復活する。この減額金額は、実際の売却金額ではなく購入時の金額である。復活した投資枠は翌年以降に再び利用することができる。ただし、年間投資限度額の範囲での投資になる。例えば、1,800万円から1,000万円を売却しても、翌年は年間限度額360万円までの投資になる。翌々年度以降も生涯投資枠の限度額まで年間限度額での投資が可能になる。

正解 ⇨ 2

《問２》2022（令４）年４月の東京証券取引所の市場再編に関する次の記述のうち、適切なものはどれか。

チェック欄 □□□

1) TOPIX（東証株価指数）は、プライム市場の上場銘柄のうち流通株式時価総額100億円以上の銘柄を対象とした指数である。
2) プライム市場の新規上場基準のうち、株主数は1,000人以上が必要となる。
3) スタンダード市場の新規上場基準のうち、流通株式時価総額は100億円以上が必要となる。
4) グロース市場の新規上場基準のうち、流通株式比率は25%以上が必要となる。

■ 解答・解説

1) 不適切。TOPIXは、以前は旧東証１部の全上場銘柄を対象とした株価指数だったが、市場再編後は市場区分に関係なく東証取引市場の代表的な銘柄を対象とする構成となった。
2) 不適切。「1,000人以上」ではなく800人以上である。各市場には新規上場基準と上場維持基準があるが、プライム市場の場合、株主数は新規・上場維持基準とも800人以上とされている。
3) 不適切。「100億円以上」ではなく10億円以上である。スタンダード市場の場合、流通株式時価総額は新規・上場維持基準とも10億円以上とされている。プライム市場は100億円以上である。
4) 適切。グロース市場の場合、流通株式比率は新規・上場維持基準とも25%以上とされている。プライム市場は35%以上である。

正解 ⇨ 4

〔参考〕

市場再編により、東証の上場市場はプライム市場、スタンダード市場、グロース市場の３区分となった。それぞれの市場には、新規上場および上場維持の基準が設けられた。主な上場基準は次ページの表のようなものがある。

当面は経過措置として、上場基準を満たさない企業も上場維持が認められるが、2025（令7）年3月以降に経過措置は順次終了する。一定の改善期間内に上場基準を満たせない場合は、上場廃止となる。

市場再編に伴って、わが国の代表的な株価指数である日経平均株価とTOPIXも見直しが行われている。

日経平均株価は、旧東証1部の上場銘柄から225銘柄を対象としていたが、再編市場の最上位であるプライム市場から225銘柄を選定するようになった。市場の変更だけで基本的な違いはないが、2022年10月から株価の算出ルールなどの見直しが行われている。

一方、TOPIXは、旧市場では東証1部の全銘柄を対象していたが、再編後は市場区分とは切り離されて、市場の種類に関係なく代表的な銘柄で構成されるようになった。基準としては、流通株式時価総額100億円以上の銘柄が対象となっている。経過措置として再編直後は旧東証1部の全銘柄をそのまま移行したが、2022（令4）年10月から2025年1月にかけて順次新基準への移行が行われている。流通株式時価総額100億円未満の銘柄は指数への組入れ比率を段階的に低減させており、移行期間が終了する2025年2月以降は全銘柄が流通株式時価総額100億円以上となる。

【東証の新市場の主な上場基準】

	プライム市場	スタンダード市場	グロース市場
株主数	800人以上	400人以上	150人以上
流通株式数	2万単位以上	2,000単位以上	1,000単位以上
流通株式時価総額	100億円以上	10億円以上	5億円以上
流通株式比率	35%以上	25%以上	

(注)上記項目は新規上場・上場維持基準とも共通

《問３》公的年金や私的年金の税務上の取扱いに関する次の記述のうち、最も適切なものはどれか。

チェック欄 □□□

1)公的年金だけでなく、確定給付企業年金、確定拠出年金、個人年金保険(個人年金保険料控除の対象になっているものに限る)から受給する年金にも公的年金等控除が適用される。

2)一時払個人年金保険には個人年金保険料控除が適用されない。

3)勤続５年以下で退職した場合の退職一時金への課税は、法人役員等でなければ退職所得控除額控除後の額に「２分の１課税」が適用される。

4)定年退職時に退職一時金を受け取り、翌年以降に確定拠出年金の老齢給付金を一時金で受け取る場合、４年以内の場合は退職一時金の勤続年数と重複する期間は退職所得控除額計算の勤続年数から除かれる。

■ 解答・解説

1)不適切。公的年金等の雑所得として公的年金等控除が適用される年金には、主に次のようなものがある。

① 公的年金の老齢年金(老齢基礎年金、老齢厚生年金など)

② 厚生年金基金、確定給付企業年金、確定拠出年金などの企業年金制度から年金で受け取る老齢給付金

③ 中小企業退職金共済制度、特定退職金共済制度、小規模企業共済制度から年金で受け取る共済金

個人年金保険のように、生命保険契約・生命共済契約に基づく年金、互助年金等は、公的年金等以外の雑所得とされており、公的年金等控除は適用されない。また、財形年金として受け取る年金は預貯金などと同様に利子部分が所得となる利子所得だが、利子非課税で積み立てているので非課税である。確定申告の必要もない。

2)最も適切。個人年金保険料控除が適用されるためには、以下のすべての要件を満たす必要がある(個人年金保険料税制適格特約を付加)。

① 年金受取人が契約者本人または配偶者であること

② 年金受取人が被保険者と同一であること

③ 保険料(掛金)の払込期間が10年以上にわたって定期的に払う契約であること

④年金は、受取開始が原則として60歳以降で、かつ10年以上の定期的な確定年金(有期年金)または終身年金となっていること

一時払個人年金保険は、③の10年以上の払込期間の要件を満たさないため、個人年金保険料控除は適用されない。払い込んだ年の一般の生命保険料控除の対象となる。また、変額個人年金保険も個人年金保険料控除の適用ではなく、一般の生命保険料控除の対象となる。(所得税法76条8項)

3)不適切。退職所得は他の所得と区分した分離課税として、以下の計算式により所得税額が算出される。

(収入金額〈退職一時金額〉－退職所得控除額)×2分の1＝退職所得

退職所得(課税対象額)×税率＝所得税額

上記のように、退職所得控除後の額に2分の1を乗じる「2分の1課税」により税負担が軽減される措置がされている。ただし、改正により2013(平25)年1月分からは勤続5年以下の法人役員等(法人役員のほか公務員等も含む)については2分の1課税は適用されないこととなった。さらに、2022(令4)年1月分からは、法人役員等以外の一般従業員等についても、退職所得控除後の額の300万円を超える部分について2分の1課税が適用されないことになった。計算式は以下のとおりである。

150万円＋｛収入金額－(300万円＋退職所得控除額)｝＝退職所得

4)不適切。「4年以内」ではなく19年以内である。確定拠出年金以外の受給では4年以内の重複期間は勤続年数から控除して退職所得控除額の計算を行うが、確定拠出年金の老齢給付金は60歳から75歳までの受給開始の選択ができるため15年が追加される。確定拠出年金の受給開始時期が2022年4月1日から75歳に引き上げられたのに伴って14年以内から19年以内に引き上げられた。 なお、確定拠出年金を先に受給する場合は、後から受給する退職一時金は4年以内のルールの適用になる。

正解 ⇨ 2

《問 4》遺言や相続に関する次の記述のうち、最も適切なものはどれか。

チェック欄 □□□

1) 自筆証書遺言の場合、財産目録を含めて本人が自分で書く必要があり、自分で保管しなければならない。
2) 相続で得た不動産は、取得後 10 カ月以内に相続登記しなければならない。
3) 暦年課税で贈与した贈与額は死亡日以前 3 年間の分に限って相続財産に加えられる。
4) 相続時精算課税制度を選択しても、贈与で 110 万円の基礎控除が使える。

■ 解答・解説

1) 不適切。主な遺言書には、本人が自書(自ら書くこと)する「自筆証書遺言」と遺言内容を公証人に記述してもらい公証役場で保管してもらう「公正証書遺言」がある。以前は、自筆証書遺言の場合、遺言者本人が全文、日付、氏名を自書しなければならなかった。法改正により、2019（平 31)年 1 月 13 日からは、財産目録についてはパソコン等での作成でもよくなった(民法 968 条)。また、2020（令 2)年 7 月 10 日からは、自筆証書遺言も希望すれば法務局で保管してもらえる制度が創設された。

2) 不適切。「10 カ月以内」ではなく3 年以内である。以前は相続で得た不動産の相続登記は任意だったことから、所有者不明の土地が社会問題化した。これを受けて、2024（令 4)年 4 月 1 日(施行日)からは相続登記が義務化された。なお、「取得後」とは、通常は死亡日からだが、正確には、「相続開始およびその所有権取得を知った日から」である。その知った日から 3 年以内に正当な理由なく登記を行わない場合は、10 万円以下の過料の対象となる。改正前の相続不動産も施行日から 3 年以内に相続登記を行う必要がある。なお、相続税の申告および納税期限は原則死亡日から 10 カ月以内である。(不動産登記法 76 条の 2)

3) 不適切。贈与の方法には相手 1 人につき年間 110 万円までの贈与が非課税となる「暦年課税」と総額2,500万円までの贈与を非課税とし、相続時に相続財産として課税する「相続時精算課税制度」とがあり、どちらかの選択となる。暦年贈与の場合、従来、相続人(贈与者)の死亡日以前3年間の贈与分は相続財産に加算されることになっていた。法改正により、2024年1月1日以降の暦年贈与の生前加算期間が3年から7年に変更になった。変更は段階的に実施され、2031年の相続から7年になる。

4) 最も適切。相続時精算課税制度が利用できるのは、60歳以上の父母または祖父母などに限定されており、18歳以上の子や孫などに贈与する場合に選択できる。相続時精算課税制度を選択すると暦年課税による110万円の基礎控除は使えず、後に暦年課税に変更することはできない。贈与分は贈与のたびごとに2,500万円の内訳に加算されていく仕組みである。しかし、法改正により相続時精算課税制度の選択者でも2024年1月1日からは暦年課税と同じ年間110万円の基礎控除が利用できるようになった。年間110万円までの基礎控除の分は2,500万円の内枠加算とは別枠で利用でき、相続時に相続財産に加算されることもない。

正解 ⇨ 4

◇メモ

係数表

※問題を解くにあたって必要な場合に使用すること

［1］終価係数表

		運用利率（%）				
		1%	2%	3%	4%	5%
期間（年）	1	1.0100	1.0200	1.0300	1.0400	1.0500
	2	1.0201	1.0404	1.0609	1.0816	1.1025
	3	1.0303	1.0612	1.0927	1.1249	1.1576
	4	1.0406	1.0824	1.1255	1.1699	1.2155
	5	1.0510	1.1041	1.1593	1.2167	1.2763
	6	1.0615	1.1262	1.1941	1.2653	1.3401
	7	1.0721	1.1487	1.2299	1.3159	1.4071
	8	1.0829	1.1717	1.2668	1.3686	1.4775
	9	1.0937	1.1951	1.3048	1.4233	1.5513
	10	1.1046	1.2190	1.3439	1.4802	1.6289
	11	1.1157	1.2434	1.3842	1.5395	1.7103
	12	1.1268	1.2682	1.4258	1.6010	1.7959
	13	1.1381	1.2936	1.4685	1.6651	1.8856
	14	1.1495	1.3195	1.5126	1.7317	1.9799
	15	1.1610	1.3459	1.5580	1.8009	2.0789
	20	1.2202	1.4859	1.8061	2.1911	2.6533
	25	1.2824	1.6406	2.0938	2.6658	3.3864
	30	1.3478	1.8114	2.4273	3.2434	4.3219

［2］現価係数表

		運用利率（%）				
		1%	2%	3%	4%	5%
期間（年）	1	0.9901	0.9804	0.9709	0.9615	0.9524
	2	0.9803	0.9612	0.9426	0.9246	0.9070
	3	0.9706	0.9423	0.9151	0.8890	0.8638
	4	0.9610	0.9238	0.8885	0.8548	0.8227
	5	0.9515	0.9057	0.8626	0.8219	0.7835
	6	0.9420	0.8880	0.8375	0.7903	0.7462
	7	0.9327	0.8706	0.8131	0.7599	0.7107
	8	0.9235	0.8535	0.7894	0.7307	0.6768
	9	0.9143	0.8368	0.7664	0.7026	0.6446
	10	0.9053	0.8203	0.7441	0.6756	0.6139
	11	0.8963	0.8043	0.7224	0.6496	0.5847
	12	0.8874	0.7885	0.7014	0.6246	0.5568
	13	0.8787	0.7730	0.6810	0.6006	0.5303
	14	0.8700	0.7579	0.6611	0.5775	0.5051
	15	0.8613	0.7430	0.6419	0.5553	0.4810
	20	0.8195	0.6730	0.5537	0.4564	0.3769
	25	0.7798	0.6095	0.4776	0.3751	0.2953
	30	0.7419	0.5521	0.4120	0.3083	0.2314

[3] 年金終価係数表(期首払い)

		運用利率(%)				
		1%	2%	3%	4%	5%
期間(年)	1	1.0100	1.0200	1.0300	1.0400	1.0500
	2	2.0301	2.0604	2.0909	2.1216	2.1525
	3	3.0604	3.1216	3.1836	3.2465	3.3101
	4	4.1010	4.2040	4.3091	4.4163	4.5256
	5	5.1520	5.3081	5.4684	5.6330	5.8019
	6	6.2135	6.4343	6.6625	6.8983	7.1420
	7	7.2857	7.5830	7.8923	8.2142	8.5491
	8	8.3685	8.7546	9.1591	9.5828	10.0266
	9	9.4622	9.9497	10.4639	11.0061	11.5779
	10	10.5668	11.1687	11.8078	12.4864	13.2068
	11	11.6825	12.4121	13.1920	14.0258	14.9171
	12	12.8093	13.6803	14.6178	15.6268	16.7130
	13	13.9474	14.9739	16.0863	17.2919	18.5986
	14	15.0969	16.2934	17.5989	19.0236	20.5786
	15	16.2579	17.6393	19.1569	20.8245	22.6575
	20	22.2392	24.7833	27.6765	30.9692	34.7193
	25	28.5256	32.6709	37.5530	43.3117	50.1135
	30	35.1327	41.3794	49.0027	58.3283	69.7608
	35	42.0769	50.9944	62.2759	76.5983	94.8363

[4] 年金現価係数表(期首払い)

		運用利率(%)				
		1%	2%	3%	4%	5%
期間(年)	1	1.0000	1.0000	1.0000	1.0000	1.0000
	2	1.9901	1.9804	1.9709	1.9615	1.9524
	3	2.9704	2.9416	2.9135	2.8861	2.8594
	4	3.9410	3.8839	3.8286	3.7751	3.7232
	5	4.9020	4.8077	4.7171	4.6299	4.5460
	6	5.8534	5.7135	5.5797	5.4518	5.3295
	7	6.7955	6.6014	6.4172	6.2421	6.0757
	8	7.7282	7.4720	7.2303	7.0021	6.7864
	9	8.6517	8.3255	8.0197	7.7327	7.4632
	10	9.5660	9.1622	8.7861	8.4353	8.1078
	11	10.4713	9.9826	9.5302	9.1109	8.7217
	12	11.3676	10.7868	10.2526	9.7605	9.3064
	13	12.2551	11.5753	10.9540	10.3851	9.8633
	14	13.1337	12.3484	11.6350	10.9856	10.3936
	15	14.0037	13.1062	12.2961	11.5631	10.8986
	20	18.2260	16.6785	15.3238	14.1339	13.0853
	25	22.2434	19.9139	17.9355	16.2470	14.7986
	30	26.0658	22.8444	20.1885	17.9837	16.1411
	35	29.7027	25.4986	22.1318	19.4112	17.1929

＜執筆者紹介＞

秋津 和人（あきつ・かずと）
年金問題研究会代表、日本年金学会会員。1級DCプランナー。大手家庭用品メーカー、出版社を経て独立、誰にでもわかりやすい年金の理解を広める活動を行っている。主な編著書として『女性の年金　得するもらい方・増やし方』（PHP研究所）、『いくらもらえるあなたの年金』（啓明書房）、『こんなに使える！個人型確定拠出年金』（日本法令）、『これならわかる日本版401k』（ソフトバンク パブリッシング）などがある。「年金そこが知りたい」（読売新聞）、「教えて年金」「年金質問箱」（毎日新聞）など新聞連載の実績もある。

東海林 正昭（しょうじ・まさあき）
特定社会保険労務士（社会保険労務士法人 東海林・旭事務所会長）、年金問題研究会主任研究員、日本年金学会会員、年金ライフ社チーフコンサルタント、商工会議所年金教育センター登録講師、年金コンサルタント。企業勤務を経て独立。社労士業務、コンサルティング業務をはじめとして、執筆、講演などでも幅広く活躍している。新聞・雑誌の執筆では、読売新聞「マネー」「定年Q&A」「年金そこが知りたい」欄、日本経済新聞「社会保障ミステリー」欄などに連載実績がある。月刊『ビジネスガイド』（日本法令）、『スタッフアドバイザー』（税務研究会）、『銀行実務』（銀行研修社）などにも執筆。著書としては、『女性の年金　得するもらい方・増やし方』（共著／PHP研究所）、『年金実践事務手引』（共著／日本法令）などがある。

藤本 紀美香（ふじもと・きみか）
特定社会保険労務士（社会保険労務士藤本紀美香事務所所長）、1級DCプランナー、2級年金アドバイザー。大学院修士課程修了後、大手流通業に就職。退職後、社会保険労務士の資格を取得して現在に至る。企業顧問として労務管理業務に携わる他、年間およそ1,000件に及ぶ年金相談に対応。また全国各地で講演活動も多数行っており、一般企業だけでなく、官公署・独立行政法人他、地方自治体、地方団体などその対象は多岐にわたる。

旭 邦篤（あさひ・くにあつ）
特定社会保険労務士（社会保険労務士法人東海林・旭事務所代表社員）、青山学院大学大学院法学研究科修士課程修了（ビジネスロー修士）、第一種衛生管理者。大手電機メーカー、証券会社を経て現職。社労士業務、コンサルティング業務を中心に、就業規則作成・改訂のほか、問題社員への対応等の労務管理、さらに年金相談まで幅広く行っており、『プレジデント』（プレジデント社）などに執筆、読売新聞、朝日新聞、日本経済新聞、NHKなどにもコメント実績がある。著書としては、『女性の年金　得するもらい方・増やし方』（共著／PHP研究所）がある。

井内 義典（いのうち・よしのり）
株式会社よこはまライフプランニング代表取締役、1級DCプランナー、CFP®認定者、特定社会保険労務士、日本年金学会会員。公的年金やライフプランに関する個別相談、教育研修のほか、執筆・書籍の監修などに従事している。また、取材協力先として日本経済新聞、読売新聞などがある。

問題集の執筆分担は以下のとおり。

基礎編：A分野（東海林 正昭、旭 邦篤、秋津 和人）、B分野（藤本 紀美香）、
　　　　C分野（秋津 和人、旭 邦篤）

応用編：東海林 正昭、秋津 和人、旭 邦篤

Part4（総合編）監修：井内 義典

〔編著者紹介〕
年金問題研究会
公的年金・企業年金など年金制度全般にわたり、仕組みや制度のあり方を研究し、年金制度の健全な発展を促進することを目的としている。代表・秋津和人。研究会の編著書として、『女性の年金　得するもらい方・増やし方』(PHP研究所)、『こんなに使える！個人型確定拠出年金』『確定拠出年金と確定給付企業年金の基礎の基礎』(以上、日本法令)、『確定拠出年金がよくわかる本』(金融ブックス)、『図解でわかる日本版401(k) プラン』『めざせ！DCプランナー』(以上、日本能率協会マネジメントセンター)、『いくらもらえるあなたの年金』(啓明書房)、『これならわかる日本版401k』(ソフトバンク パブリッシング)などがある。
研究会では、「DCプランナー２級試験対策通信講座」(通年開講)を実施しているほか、DC１級受験者のために年１回、重点対策講座(セミナー)を開催している。また、『DCプランナー１級合格対策問題集』(実践演習模試／解答・解説付き)も発売している。詳しくは下記の当会HPをご覧いただきたい。
(ホームページ) https://kpunenkin.site

※内容に関しては発刊前に慎重に確認しておりますが、発刊後に誤りが判明した場合には本ホームページにて正誤情報を掲載いたします
(Eメール) kpunenkin@parknet.ne.jp

〔2024年度版〕
DCプランナー２級 合格対策問題集

2024年7月30日　第1版　第1刷発行

編著者 ——— 年金問題研究会
発行者 ——— 川栄 和夫
発行所 ——— 経営企画出版
〒169-0075　東京都新宿区高田馬場2-12-10
阿部ビル2階2号
電話 03-3204-5745　FAX 03-3204-5743
Eメール kpu@parknet.ne.jp
ホームページ https://kpup.site
本文組版 ——— メディア・ワークス
印刷・製本 —— モリモト印刷(株)

ISBN978-4-904757-40-6